Behinderung · Autismus · Psychose

herausgegeben von: Dr. Ulrich H. Rohmann
Mitherausgeber: Ulrich Elbing

Band 2

Ulrich H. Rohmann / Ulrich Elbing

Festhaltetherapie und Körpertherapie

Beschreibung und kritische Würdigung der Mutter-Kind-Haltetherapie, Wut-Reduktions-Methode, Festhaltetherapie, Basalen Kommunikation, Modifizierten Festhaltetherapie, Musik-Körpererfahrungstherapie, Integrativen Körpertherapie, Körperzentrierten Interaktion

Behinderung · Autismus · Psychose – Band II

verlag modernes lernen - Dortmund

Printed in W.-Germany 1990

Bestell-Nr. 1455 ISBN 3-8080-0206-9

Inhalt

Vorwort

Wenn von Festhaltetherapie geschrieben oder gesprochen wird, handelt es sich meist um die Festhaltetherapie nach WELCH und PREKOP. Dadurch wird aber nur ein Ausschnitt des therapeutischen Haltens berührt. Oft werden in der Literatur andere Haltetherapien vernachlässigt bzw. mit der Festhaltetherapie verwechselt oder vermischt. Es scheint uns daher notwendig und sinnvoll, alle Therapieformen, in denen das Halten eine wesentliche Rolle spielt, gesammelt darzustellen.

viele verschiedene Haltensformen

Das vorliegende Buch richtet sich besonders an *Eltern* autistischer und anders behinderter Kinder, Jugendlicher und Erwachsener und an *pädagogisch/therapeutische Mitarbeiter,* die mit autistischen Menschen leben, arbeiten und sie fördern wollen. Diesem Leserkreis wollen wir in einfacher, verständlicher Sprache Informationen über die einzelnen Halte- und Körpertherapien vermitteln. Diese Informationen umfassen alle für den unerfahrenen Leser wesentlichen Inhalte und Fakten, um sich ein wenig im „Festhalte-Dschungel" auszukennen. Für die beschriebenen Therapien haben wir die uns zugängliche Primärliteratur herangezogen. Weniger die Wissenschaft, sondern mehr die Praxis steht hier im Vordergrund.

Informationsvermittlung im Vordergrund

Wir haben uns bemüht, die unterschiedlichen Halte- und Körpertherapien verständlich und ohne dogmatische oder tendentielle Argumentation zu beschreiben. Es ist denn auch interessant zu beobachten, daß sich sowohl die Befürworter des Haltens, als auch die Gegner oft in der gleichen (wissenschaftlich) ungeprüften Art und Weise äußern: Emotionalität und zu wenig Argumentation stehen im Vordergrund der Auseinandersetzung.

Unsere Hoffnung ist es, daß der geneigte Leser dieses Buches (sei er nun wissenschaftlich orientiert oder nicht) beginnt, die eine oder andere Aussage und eine oft vorherrschende „Ausschließlichkeit der Argumentation" des Therapeuten gezielter zu hinterfragen. Auch der Therapeut soll darüber nachdenken, ob er sich nicht zu sehr auf die Methode des Haltens fixiert und dabei andere, vielleicht weiterführende oder weniger eingreifende Methoden vernachlässigt.

Unser Anspruch ist also, in verständlicher Form zu informieren und Denkanstöße zu geben.

Wir möchten hier mit besonderer Deutlichkeit klarstellen, daß die folgenden Beschreibungen der einzelnen Haltetherapien

keine Gebrauchsanweisung

keine „Gebrauchsanweisungen" darstellen. Vielmehr ist es gefährlich, nach den folgenden Ausführungen zu versuchen, die einzelnen Haltemethoden ohne Supervisor (Anleiter) allein durchzuführen. Alle Haltetherapien können ohne qualifizierte Anleitung zu Verhaltensänderungen führen, die schwer rückgängig zu machen sind.

„Also bitte keine Selbstexperimente!"

Ausbildungs- und Anleitungsadressen zu den unterschiedlichen Haltemethoden sind bei den Autoren über den Verlag in Dortmund zu erfragen.

Am Ende jedes Kapitels wird die jeweilige Halte- bzw. Körpertherapie von 4 unterschiedlichen Fachleuten bewertet. In diesem Zusammenhang danken wir Frau Diplom-Psychologin Claudia Bub und Frau Diplom-Sozialpädagogin Heike Hölters für ihre hilfreiche Unterstützung.

Im letzten Kapitel werden wir uns ausführlich mit den kontrovers diskutierten Themenbereichen der „Gewalt", des „Willen-Brechens", des „Therapieselbstverständnisses", der „Schuldzuweisung an die Eltern", des „Heilungsanspruches" und der Angemessenheit der Kritik am Halten auseinandersetzen.

Wir würden uns freuen, wenn Sie uns nach der Lektüre dieses Buches Ihre Wünsche, Erfahrungen, Hoffnungen und Kritik mitteilen würden, so daß wir vielleicht einen weiteren Band herausgeben können.

Ulrich H. Rohmann
Ulrich Elbing
Viersen, November 1989

Kapitel 1

Was bedeutet Festhalten?

Viele Festhaltetherapieformen

Haltetherapien (allen voran die Festhaltetherapie nach PREKOP) werden in der Bundesrepublik Deutschland genauso kontrovers diskutiert, wie andere therapeutische Methoden, die die Möglichkeit einer Heilung des frühkindlich autistischen Syndroms versprechen (z.B. TOMATIS-Therapie, vgl. LENKITSCH-GNÄDINGER, 1985). Dies ist ein ausschließlich deutsches Phänomen. In keinem anderen Land wird dem Festhalten ein so hoher Stellenwert zugemessen. Das therapeutische Halten ist aber ein Behandlungsinstrumentarium, das schon seit langer Zeit in unterschiedlichster Methodik und Theorie beschrieben worden ist. Therapeutisches Halten finden wir in vielfältiger Form vor:

— Mutter-und-Kind-Haltetherapie (WELCH)
— Festhaltetherapie (PREKOP)
— Wut-Reduktions-Therapie (ZASLOW)
— Integrative Körpertherapie (BESEMS)
— Modifizierte Festhaltetherapie (ROHMANN)
— Basale Kommunikation (MALL)
— Musik-Körpererfahrungstherapie (FACION)
— Körperzentrierte Interaktion (ROHMANN et al.).

Weiterhin werden einzelne Halte- und Körpertherapien ergänzend zu anderen therapeutischen Methoden eingesetzt wie zum Beispiel mit der Verhaltenstherapie, der Sensorischen Integration (AYRES, 1979; 1984) oder der Aufmerksamkeits-Interaktionstherapie (HARTMANN 1986; HARTMANN et al. 1988) usw. Einzelne Formen des therapeutischen Haltens haben auch wesentliche Grundprinzipien anderer Therapieformen in die Haltesituation integriert (z.B. die Modifizierte Festhaltetherapie, die Körperzentrierte Interaktion oder die Musik-Körpererfahrungstherapie).

Neben dem Festhalten als Bezugsperson-Kind-Therapie finden wir weitere Anwendungsbereiche in Heim und Klinik (z.B. MALL, 1983; VON STOSCH 1985 u.a.).

Dieses Buch soll nun Hilfestellung geben, die verschiedenen Haltemethoden kennenzulernen und voneinander abgrenzen zu können.

Auch Fachleute unsicher

In der BRD finden wir eine große Zahl begeisterter Fürsprecher, aber auch eine nicht geringe Zahl ebenso heftiger Kritiker. Nach eingehendem Studium der vorliegenden Literatur drängt sich uns der Eindruck auf, daß oft auch Fachleute die einzelnen Therapien nicht richtig unterscheiden können (z.B. KISCHKEL & STÖRMER 1985; JANZEN & VON SALZEN 1986). Es werden engagierte Diskussionen geführt (z.B. PREKOP & FEUSER 1986), wobei sich die Qualität der Beiträge unter anderem auch auf Grund nicht ausreichender Beschreibung und Bestimmung der einzelnen Begriffe beider „Extremparteien" immer mehr sprachlich annähern:

Wenig wissenschaftliche Fakten

Emotionale Argumentation (sowohl der Fürsprecher als auch der Kritiker) verdrängt zusehens mehr fachlich qualitative bzw. qualifizierte Aussagen. Dies ist auch deshalb der Fall, weil zu den einzelnen Haltetherapien keine oder nur wenig qualitative bzw. qualifizierte (wissenschaftlich fundierte) Aussagen gemacht werden können, da es kaum wissenschaftlich geprüfte Fakten gibt.

Wenn aber schon unter den Fachleuten argumentative und inhaltliche Verwirrung herrscht, wie soll dann eine Bezugsperson, sei sie nun Mutter, Vater oder Betreuer im Heim oder Klinik, sich in dem Labyrinth der unterschiedlichsten Haltemethoden auskennen. Oft ist es gerade die haltende Person, die nicht die Möglichkeit besitzt, die unterschiedlichsten Fachzeitschriften zu beziehen, bzw. zu lesen. Sie kann sich dann nur auf Inhalte berufen, die z.B. durch Gespräche mit anderen Betroffenen oder durch Vorträge weitergegeben worden sind. Zusätzlich tendieren die Autoren, bzw. „Erfinder" der einzelnen Haltetherapie-Techniken dazu (was zumindest menschlich verständlich ist), andere Methoden zu ignorieren, bzw. in der Öffentlichkeit nicht zu vertreten.

Informationen aus Sicht der Erstautoren

Mit diesem Buch wollen wir also den Versuch wagen, diesem vorherrschenden Informationsmangel zu begegnen, indem wir die unterschiedlichen Halte- und Körpertherapien, die in der BRD praktiziert werden, aus der Sicht der jeweiligen Autoren vorstellen, um sie dann kritisch zu beurteilen. Die Bearbeitung der zwei von ROHMANN vertretenen Methoden (Modifizierte Festhaltetherapie und Körperzentrierte Interaktion) hat in diesem Buch ausschließlich und unabhängig U. ELBING durchgeführt.

Wir haben uns inhaltlich für eine Präsentation in Form eines Readers entschieden, damit die einzelnen Beiträge dieses Buches auch unabhängig von den anderen Kapiteln gelesen werden können. Die Kapitel bauen deshalb nicht aufeinander auf. Dadurch ist es aber auch unumgänglich, daß einzelne grundlegende Informationen in dem einen oder anderen Kapitel wiederholt werden müssen. So ist z.B. die Haltemethodik bei der Mutter-Kind-Haltetherapie, der Festhaltetherapie und der Modifizierten Festhaltetherapie ähnlich.

Kapitel in sich geschlossen lesbar

Im letzten Kapitel des Buches werden wir in einer abschließenden Betrachtung versuchen, die Kritik an der Haltetherapie kritisch zu beurteilen.

Jedes einzelne Kapitel ist unterteilt in 8 Abschnitte:

(1) Wesentlich für eine Beschreibung der einzelnen Haltetherapien sind die theoretischen Hintergründe, auf die die jeweilige Therapie aufbaut. Die Qualität der Theorie und der Zusammenhang zwischen Theorie und Therapie sind wichtige Faktoren für eine Bewertung der jeweiligen Methode. Eine Auseinandersetzung über das Für und Wider einer therapeutischen Methode wird sich überwiegend auf die zugrundegelegte Theorie beziehen, wobei die logische Schlüssigkeit der Theorie erst die Therapie nachvollziehbar werden läßt. Gerade aber unvollständige theoretische Hintergründe sind der größte Schwachpunkt der meisten Halte- und Körpertherapien. Das kann auch u.a. daran liegen, daß theoretische Begründungen den Haltetechniken angepaßt worden sind. Eine wissenschaftlich korrekte Theorie beinhaltet aber ein umgekehrtes Vorgehen. Das heißt, eine therapeutische Methode sollte aus der Theorie entwickelt, abgeleitet und begründet werden.

Theorie

Wir wollen darauf hinweisen, daß wir in den jeweiligen theoretischen Abschnitten ausschließlich die Annahmen der Autoren wiedergeben, die sich zum größten Teil nicht mit unserer Meinung decken. Erst im letzten Kapitel werden wir kritisch dazu Stellung nehmen.

(2) Die Beschreibung der Methode beinhaltet überwiegend die jeweiligen technischen Vorgehensweisen der einzelnen Halte- und Körpertherapien. Hier bekommt der Leser ein Bild davon, wie vielfältig und zum Teil auch gewaltlos therapeutisches Hal-

Methoden

ten eingesetzt werden kann. Vor allem die Methoden der Körpertherapien bieten hier eine Fülle von praktischen Anregungen, die auch ohne direktes Halten sinnvoll auf den pädagogisch/therapeutischen Alltag übertragbar sind.

Indikation

(3) Eine klare Indikationsstellung bestimmt desweiteren wesentlich die Qualität der therapeutischen Methode. Unter Indikation, bzw. Kontraindikationsstellung ist zu verstehen, daß genau festgelegt wird, bei welchen Störungen es sinnvoll und notwendig ist, eine bestimmte Therapie einzusetzen bzw. bei welchen Störungen der Einsatz eher schädlich sein kann.

Eine Indikation kann aber nur gestellt werden, wenn geprüft worden ist, bei welchen Störungen die jeweilige Therapiemethode zu einer erkennbaren Verbesserung geführt hat. Selbst dem nichtwissenschaftlichen Leser wird dabei klar sein, daß es nicht ausreichend sein kann, eine Verbesserung bei dem einen oder anderen Kind in diesem oder jenem Störungsbereich auf alle Kinder dieses Krankheitsbildes dann zu verallgemeinern (vgl. auch weiter unten).

Ein weiterer Weg um zu einer, zumindest vorläufigen, Indikationsstellung zu gelangen ist eine direkte Ableitung aus der Theorie. Dazu ein Beispiel: Es ist bekannt und ausreichend wissenschaftlich untersucht worden, daß bei einem etwa mittleren Erregungsniveau die Lern- und Konzentrationsfähigkeit eines Menschen in der Regel am optimalsten ist. Durch das Festhalten wird das Kind „zwangsläufig" ruhig oder erschöpft. Die Erregung sinkt, normalisiert sich. Dadurch, daß das Kind ruhiger wird, wird es aufmerksamer, spricht oder lautiert vermehrt. Also wäre in diesem Sinne die Indikation „Sprachmotivierung" vorläufig denkbar.

Wobei allerdings auf keinen Fall die „Nebenwirkungen" vergessen werden dürfen. Das heißt, unser Blick soll nicht nur in Richtung einer positiven Veränderung gerichtet sein, sondern wir müssen auch darauf achten, ob es negative Veränderungen gibt. So kann beispielsweise eine Zunahme von Körperkontakt, der vorher abgelehnt wurde, soweit voranschreiten, daß das Kind distanzlos wird, indem es jeden Fremden umarmt und/oder küßt oder der Mutter, in einem anderen Fall, nicht mehr von der Seite weicht. Verläßt die Mutter den Raum, bekommt das Kind Angst, Wutanfälle oder ähnliches. Mit anderen Worten, die Kontaktzunahme hat eine Form angenommen, die möglicherweise belastender für die Familie oder Bezugsperson ist, als der vorherige Zustand. Solche Nebenwirkungen sollten unter der Rubrik „Kontraindikation“ aufgeführt werden.

Je klarer und begrenzter die Indikationsstellung ist, desto mehr ist davon auszugehen, daß die jeweilige Methode entsprechend geprüft bzw. verantwortlich ausgearbeitet worden ist.

Es müssen bei einer so eingreifenden therapeutischen Methode wie dem Halten klare Indikationen gestellt werden, um einem „Wildwuchs“ dieser Methoden vorzubeugen. Ein unsystematisches Einsetzen der Haltetherapie läßt vermehrt und zu Recht ethische Fragen in den Vordergrund rücken und führt eher zu einer Ablehnung der Methode.

Dokumentation und wissenschaftliche Prüfung

(4/5) Ein weiterer Abschnitt der einzelnen Kapitel beinhaltet die Darstellung der mehr oder weniger vorliegenden Ergebnisse des Erfolges bzw. Mißerfolges der unterschiedlichen Haltetechniken. Es erscheint uns wichtig und notwendig, daß unabhängig von der genutzten therapeutischen Methode der behandelnde und veröffentlichte Therapeut seine Ergebnisse „einigermaßen“ wissenschaftlich dokumentiert. Wir machen hier schon eine Einschränkung, da die Dokumentation der Haltetechniken selten über Einzelfallbeschreibungen hinausgeht. Wir haben die Beschreibung vorliegender Ergebnisse der einzelnen Haltetherapien unterteilt in:

a) dokumentierte Ergebnisse und b) empirische Prüfungen.

Da die meisten Haltetherapien, bis auf wenige Ausnahmen nicht wissenschaftlich (empirisch) geprüft worden sind, sich aber auf eine oder mehrere Einzelfalldarstellungen berufen, haben wir der Fairness halber deshalb auch die Form der Einzelfalldarstellungen als dokumentierte Ergebnisse in die Darstellung der einzelnen Haltetherapien mitaufgenommen.

Unabhängig davon ist es unser Anliegen, und sollte es auch der Autoren der einzelnen Methoden sein, sich zu bemühen, ihre Haltetherapieformen entsprechend empirisch zu prüfen.

Was allen Darstellungen der Haltetherapien (bis auf die Modifizierte Festhaltetherapie und Wut-Reduktions-Methode) fehlt, ist ein methodisch einigermaßen sauberer Vergleich mit einer anderen, ähnlichen therapeutischen Technik. Eine solche Untersuchung könnte beispielsweise wie folgt aussehen:

Eine Gruppe von Patienten wird mit der jeweiligen Haltetherapie 4 Wochen behandelt, eine weitere Gruppe damit, daß die

Eltern zu konsequentem Erziehungsverhalten angeleitet werden und eine dritte Gruppe wird 4 Wochen nicht behandelt.

Entweder werden die Patienten aller Gruppen den jeweiligen Gruppen nach dem Zufallsprinzip zugeordnet oder nach Alter, Intelligenz und Geschlecht gepaart, d.h., in jeder Gruppe sind etwa gleichaltrige, gleichgeschlechtliche und gleichintelligente Kinder vertreten. Nach vier Wochen werden die Veränderungen der Kinder von unabhängigen Gutachtern eingeschätzt und verglichen.

Kombination und Abgrenzung

(6) Eine Kombination mit und Abgrenzung zu anderen Therapien ist ein weiterer Gesichtspunkt, der in den einzelnen Kapiteln näher behandelt wird. Das heißt zum Beispiel:

— Wird die jeweilige Haltetherapie innerhalb eines therapeutischen Gesamt-Konzeptes eingesetzt,
— welche Therapien eignen sich besonders zur Ergänzung der entsprechenden Haltetherapie bzw.
— für welche therapeutischen Methoden ist ein zusätzlicher Einsatz der jeweiligen Haltetherapie sinnvoll und vor allem zu welchem Zeitpunkt sowie
— welche Therapien sind wiederum zur Haltetherapie kontraindiziert.

Bei der Darstellung des Abschnittes zur Kombinationsmöglichkeit und Abgrenzung gehen wir wiederum von der Sichtweise der einzelnen Autoren aus. Unsere Meinung ist, daß sich eigentlich jede Haltetherapie, unter entsprechender Indikationsstellung, in ein anderes therapeutisches Gesamtkonzept kurzfristig einbeziehen läßt. Unsere zahlreichen Beobachtungen weisen eher darauf hin, daß es oft nicht ausreicht, mit einer therapeutischen Methode allein zu arbeiten. Es erscheint uns sinnvoller, unterschiedliche, möglichst aufeinander aufbauende bzw. miteinander zu verbindende, therapeutische Methoden zu nutzen, um der Komplexität des Austausches zwischen Bezugsperson und Kind, aber auch der Komplexität unserer Umwelt Rechnung zu tragen. D.h., jede einzeltherapeutische Intervention ist auch gleichzeitig ein Stück Realitätsverlust.

Dieser Abschnitt ist aber auch in jedes Kapitel mitaufgenommen worden, da wiederum einzelne Haltetherapien als „Allheilmittel" und als „alleinige Weisheit" beschrieben werden. So wird ein Einsatz der einen oder anderen Haltetherapie als erfolgreich beschrieben, bei einem Hinterfragen stellt sich aber heraus, daß zusätzlich auch andere therapeutische Methoden zur gleichen Zeit eingesetzt worden sind (z.B. die Verhaltenstherapie). Selbst dem Laien muß es dann vermessen erscheinen, einen therapeutischen Erfolg allein auf die Haltemethode zurückzuführen.

Dieser Abschnitt wurde aber auch gewählt, um darauf hinzuweisen, daß es andere Therapieformen gibt, die weniger eingreifend und doch gleich effektiv oder effektiver bei dem einen oder anderen Patienten sein können (z.B. sensorische Integration, Aufmerksamkeits-Interaktions-Therapie, kognitive Verhaltenstherapie). Ein Autor einer Therapie, der sich auch mit der Frage einer Kombination mit anderen Therapien auseinandersetzt, arbeitet unseres Erachtens verantwortlicher.

Anspruch auf Heilung

(7) Ein weiterer inhaltlicher Schwerpunkt der einzelnen Kapitel ist ein immer wieder von einzelnen Autoren formulierter Anspruch auf Heilung. Uns ist (und wir stehen hier zu unserer subjektiven Betrachtungsweise) immer suspekt, wenn die eine oder andere therapeutische Methode von Heilungserfolgen eines an einem frühkindlichen autistischen Syndrom erkrankten Patienten berichtet.

Es mag in dem einen oder anderen Fall zu „Heilungen" gekommen sein, wobei aber unter anderem die Frage zu klären ist, ob es sich auch tatsächlich um autistische Kinder gehandelt hat. Meist wird die Diagnose vom Behandler selbst gestellt (vgl. Kapitel 10).

Weiterhin ist nicht untersucht bzw. geklärt worden, welche Faktoren (Interventionsvariablen) überhaupt wirksam sind. Das heißt, daß zum Beispiel durchaus ein erhöhtes Durchsetzungsvermögen der Mutter, erreicht durch eine Haltetherapie, den wesentlichsten Beitrag zu einer Veränderung des Kindes sein kann, unabhängig von der Haltesituation. In diesem Falle ist das Halten eine Therapie für die Mutter, von dessen Folgen das Kind nur indirekt beeinflußt wird.

Ob nun „geheilt" worden ist oder nicht, eine Propagierung der Heilung führt zu Hoffnungen bei Eltern autistischer Kinder, die durch aber auch gar nichts zu rechtfertigen sind.

kritische Würdigung

(8) Im letzten Abschnitt der jeweiligen Kapitel werden wir versuchen, die einzelnen Haltetherapien im Gesamt kritisch zu beurteilen und zu würdigen. Die Würdigung ist nicht als fundamentale Kritik an der grundsätzlichen und ethischen Vertretbarkeit der betreffenden Methode konzipiert, sondern orientiert sich

zunächst nur an den aufgeführten fachlichen Qualitätsstandards. Grundsätzliche Fragen werden dann eigens im letzten Kapitel erörtert.

Es ist uns sehr schwer gefallen, dabei nicht zu emotional zu reagieren. Falls es uns nicht immer geglückt ist, bitten wir aber darum, uns zumindest den Versuch einer fachlichen Auseinandersetzung zugute zu halten.

Bewertung und Empfehlung

Nach jedem Kapitel werden in tabellarischer Form die einzelnen Methoden von 4 unabhängigen Fachleuten bewertet. Die Bewertungsskala umfaßt 5 Bewertungsstufen: 1 = sehr gut, 2 = gut, 3 = befriedigend, 4 = ausreichend und 5 = mangelhaft.

Jeweils 6 qualitative Aussagen zur Theorie, Methode, Indikation (hier nur 5 Aussagen), zur Kombinationsfähigkeit, zur Dokumentationsqualität und zur wissenschaftlichen Prüfung werden entsprechend bewertet. Diese Aussagen bedeuten im einzelnen:

Theorie:
— umfassende Darstellung bezieht sich auf den Umfang der theoretischen Begründung
— Theorieprüfung beinhaltet die Frage, ob der Versuch einer wissenschaftlichen Überprüfung der theoretischen Annahmen in irgendeiner Form vorgenommen wurde
— Ableitung der Therapie aus den theoretischen Annahmen bewertet die Frage, ob die Therapie aus der Theorie entstanden ist.
— Logik des Schlusses meint, ist die Verbindung zwischen Theorie und Therapie erkennbar?
— Homogenität bewertet die Verbindung von Theorie und Therapie als ein in sich geschlossenes System und
— Originalität bedeutet, hat der jeweilige Autor eigene theoretische Hypothesen formuliert.

Methode:
— Bewertung der Komplexität der Darstellung,
— ist die Methode praktisch und logisch nachvollziehbar?
— Beinhaltet die Methode das therapeutische Grundprinzip eines interaktiven Austausches?
— Sind die therapeutischen Reaktionsmöglichkeiten des Haltenden eher eingeschränkt oder flexibel?
— Orientiert sich die Methode auch an den Bedürfnissen des Kindes?

— Läßt die jeweilige Methode unterschiedliche Techniken zu oder ist sie mechanistisch starr?

Indikation:
— Bewertung der Komplexität der Darstellung.
— Besteht ein Zusammenhang zwischen Indikation und Theorie?
— Wird dieser Zusammenhang begründet?
— Gibt es Kontraindikationen?
— Wird Heilung propagiert?

Kombination:
— Grenzt sich die jeweilige Methode zu anderen Haltetherapien ab?
— Flexibilität bedeutet Offenheit zu anderen Methoden.
— Ist die Kombination mit anderen Haltetechniken möglich?
— Ist die Kombination mit anderen nicht-haltenden Therapien möglich?
— Werden andere therapeutische Methoden anerkannt?
— Setzt sich der jeweilige Autor mit der einschlägigen Literatur auseinander?

Dokumentation:
— Gibt es Falldarstellungen?
— Ausführlichkeit der Falldarstellungen.
— Werden dabei andere therapeutische Variablen (z.B. Umweltbedingungen berücksichtigt?
— Ist die Dauer des Prüfzeitraumes beschrieben?
— Ist die diagnostische Störung umfassend beschrieben?
— Ist der Patient ausreichend beschrieben?

Empirie:
— Qualität der Diagnose.
— Qualitative Beschreibung der Versuchspersonen.
— Qualität des methodischen Designs, d.h. wird wissenschaftlich vorgegangen?
— Wird ein Gruppenvergleich vorgenommen?
— Ist das Meßinstrument akzeptabel?
— Werden die Ergebnisse statistisch geprüft?

Nach dem abschließenden Kapitel werden dann die einzelnen Halte- und Körpertherapien tabellarisch im Gesamt bewertet.

Kapitel 2

Wut-Reduktions-Therapie (Rage Reduction) von ZASLOW

1. Theorie

ZASLOW untersucht in seinen theoretischen Überlegungen die Bedeutung, die Ärger, Haß und Wut für das Entstehen, Gelingen, aber auch Mißlingen enger zwischenmenschlicher Bindungen haben. Eine besondere Rolle spielt dabei die unmittelbare Begegnung von Angesicht zu Angesicht im Blickkontakt. Diese drei Kernstücke der Überlegung ZASLOWs (menschliche Bindungen, Gesichts- und Blickkontakt, Aggression) sollen in ihrem Zusammenhang dargestellt werden. In einem zweiten Schritt werden die Störungen im Bindungsverhalten aus ZASLOWs Sicht erläutert, um schließlich den sich daraus abzuleitenden Therapieansatz darzustellen.

Zwischenmenschliche Bindungen begleiten uns unser ganzes Leben hindurch: Die erste, primäre Bindung zur Mutter wächst hinein in Bindungen zu den Familienmitgliedern, Kameraden und Freunden, zum Partner, zu den eigenen Kindern, dem Zuhause, zur Religion, kurz: zu allen Aspekten des Lebens (vgl. ZASLOW 1981; ähnlich BOWLBY 1977). Bindung und Verbundenheit sind in dieser Sicht untrennbar mit menschlichem Leben und Menschsein überhaupt. Die menschliche Fähigkeit, Bindungen einzugehen, beschränkt sich — wie die Aufzählung oben andeutet — nicht nur auf Personen, auch Ideen und Idealen können wir verbunden sein.

erste Bindung

Liebe, Fürsorge und Geborgenheit sind grundlegende Merkmale einer positiven Bindung. Das Urbild einer solchen Bindung ist die sogenannte erste Bindung, die ein Mensch in seinem Leben erfährt: Nämlich das enge Verbundensein von Mutter und Kleinkind, wie es sich etwa ab dem sechsten Lebensmonat ausformt. Beide, Mutter und Kind, werden füreinander sehr wichtig, sie genießen die Gegenwart und Nähe des anderen, und es entwickelt sich eine tiefe Vertrautheit und Zuneigung zwischen ihnen.

Eine zentrale Rolle für die menschliche Verbundenheit schreibt ZASLOW dem Gesicht zu. Es ist für ihn zentraler Ort menschlicher Kommunikation. Hier konzentriert sich der Prozeß der Bindung. „Das menschliche Gesicht ist der Sammelpunkt der gegensätzlichen Gefühlsausdrücke von Liebe und Haß, Fürsorge und Aggression" (ZASLOW, 1981, S. 105, Übersetzung der Verfasser). Die Bindung zu einem Menschen ist damit stets und in erster Linie die Bindung zu seinem Gesicht. Im Gesicht des anderen lesen wir, dorthin schauen wir, wenn wir wissen wollen, wie es um unsere Beziehung steht. In den Augen des anderen erleben wir Offenheit, Zuwendung, Liebe; dieselben Augen können aber auch Funken sprühen, können hart und verschlossen sein. Wir werden unruhig und sind verunsichert, wenn jemand, dem wir verbunden sind, unseren Blick meidet. Wir glauben im Zweifelsfall dem Gesicht mehr als den Worten. Der Prozeß der Bindung vollzieht sich von Angesicht zu Angesicht.

Gesicht zentraler Ort der Kommunikation

Liebe und Haß, Fürsorge und Aggression — diese starken Gegensatzpaare werden oben in einem Atemzug mit tiefer menschlicher Verbundenheit genannt. Und in der Tat ist ZASLOW der Auffassung, daß entgegen der landläufigen Meinung gerade Ärger, Wut, Haß sehr eng mit zwischenmenschlicher Verbundenheit zusammenhängen, ja daß tiefe Verbundenheit ohne sie undenkbar ist. Wut und Ärger haben ursprünglich Überlebensfunktion. Nach der Überzeugung BOWLBYs (1961) kann bei einem kleinen Kind nichts einen solch intensiven und gewaltigen Haß auf die Mutterfigur auslösen wie die Erfahrung der Trennung (vgl. ZASLOW 1981, S. 905). Brüllt es nun vor Ärger und Wut, dann soll dies die Mutter zurückbringen und die Trennung beenden. So steht Wut in einem engen Zusammenhang mit einer bereits bestehenden Bindung: Ich werde wütend, wenn ich meine Verbundenheit mit einem anderen als bedroht erfahre.

Wut hat Überlebensfunktion

Umgekehrt erlebt das kleine Kind intensive Wut, z.B. wenn es hungert und die Mutter nicht gleich zur Stelle ist. Und erst später in seiner Entwicklung beginnt es, seiner Mutter Vertrauen und Liebe entgegenzubringen. Dann lächelt es sie an und kräht vor Freude, wenn sich die Mutter ihm zuwendet. Somit gehören Wut, Ärger und Haß von Anfang an zum Prozeß der wachsenden Verbundenheit.

Der Kreis schließt sich: Für ZASLOW sind menschliche Verbundenheit, die Begegnung von Angesicht zu Angesicht und Aggressionen, die in ihm ihren Ausdruck finden, eng miteinander verzahnt. Dabei ist das Gesicht der Ort, an dem Wahrnehmung, Gefühl, Überlegung und Ausdruck konzentriert sind. Im Gesicht vollzieht sich der Bindungsprozeß in Liebe und Haß, in Fürsorge und Aggression.

ZASLOW (1981) unterscheidet zwei Formen von Aggression:

a) negative Gefühle wie Haß, Ärger und Wut und
b) Widerstand als Aggression.

Wenn wir uns gegen jemand oder etwas widersetzen, so geschieht dies häufig in der Form offener Aggression. Wir werden ärgerlich und wütend. Wenn zwei Schuljungen miteinander raufen, dann ist es für einen Außenstehenden nicht auszumachen, wer nun Angreifer ist und wer sich verteidigt. Beide sind in den Kampf miteinander eingebunden, beide sind wütend und aggressiv. Wenn nun Wut und Ärger nicht offen ausgetragen werden, sondern verdeckt, unterdrückt oder gehemmt sind, dann ist Aggression kein kraftvoller Akt mehr, der konstruktiv wie destruktiv sein kann. Stattdessen erzeugen unterdrückter Ärger und gehemmte Wut inneren Streß, der sich in Gefühlen von Verletztsein, Leiden, Trauer und einer allgemein negativen Lebenseinstellung zeigt. ... „hurt hides hate“; Verletztsein verbirgt Haß (ZASLOW 1981, S. 904 f.). Auch beim Kleinkind zeigen sich Zusammenhänge zwischen Haß und Verletztsein: „Wird ein Kind von seiner Mutter getrennt, so reagiert es auf die unterbrochene Bindung in drei charakteristischen Stadien (vgl. BOWLBY 1971; siehe ZASLOW 1981, S. 905)“:

Unterdrückter Ärger ist innerer Streß

(1) Protest in Schreien und Wut, durch den die Mutter zurückgebracht werden soll;
(2) wenn dies nicht gelingt, folgt eine Periode der Verzweiflung. Das Kind zieht sich zurück, ist depressiv, sein Bewegungsbedürfnis läßt nach;
(3) das Kind verliert sein Interesse an der Umgebung und reagiert nicht mehr auf anwesende Personen.

mangelnde Mutterliebe

„Viele psychische Funktionsstörungen entstehen durch eine Beeinträchtigung der frühen Bindung der Zuneigung, wie sie sich von Kindheit an entwickelt und das ganze Leben hindurch wächst“ (ZASLOW 1982, S. 173). Eine besondere Bedeutung kommt der Augen- und Gesichtsbindung zu. Genauso wie sich eine gelingende Bindung ganz wesentlich im Augen- und Gesichtskontakt entwickelt, konzentriert sich auch eine mißglückte Bindung im gestörten Augen- und Gesichtskontakt. Eine solche Bindungsstörung entsteht dadurch, daß das kleine Kind „. . . unter mangelnder Zuneigung und Beziehungsverlust in Anwesenheit der Mutter ‚leidet'. Weder Eltern noch Kind sind fähig, in vertrauensvoller Beziehung Zuneigung zu zeigen." (ZASLOW 1982, S. 174) Die Störung entsteht also dadurch, daß die Mutter nicht fähig ist, liebevoll, zärtlich und zugewandt mit ihrem kleinen Kind umzugehen; aus welchen Gründen auch immer. Besonders schwerwiegend wirkt sich das im ersten Lebenshalbjahr des Kindes aus. Das Kind hat dann keine Möglichkeit, selbst Vertrauen und Zuneigung zu entwickeln. Es kann seinerseits keine Verbundenheit mit einem anderen Menschen zeigen, eher im Gegenteil: Es erhebt sich nämlich die Frage, wie sich eine solche Störung der Augen- und Gesichtsbindung für den betroffenen Menschen auswirkt. Nach ZASLOW entwickelt der Betroffene ein Störungsbild, das der Autor Medusa-Komplex nennt. ZASLOW beruft sich auf die griechische Mythologie (ZASLOW 1982, S. 163):

Medusa-Komplex

„Medusa war ursprünglich ein wunderschönes Mädchen. Törichterweise wetteiferte sie mit der aus dem Haus Zeus geborenen Athena. Daraufhin verwandelte diese sie in eine der drei Gorgonen. Von diesen abstoßend häßlichen Frauengestalten war Medusa die einzige, die getötet werden konnte und selbst mit ihren Augen und ihrem Fratzengesicht zu töten vermochte. Wer sie ansah, wurde zu Stein verwandelt. Ihre Behausung war umgeben von Figuren von Menschen und Tieren, die durch ihren Anblick zu Stein erstarrt waren. Schon ihr Äußeres verlieh ihr einen aggressiven Charakter. So besaß sie riesige, schweinsähnliche Zähne, ihre Hände waren bronzene Klauen, und anstelle der Haut trug sie harte Schuppen. Das Medusenhaupt schmückte ein Bündel gefährlicher Schlangen. Ihre zerstörerische Macht konzentrierte sich (. . .) im Gesicht und den Augen."

Autismus höchste Form des Medusa-Komplexes

Wenn jemand unter dem Medusa-Komplex leidet, so wird ihm das Gesicht des anderen zum Haupt der Medusa. Hier konzentrieren sich für ihn Haß und Zerstörung. Ein Blick ins Gesicht oder gar in die Augen der Medusa würde seinen psychischen Tod bedeuten. Die Konsequenz kann nur sein, den Augen- und Gesichtskontakt mit anderen Menschen zu vermeiden. Für ZASLOW ist der kindliche Autismus die härteste Ausprägung des Medusa-Komplexes.

Autistische Kinder zeigen die extremste Vermeidung des Augen- und Gesichtskontaktes. Wenn man autistische Kinder

Blickkontakt wird vermieden

dazu zwingt, ein Gesicht anzuschauen, geraten sie unter Streß und fangen an, sich heftig und mit enormer Kraft zu wehren. Dabei geraten sie in größte Wut. Wenn sie jemand ansehen, dann starren sie durch ihn hindurch, als ob sie innerlich zu Stein verwandelt wären. Dafür ersetzen sie die fehlende menschliche Bindung durch eine eingeschränkte stereotype Zuneigung zu Objekten (vgl. ZASLOW 1982, S. 174).

Wie kommt es nun dazu, daß solche Menschen im Gesicht des anderen das Haupt der Medusa erblicken? ZASLOW meint, daß die Antwort in der unerledigten Wut zu suchen ist, die denjenigen erfüllt, der unter einer abgerissenen oder gestörten Bindung leidet. Wut bleibt dann unerledigt, wenn sie nicht ausgedrückt wird. Dann bleibt die Energie, die in ihr steckt, gewissermaßen gefangen und kann nicht zu einer starken Bindung an das Gesicht des anderen umgewandelt werden. Eine andere Möglichkeit besteht darin, daß die Wut zwar ausgedrückt wird, aber unaufgelöst bleibt. So kann der Augen- und Gesichtskontakt trotz ausgedrückter Wut auch nicht wieder angenehm werden. Beide Möglichkeiten können für das autistische Kind zutreffen, weil die Mutter dem Kind nicht so begegnen kann, daß das kleine Kind eine Bindung zu ihrem Gesicht entwickeln könnte. Das Kind lernt dadurch, daß die Begegnung mit der Mutter seinen Streß und seine Wut nicht verringert. Vielmehr bleibt der Streß ungelöst und verringert sich, wenn es das Gesicht der Mutter meidet. Das Kind bleibt also „auf seiner Wut sitzen". Es wird sie nicht wirklich los (wie dies bei intakter Bindung möglich wäre) und es lernt, daß die unerledigte Wut am ehesten erträglich ist, wenn es die Mutter nicht anschaut.

unerledigte Wut

Bei reiferen Menschen kommt durch die Vermeidung des Augen- und Gesichtskontakt etwas anderes zustande. Ausgangspunkt ist auch hier eine unerledigte Wut, die entsteht, wenn eine bestehende Verbundenheit gestört oder unterbrochen wird. Wenn wir nun Wut nicht loswerden, sondern sie aus irgendwelchen Gründen unterdrücken müssen, dann stehen wir unter einer ständigen inneren Anspannung. Anders ausgedrückt: Wir stehen unter Streß. Um damit fertig zu werden, greifen wir häufig zu einer Art Notlösung. Wir sehen unsere eigenen unerledigten Empfindungen wie Ärger, Wut, Haß, unsere Zerstörungswünsche in das Gesicht des anderen hinein. Wir projizieren also all die negativen Gefühle, auf denen wir sitzen geblieben sind, in das Gesicht des anderen. Dadurch wird uns das Gesicht, der Blick unseres Gegenübers zur furchterregen-

Projektion

den Bedrohung; es wird für uns das Haupt der Medusa. Wir richten also letztlich unsere unerledigten Aggressionen gegen uns selbst. Fassen wir mit ZASLOWs Definition des Medusa-Komplexes zusammen (ZASLOW 1982, S. 163): „Unter dem Medusa-Komplex verstehen wir (. . .) die Vermeidung von Augen- und Gesichtskontakt, die auf unterdrückte Wut und destruktive Impulse zurückgeht und in einer aufgrund innerer Selbstzerstörungstendenzen in das Gesicht anderer projizierter Furcht endet."

Daß Wut und destruktive Impulse überhaupt unterdrückt werden, hat seinen Grund in einer mangelnden oder zerstörten Verbundenheit z.B. zwischen Mutter und Kind.

Die Wut-Reduktions-Therapie setzt nun folgerichtig bei der unerledigten Wut an. Ziel ist es, angemessene Energie zu entwickeln, um wieder eine menschliche Bindung eingehen zu können. Dazu ist es notwendig, daß diejenigen, die unter Protest, Trauer, Verzweiflung oder Unverbundensein leiden, zum aktiven Protest gebracht werden. Aktiver Protest meint Wut und Widerstand (siehe oben). Indem Wut und Widerstand im unmittelbaren Augen- und Gesichtskontakt aktiviert werden, wird der Weg wieder frei, um Bindungen zu entwickeln und zerbrochene Verbundenheit wiederherzustellen (vgl. ZASLOW 1981, S. 905).

Ziel ist aktiver Protest

Die Wut-Reduktions-Therapie bezieht dabei drei Prinzipien menschlicher Bindung ein.

(1) Den anderen halten. ZASLOW sieht darin ein wichtiges Bindungsverhalten. Es setzt das Gehaltensein des Kindes im Mutterleib fort und stellt einen angenehmen Körperkontakt her. Dadurch wird eine positive Verbundenheit geschaffen, die das Kind Urvertrauen entwickeln läßt. ZASLOW führt hier ERICKSON (1950) an: Besonders im ersten Lebensjahr wird das Kind oft gehalten; gleichzeitig ist das Kind oftmals voll aktivierter Energie (z.B. wenn es schreit).

Halten schafft Bindung

(2) „Die Wutreduktion ist die machtvollste, geeinte Reaktion, die ein Individuum mobilisieren kann" (ZASLOW 1981, S. 906; Übersetzung der Verfasser). Wut hat eine besondere Eigenschaft, die sie therapeutisch wichtig macht: Wut ist eine ungebrochene Reaktion, sie ist gewissermaßen aus einem Guß. Das bedeutet, daß Wut selbst keinen inneren Konflikt und keine inneren Widerstände kennt. Diese besondere Eigenschaft der Wut macht es ZASLOW möglich, daß Wut zur Zuneigung werden kann, wenn sie von Angesicht zu Angesicht ausgetragen

Wut wird Zuneigung

wird. Dann wird sie sich mit immer mehr Energie zu einem Höhepunkt steigern und entladen, um dann dem Erleben von Entspannung und menschlicher Nähe Platz zu machen.

aktive Wut bricht den Widerstand

(3) Widerstände können ähnlich wie das körpereigene Immunsystem ein Schutz sein. Sie können aber auch dazu beitragen, daß eine unmittelbare Begegnung, ein direkter Augen- und Gesichtskontakt vermieden wird. Solche Widerstände erwachsen aus einem chronischen, unterdrückten Ärger. Wenn es gelingt, diesen Ärger zu aktivieren, dann entlädt er sich in Zorn und Wut. Sobald die Wut bereinigt ist, bricht der schädliche Widerstand zusammen. Die Energie dieses Widerstandes ist nun frei für eine ganzheitliche Entfaltung der Persönlichkeit und für das Eingehen und Erleben menschlicher Verbundenheit (vgl. ZASLOW 1981, S. 906).

Streß-Entspannungs-Zyklus

Bevor nun die therapeutische Methode eingehend geschildert wird, sollten kurz einige interessante Schwerpunktverschiebungen zu ZASLOWs älteren Ausführungen (ZASLOW & BREGER 1969) aufgezeigt werden. Die Autoren weisen den ersten Erfahrungen eines Kindes mit seiner Mutter große Bedeutung zu. Diese Erfahrungen fassen die Autoren unter dem Stichwort „sensorimotorische Erfahrung" (ZASLOW & BREGER 1969, S. 249) zusammen. In diesem Stadium macht das Kleinkind auch seine ersten Erfahrungen mit dem sogenannten Streß-Entspannungs-Zyklus: Es lernt, daß seine Spannungen und sein Unwohlsein sich in den Armen der Mutter auflösen. Aufbauend auf diese frühen Erfahrungen entwickelt sich dann der Gesichtskontakt ebenso wie das Lächeln als Ausdruck der Zugewandtheit. Die Rolle kindlicher Wut und ihre Bedeutung für die Bindung zwischen Mutter und Kind diskutieren ZASLOW und BREGER (1969) im Rahmen des Streß-Entspannungs-Zyklus. Das Kind lernt, daß sich seine Wut im engen Kontakt mit der Mutter löst. Je aktiver ein Kind ist, je öfter es Wut und Ärger ausdrückt und dabei die Nähe der Mutter erfährt, desto besser kann sich eine Bindung des Kindes an die Mutter entwickeln.

Aus diesem kurzen Abriß früherer Arbeiten wird deutlich, daß ZASLOWs neuere Ausführungen die Rolle des Gesichtskontaktes sehr viel deutlicher betonen. Ebenso läßt sich feststellen, daß die Rolle von Ärger und Wut für die Bindung zwischen Mutter und Kind in den neueren Aufsätzen größeren Raum einnimmt: Dabei argumentiert der Autor weniger ätiologisch, vielmehr nähert er sich deutlich BOWLBYs Standpunkt an.

Das Entstehen des Autismus sahen ZASLOW und BREGER bereits damals in einem Zusammentreffen, einer Interaktion von Eigenheiten des Kindes mit den Eigenschaften der Eltern. Z.B. erfährt ein sehr ruhiges Kind weniger oft den Streß-Entspannungs-Zyklus als ein lebhaftes. Aber erst, wenn diese, seine Eigenheit, zusammenwirkt mit etwaigen Schwierigkeiten der Mutter, ihr Kind umherzutragen und zu besänftigen, kann sich die autistische Störung entwickeln. Weiterhin können frühe, traumatische Trennungen von der Mutter eine autistische Entwicklung bewirken. Mutter und Kind sind dann bald in einem autistischen System gefangen; dabei interpretieren ZASLOW und BREGER (1969) das Verhalten des Kindes einerseits als Versuch, die Aufgaben und Probleme seines Lebens ohne die Eltern, ohne menschlichen Kontakt zu lösen, und andererseits als Folge einer negativistischen Grundeinstellung des Kindes. Auch hier zeigen die neueren Artikel eine Differenzierung: Die Rolle des Widerstandes und die ambivalente Grundhaltung gegenüber der Mutter werden hier noch nicht so stark berücksichtigt.

Autismus

2. Methode

Da der Bindungsprozeß nach ZASLOW ein lebenslanger Prozeß ist und Störungen nicht nur in der Kindheit auftreten, entwickelte ZASLOW seine Methode des Festhaltens sowohl für Kinder als auch für Erwachsene. Seine Vorgehensweise bei Erwachsenen nennt er dann Z-Process-Attachment-Therapy, wobei attachment mit Bindung zu übersetzen wäre. Da dieses Buch Therapien für autistische Kinder beschreibt, wird im folgenden das therapeutische Vorgehen mit Kindern geschildert, wie ZASLOW es in seinen älteren Veröffentlichungen beschreibt. In der Darstellung der Haltetherapie für Erwachsene schildert ZASLOW (1981) Grundsätze des therapeutischen Handelns in der Haltetherapie. Diese sechs Grundsätze treffen auch für die Therapie mit Kindern zu:

Halten auch für Erwachsene

(1) Der Therapeut muß der Wut des Klienten unerschrocken begegnen, und er muß sich in seiner Unerschrockenheit wohlfühlen. Die Einstellung, die der Klient braucht, ist die einer souveränen Zuwendung. Der Therapeut darf sich nicht in Wortgefechte mit dem Klienten einlassen. Nur dann kann der Klient positive Kontrolle erleben.

Souveränität

(2) Jeder Punkt muß zusammen mit den Widerständen, die an ihm hängen, gründlich behandelt und erledigt sein, bevor der

Gründlichkeit

nächste Punkt angesprochen wird. „Unerledigte Widerstände sind wie Krebszellen; sie wachsen und blockieren den therapeutischen Prozeß" (ZASLOW 1981, S. 910; Übersetzung der Verfasser).

Präzision

(3) Der Therapeut muß klar, präzise und ohne Hin und Her mit dem Klienten umgehen. Dadurch verhindert er, daß sich der Klient in Unentschiedenheit flüchtet. Der Klient bekommt dadurch eine Hilfe, sein eigenes Denken und Fühlen zu klären.

Verantwortung

(4) Der Therapeut muß die Verantwortung dafür übernehmen, daß er selbst seine Kontrolle und Macht angemessen ausübt. Dadurch kann der Klient seine Abhängigkeit ablegen und in einer reiferen Weise sich selbst bestimmen.

Wutsteigerung

(5) Der Therapeut muß in der Lage sein, zwischen den Momenten entspannter Verständigung solche Phasen einzuleiten, in denen der Klient seine Wut steigert und Energien freisetzt. Der Therapeut muß so den Rhythmus von Spannungsaufbau und Entspannung steuern, damit der gesamte therapeutische Prozeß sich auf das therapeutische Ziel zubewegt.

Blickkontakt

(6) Der Therapeut muß ständig den Augen- und Gesichtskontakt mit dem Klienten halten und dabei auf die Anzeichen für Widerstand achten. Das gilt nicht nur für die Haltesitzung, sondern auch für therapeutische Einzelgespräche.

Der ersten Haltesitzung gehen ein bis zwei Gespräche voraus. Die Vorgeschichte wird erhoben, und der Klient bzw. die Mutter wird über das therapeutische Vorgehen informiert. Vor Beginn der Therapie wird die körperliche Belastbarkeit des Patienten medizinisch abgeklärt.

In der Therapie geht es nun darum, Widerstände wachzurufen und zu einer Wutentladung zu führen. In der anschließenden Entspannungsphase ist dann der Raum gegeben, um Nähe und Verbundenheit zu zeigen und zu erleben.

Halteposition

Das Kind sitzt auf den Knien des Therapeuten und wird von ihm so festgehalten, daß die Gesichter einander zugewandt sind. Genauer gesagt liegt das Kind in halb aufrechter Haltung in Schoß und Arm des Therapeuten, etwa so, wie ein Baby beim Füttern gehalten wird. Beide sitzen sich also nicht frontal gegenüber, aber dennoch so, daß Gesichts- und Blickkontakt jederzeit möglich sind. Das Kind wird dann Widerstand leisten und zornig und wütend sein (vgl. ZASLOW & BREGER 1969, S. 269—273). Der Therapeut kontrolliert das Kind in dieser Widerstandsphase dadurch, daß er jeder Abwehrbewegung oder Abwehrhaltung des Kindes mit gezieltem Gegendruck begegnet. Dabei dosiert er seine Kraft so, daß sie geringfügig größer als die des Kindes ist. Der Gegendruck kann dabei sehr spezifisch, z.B. an den Kaumuskeln, angesetzt werden. Zusammen mit freundlichem Zureden wird so der Widerstand des Kindes überwunden. Falls das Kind zu Beginn der Therapiestunde Widerstand leistet, indem es seine Muskeln völlig erschlaffen läßt, bieten ZASLOW und BREGER (1969, S. 273) zwei Methoden an, um angespannten Widerstand zu provozieren: Der Therapeut legt sich auf das Kind und hüllt es so völlig ein oder er zieht dem Kind eine dicke Mütze über den Kopf und beraubt es seiner Wahrnehmung. Dann stimuliert er den Brustkorb des Kindes durch unregelmäßiges Klopfen. Die weitere Möglichkeit schildert SAPOSNEK (1972): Er richtet den Oberkörper des Kindes aus der Halteposition auf und läßt ihn dann unversehends los. Das Kind muß dann seine Muskeln anspannen, um nicht umzukippen.

Gegendruck

Provokation des Widerstandes

Der Therapeut hält das Kind solange, bis es über „den Gipfel seiner Wut" hinaus ist und sich zu entspannen beginnt. An dieser Stelle ist das Festhalten kein Muß mehr, das Kind kann wieder auf seine eigenen Füße gestellt werden (vgl. ZASLOW 1982, S. 175). Während beim Erwachsenen eine Sitzung aus mehreren Wut-Entspannungs-Zyklen bestehen kann, wird die Sitzung mit einem Kind mit der ersten Entspannungsphase beendet. Als Zeitdauer gibt ZASLOW bis zu zwei, gelegentlich drei Stunden an (vgl. ZASLOW & BREGER 1969). Nachdem das Kind den Schoß des Therapeuten verlassen hat, folgt eine Phase, in der z.B. Kommunikation, Befolgen von Anweisungen oder Sprache angebahnt werden (ZASLOW & BREGER 1969, S. 279—284). Tritt dabei erneut Widerstand auf, kann das Kind sofort wieder festgehalten werden, um einen neuen Wut-Entspannungs-Zyklus zu durchlaufen. Während der Therapie paßt der Therapeut seine Sprache den Möglichkeiten des Kindes an. Eine Besonderheit ergibt sich bei der Therapie autistischer Kinder: Während bei nicht autistisch gestörten Kindern beim Halten das Problem verhandelt wird (z.B. Einkoten oder Toilettenverweigerung), ist bei autistischen Kindern das Halten selbst Schwerpunkt. Daher besteht die Therapie autistischer Kinder im Halten in der Widerstandsphase und im Augen- und Gesichtskontakt in der Entspannungsphase, bis eine wesentliche Besserung erreicht ist. Den Müttern autistischer Kinder wird daher zur

Beendigung bei Entspannung

Familienberatung

Auflage gemacht, ihre Kinder daheim ebenfalls regelmäßig zu halten. Die eingetretene Entwicklung wird dann in den darauffolgenden Jahren in mehreren Haltesitzungen gefestigt (vgl. ZASLOW 1982, S. 175—176). In dieser Zeit kann die Behandlung durch Familienberatung ergänzt werden (siehe auch Kapitel 5).

3. Indikation

ZASLOW & BREGER (1969) stellen die Wut-Reduktions-Therapie nur für autistische Kinder dar, da aus der Arbeit mit ihnen die Therapie, aber auch der theoretische Ansatz entwickelt wurden (ZASLOW 1981). Später nennt ZASLOW (1982) eine weite Spanne von Störungen über die ganze Lebensspanne hinweg, die bislang mit der Wut-Reduktions-Therapie behandelt worden sind:

(1) „Die Schizophrenien, wie kindliche Schizophrenie, Schizophrenie des Jugend- und Erwachsenenalters;
(2) Depression;
(3) Neurotische Störungen;
(4) Familien- und Eheprobleme;
(5) Wachstums- und Entwicklungserfahrungen;
(6) Identitätsprobleme;
(7) Störungen in der Kindheit, wie Koliken, Wutausbrüche, Hyperaktivität, Schlaf- und Eßstörungen, Einnässen und Erziehungsprobleme;
(8) Psychosomatische Reaktionen wie Asthma und Allergien" (ZASLOW 1981, S. 911; Übersetzung der Verfasser).

Auf einige Störungen geht ZASLOW näher ein. Beim frühkindlichen Autismus weist er daraufhin, daß die Wut-Reduktions-Therapie — bzw. die Z-Process-Attachment-Therapy — ihre Ursprünge in dem Versuch haben, autistischen Kindern zu helfen.

Um Koliken bei kleinen Kindern zu behandeln, entwickelte ZASLOW eine nicht näher beschriebene Drucktechnik. Das Kind wird damit innerhalb von 10 Minuten mehrere Male kurz behandelt.

Bei Wutausbrüchen dient das Halten zwei Zielen: Einmal wird das Kind kontrolliert. Zum anderen wird die ansonsten nutzlos verpuffende Wut genutzt, um in der darauf folgenden Entspannungsphase im Augen-Gesichtskontakt Nähe zu erleben und Verbundenheit zu entwickeln.

Asthma wird als Streßreaktion verstanden. Hier setzt das Halten an der Gesetzmäßigkeit an, daß Wut und Streßreaktion einander ausschließen. Wer wütend Luft holt, ringt nicht verkrampft nach Atem. ZASLOW weist darauf hin, daß der Wut-Reduktions-Therapie keine medizinischen Bedenken entgegenstehen dürfen.

keine Kontraindikationen

4. Dokumentierte Ergebnisse

Falldarstellung Autismus

ZASLOW (1982) berichtet über die Behandlung eines autistischen Jungen, der 1967 im Alter von knapp 4 Jahren zu ihm in Behandlung kam. Er beschreibt das Kind, wie es sich zu Beginn der Behandlung verhielt: „John gebärdete sich wild und unkontrolliert und war durch die Eltern nur schwer führbar. Daneben zeigt er eine Menge weiterer typischer autistischer Verhaltensweisen. Er blieb stumm, lächelte nicht und weinte auch keine Tränen" (ZASLOW 1982, S. 175). Nach der ersten Haltesitzung war John in der Lage, den Therapeuten anzuschauen, wobei sie sich an den Händen hielten. Auf dem Heimweg war er fügsam und wich dem Körperkontakt mit seiner Mutter nicht aus. Nach sieben Monaten Behandlung entwickelte John immer mehr Interesse für seine Mitmenschen. Er lächelte und suchte selbst Körperkontakt. Mit fünf Jahren konnte er Zahlen schreiben und zeichnen, nachdem er zuvor sprechen gelernt hatte. John wurde zuerst in eine Sonderschule eingeschult. Mit sechs Jahren endete die nunmehr zweijährige Behandlung. Mit sieben Jahren konnte John altersentsprechend lesen und schreiben; er besuchte mittlerweile die Regelschule. Der weitere Schulbesuch verlief ohne Probleme. Zuhause „wurde John zu einem verantwortungsbewußt handelnden Jungen, er kümmerte sich um seine jüngeren Geschwister, kochte, putzte und sorgte für den Garten" (ZASLOW 1982, S. 175). In den folgenden Jahren wurde der Behandlungserfolg durch einige weitere Haltesitzungen, Familienberatung, und die Verwendung von psychodynamischen und lernpsychologischen Methoden weiter gefestigt. „Im Falle des kleinen John gelang es, mit Hilfe der Wut-Reduktions-Therapie einen ausgeprägten Medusa-Komplex gänzlich zum verschwinden zu bringen" (ZASLOW 1982, S. 175). In weiteren drei Fällen autistischer Kinder gelang es bei zwei Kindern, daß sie im wesentlichen ein altersangemessenes Verhalten entwickelten und gegenwärtig die normale Schule besuchen (vgl. auch ZASLOW & BREGER 1969). Beim

Anpassung

dritten Kind wurde die Therapie abgebrochen; das Kind machte auch keine weiteren Fortschritte.

Die weiter behandelten Kinder machten innerhalb eines Jahres nachweisbare Fortschritte in ihrer geistigen und sozialen Entwicklung.

Falldarstellung Schizophrenie

Weiter berichtet ZASLOW (1981; 1982) über die Behandlung einer jugendlichen Schizophrenen. Ein Jahr vor ihrer Einweisung in die Psychiatrie zog sich Ana mehr und mehr von ihrem Mitmenschen zurück. Zu Behandlungsbeginn kauerte Ana in einer Ecke. Den Sinn dessen, was sie sagte, konnte niemand verstehen. Sie verbrannte sich mit Zigaretten und hielt sich für einen Pinguin. Sie nahm kaum Augen- und Gesichtskontakt auf. Nach der ersten Haltesitzung war Ana ruhig. Sie gestattete Blickkontakt, und das, was sie sagte, war sinnvoll. Weiter war sie in der Lage, Zuneigung entgegenzunehmen und eine normale Unterhaltung zu führen. Ana wurde innerhalb eines Monats vier weitere Male gehalten. Weiter bestand das Behandlungsprogramm aus Familientherapie, Therapie zusammen mit Gleichaltrigen und körperlicher Aktivierung wie z.B. Schwimmen (vgl. ZASLOW 1982, S. 176). Einige Wochen danach wurde Ana das Opfer einer Vergewaltigung. Sie überstand dieses Ereignis ohne Rückfall und brachte den Täter vor ein Gericht. Eine Nachfolgeuntersuchung nach sieben Jahren zeigte, daß Ana keine Rückfälle hatte und ein normales Leben führte.

5. Empirische Überprüfung

SAPOSNEK (1972) legt eine Studie vor, in der die Effektivität der Wutreduktion durch Festhalten bei autistischen Kindern untersucht wird. Einer Gruppe von 30 Versuchspersonen war entweder die Diagnose Autismus gestellt worden oder aber ihr Verhalten entsprach den beiden KANNERschen Kriterien der Zurückgezogenheit von menschlichem Kontakt und des Bedürfnisses nach Unveränderlichkeit der Umgebung. Keine der Versuchspersonen wies neurologische oder organische Defekte auf. 15 Personen wurden der Experimentalgruppe zugeordnet und 15 der Kontrollgruppe. Die beiden Gruppen entsprachen sich im Altersdurchschnitt und in der Geschlechtsverteilung, wobei das Alter zwischen dreieinhalb und dreizehn Jahren schwankte. In beiden Gruppen waren etwa zu zwei Drittel Jungen.

Die Kinder wurden den Gruppen nicht nach Zufall zugeteilt, sondern nach dem Einverständnis der Eltern oder Erzieher. Die Kinder, deren Eltern mit einer Einwilligung zum Halten zögerten, wurden der Kontrollgruppe zugeteilt. Die Kinder der Experimentalgruppe wurden während der Sitzung nach der Wut-Reduktions-Methode durch Festhalten therapeutisch behandelt. Die Sitzungen dauerten zwischen einer und zwei Stunden. War ein Kind nach Ablauf der zwei Stunden noch in Wut, so beruhigte es der Therapeut und beendete die Sitzung nach wenigen Minuten. Die Kinder der Kontrollgruppe wurden während der gleichen Zeitdauer therapeutisch betreut im Sinne traditioneller Kinderpsychotherapie bis hin zu Körperkontakt und Auf-dem-Schoß-Sitzen; lediglich das Festhalten unterblieb.

Gegenstand der Untersuchung: 1. Sitzung

Vor und nach der jeweiligen Behandlung wurden alle Kinder einem Verhaltenstest unterzogen. Nach einer Eingewöhnungsphase von 5 bis 10 Minuten überprüfte der Untersucher die Verhaltensäußerungen des Kindes mit Hilfe einer Liste von 18 Verhaltensmerkmalen. Jedes Merkmal wurde drei- bis viermal überprüft. Diese 18 Merkmale wurden dann auf einer vierstufigen Skala von „minimal vorhanden“ bis „intensiv“ eingeschätzt. Im Vordergrund standen Blickkontakt, Gesichtskontakt, Annäherungsverhalten, Kommunikation und Aggressionen.

signifikante positive Veränderungen

Dreiviertel der Kinder wurden von 2 Beobachtern eingeschätzt. In 97% aller Fälle betrugen die Unterschiede nicht mehr als eine Einschätzungsstufe. Die so gewonnenen Daten wurden mit Hilfe einer Varianzanalyse ausgewertet. Bei der Vorher-Nachher-Messung für die Experimentalgruppe ergaben sich hochsignifikante Haupteffekte für alle 18 Variablen. Weiter zeigte sich, daß die Experimentalgruppe in 12 Variablen signifikant bessere Werte erzielte als die Kontrollgruppe. Alle Interaktionseffekte dieser 2x2 Varianzanalyse wurden ebenfalls signifikant. Indem SAPOSNEK (1972) die Unterschiede zwischen den beiden Messungen für jede Gruppe getrennt aufsummierte, erhielt er für jedes der 18 Items einen Differenzwert. Dabei zeigte sich, daß sich in der Experimentalgruppe die Muskelentspannung, der Blickkontakt auf Aufforderung und die spontane Annäherung am deutlichsten positiv verändert hatten. In der Kontrollgruppe ergab sich die größte positive Änderung beim allgemeinen Annäherungsverhalten.

spontaner Blickkontakt und Annäherung

SAPOSNEK (1972) wertet diese Befunde als Beleg dafür, daß bedeutsame Verhaltensänderungen in kurzer Zeit erreicht werden können, wenn die Wut-Reduktions-Methode verwendet wird. In der Diskussion der Befunde weist er darauf hin, daß es sich hier nur um vorübergehende Änderungen handelt, da diese einzige (und erste) Haltesitzung erst am Beginn der therapeutischen Arbeit steht. Nach einer längeren systematischen Behandlung erst lassen sich überdauernde Veränderungen erwarten. Weitere Studien zu deren Untersuchung sind seiner Meinung nach vonnöten.

6. Kombination mit anderen Therapieformen

Familientherapie und Verhaltenstherapie

Sowohl in seinen grundlegenden Ausführungen über die Wut-Reduktions-Therapie (vgl. Kapitel 2) als auch in den beiden Fallbeispielen erwähnt ZASLOW eine Reihe von weiteren therapeutischen Maßnahmen. Im einzelnen sind dies Einzel- und Familienberatung, Familientherapie, Gruppentherapie und Einzeltherapie. Bei der Einzeltherapie greift ZASLOW sowohl auf psychodynamische als auch auf lernpsychologische Ansätze zurück. ZASLOW geht dabei regelmäßig so vor, daß der ersten Haltesitzung ein bis zwei Klientengespräche vorausgehen. Danach folgt die eigentliche Haltesitzung, der gegebenenfalls weitere Haltesitzungen folgen. Mit fließendem Übergang wird dann die Behandlung mit einer anderen Methode weitergeführt. Je nach Problemlage werden auch mehrere Behandlungsmethoden miteinander kombiniert. Welchen theoretischen Zugang ZASLOW bei Familien- und Gruppentherapie wählt, geht aus der Fallbeschreibung nicht hervor.

7. Anspruch auf Heilung

Heilung möglich

ZASLOW und BREGER (1969) erheben in dieser frühen Arbeit keinen Anspruch auf Heilung autistischer Kinder. In den Falldarstellungen sprechen sie von Fortschritten und substantiellen Besserungen. In einem Fall schildern sie die gelungene Rückkehr in ein normales Schülerleben, ohne jedoch explizit von Heilung zu sprechen. 1982 berichtet ZASLOW zwei Fallbeispiele, in denen frühkindlicher Autismus bzw. Schizophrenie im Jugendalter durch die Z-Prozeß-Therapie vollständig zum Verschwinden gebracht, mithin geheilt wurden. In seinem ausführlichen Artikel beschreibt ZASLOW 1981 seine Therapie als effektiv und „beneficial“ (ZASLOW 1981, S. 915). Obwohl ZASLOW den Anspruch auf Heilung der von ihm behandelten Störungen nie explizit erhebt, so entsteht doch bei der Lektüre seiner Veröffentlichungen der Eindruck, daß die Z-Prozeß-Therapie nach seinem Dafürhalten z.B. frühkindlichen Autismus heilen kann.

8. Kritische Würdigung

Ähnlich wie WELCH (vgl. nächstes Kapitel) verwendet ZASLOW zunächst eine klare Indikation für seinen Therapieansatz. Er wurde entwickelt mit und für autistische Kinder. Später nennt er eine Vielzahl von Störungen, die in allen Lebensaltern auftreten können. Diese Indikationserweiterung begründet ZASLOW damit, daß zwischenmenschliche Bindungen und somit auch ihre Störungen den gesamten Lebenszyklus umfassen (ZASLOW 1982, S. 911).

Vielzahl von Indikationen

Konsequenterweise entwickelt ZASLOW eine differenzierte Methode, Erwachsene therapeutisch zu halten (vgl. Absatz 2). Daran wird andererseits deutlich, das ZASLOW ein großes Spektrum psychischer und psychosomatischer Störungen auf eine Hauptursache zurückführt. Er glaubt, die Wurzel dieser Störungen gefunden zu haben und sieht in seinem Therapieansatz die Behandlung, die darauf eine Antwort gibt. Dabei geht ZASLOW nicht so weit, seine Methode als allein ausreichend zu betrachten, um einen Klienten erfolgreich zu behandeln. Vielmehr bezieht er Methoden unterschiedlicher Schulen ein, um die mit seiner Haltemethode begonnene Therapie weiterzuführen. Ihr schreibt er jedoch entscheidende Anteile am Erfolg zu. Diesen Anspruch belegt ZASLOW in erster Linie mit Fallbeispielen, eine empirische Überprüfung, die über SAPOSNEKs Studie hinausgeht, liegt unseres Wissens bislang nicht vor. Sonst ist dieser Anspruch nicht ausreichend überprüft worden. SAPOSNEKs Studie selbst genügt grundlegenden Anforderungen an eine empirische Untersuchung, wiewohl sie in methodischen Details Mängel aufweist wie den Zuweisungsmodus zur Experimentalgruppe. Da diese Studie lediglich die Veränderungen unmittelbar nach nur einer Therapiestunde erfaßt, kann sie über die Effekte einer längerdauernden Haltetherapie nichts aussagen.

nicht ausreichende empirische Prüfung

Hinterfragt werden sollten auch ZASLOWs theoretische Annahmen. Denn indem er die Bindungsstörung im Medusa-Komplex zur Hauptursache vieler Störungen macht, besteht die Gefahr, andere Ursachen und Bedingungen zu vernachlässigen. Dies birgt die Tendenz in sich, eine einfache, geschlossene Sicht von psychischen Störungen zu vermitteln. Somit kann ZASLOW

theoretische Annahmen einseitig

nicht ganz vom Verdacht ausgenommen sein, daß sein Ansatz anfällig für Ideologisierung und Verabsolutierung ist, obwohl er in der praktischen Arbeit andere Ansätze hinzuzieht.

Positiv zu vermerken ist, daß ZASLOW Heilung durch seinen Therapieansatz zwar für möglich hält, aber keinen Anspruch darauf erhebt. Dieser Standpunkt ist verständlich mit Blick auf die Indikationen, die er stellt, da z.B. neurotische Depression oder Partnerprobleme in der Tat als heilbar angesehen werden können und dürfen. Gleichwohl wäre es wünschenswert, störungsspezifische Erfolgserwartungen zu formulieren.

"Vater" des Haltens

Nicht unerwähnt bleiben darf die Tatsache, daß ZASLOW als erster das therapeutische Halten entwickelte und als Therapiemethode für autistische Kinder veröffentlichte (ZASLOW & BREGER 1969). Die Diskussion um das Festhalten im deutschsprachigen Raum trägt erstaunlicherweise seiner Urheberschaft wenig Rechnung.

Unsere Empfehlung:

Unsere Erfahrungen mit dieser Therapieform haben gezeigt, daß sich diese Methode bei jungen autistischen Kindern in abgewandelter Form gut eignet, extreme Wutreaktionen, in die sich das Kind immer mehr hineinsteigert und ohne Hilfe nur schwer wieder herausgelangen kann, positiv zu beeinflussen. Vorteilhaft ist die natürliche Halteposition, wobei die jeweiligen Reaktionen auf das wütende Verhalten situationsabhängig eingesetzt werden sollten. Das heißt, wir können z.B. paradox vorgehen, vor allem dann, wenn Sprachverständnis vorhanden ist. In diesem Falle fordern wir dazu auf, wütend zu sein und noch lauter zu schreien. Oft führt dies zu einer schnellen Beruhigung des Kindes. Eine andere Möglichkeit ist die Ablenkung durch Singen oder Geschichtenerzählen o.ä., was zu einer schnellen Beruhigung führen kann. Wichtig ist, daß wir durch die Haltesituationen nicht das Wut-Verhalten verstärken. Dies ist vor allem dann der Fall, wenn wir trösten. Wir sollten dieses Vorgehen zu dem Zeitpunkt abbrechen, wenn das Kind ruhig ist. Nach unseren Erfahrungen ist dies nach 5 bis 10 Minuten der Fall. Manchmal helfen die eben beschriebenen paradoxen oder ablenkenden Reaktionen auch ohne direktes Halten.

In Krisensituationen, vor allem bei jungen Kindern, kann also die Wut-Reduktions-Methode ein wirksames und (im Sinne des Wortes) hilfreiches Mittel sein.

Theorie		Methode		Indikation		Kombination		Dokumentation		Empirie	
umfassende Darstellung	2.3	umfassende Darstellung	2.3	umfassende Darstellung	2.3	Abgrenzung von anderen HT's	xxx	Falldarstellung	2.5	diagnostische Beschreibung der Vpn.	2.5
Theorieprüfung	4	Nachvollziehbarkeit	1.8	logische Ableitung aus der Theorie	3.3	Flexibilität	2.5	Ausführlichkeit	2.8	ausreichende Angaben zur Person (Alter, Geschlecht, Entwicklung)	2.3
Ableitung der Therapie aus theoretischen Annahmen	2.5	interaktiv	3	Begründung	3.5	Kombination mit anderen HT's	xxx	Berücksichtigung anderer therap. Variablen	3.3	methodisches Design	2.8
Logik des Schlusses	2.3	Breite der therapeutischen Reaktionsmöglichkeiten	2.8	Kontraindikation	4.3	Kombination mit anderen Therapien	2.3	begrenzte Dauer	2.5	Gruppenvergleich	2.8
Homogenität	2.3	Kindorientiertheit	2.3	Realitätsbezug (Heilung nicht möglich	4	Akzeptanz anderer Methoden	2.5	diagnostische Beschreibung der Störung	3.5	Meßinstrument	2
Originalität (eigenständige Hypothesen)	1.5	Dynamik der Methode	2.8			Literaturauseinandersetzung	3	ausreichende Angaben zur Person	3.5	Signifikanzprüfung	1.5

Abbildung 1: Gesamteinschätzung der Wut-Reduktions-Methode nach ZASLOW (4 Rater)

Kapitel 3

Mother-Child-Holding Therapy (Mutter-und-Kind-Haltetherapie nach WELCH)

1. Theoretische Hintergründe

Für WELCH (1984), eine amerikanische Psychoanalytikerin, ist Autismus „ein Kind-und-Mutter-Problem" (S. 306). Das verbindende „und" hebt WELCH aus gutem Grunde besonders hervor, denn nach ihrer Überzeugung hängt Autismus eng mit der Beziehung zwischen Mutter und Kind zusammen. Damit sich ein Kind normal entwickeln kann, braucht es eine enge und wechselseitige Bindung zur Mutter. WELCH folgt darin BOWLBY (1969). Nach beider Meinung sind psychische Störungen keine organischen Krankheiten. Vielmehr zeigt eine Störung an, daß die Beziehungen zwischen zwei oder mehreren Familienmitgliedern „entgleist" sind. Den frühkindlichen Autismus führt WELCH auf eine gestörte Bindung zwischen Mutter und Kind zurück. Wie kommt nun eine solche Bindungsstörung zustande? Wieso verfestigt sie sich, und welche Rolle spielen dabei die übrigen Familienmitglieder? „Kinder sind schon von Geburt an unterschiedlich empfindlich und verwundbar" (WELCH 1984, S. 297). Sie sind mehr oder weniger unternehmungslustig, robuster oder schreckhafter, ziehen sich mal mehr, mal weniger zurück. Autistische Kinder gehören eher zu den empfindlichen und verwundbaren Babies.

gestörte Mutter-Kind-Bindung

Zu den Müttern bemerkte WELCH, daß es ihnen vor Behandlungsbeginn schwerfällt, sich in ihre Kinder hineinzuversetzen, sie zu verstehen. Dadurch erkennen sie die Bedürfnisse ihrer Kinder nicht ausreichend und können sie daher auch nicht normal befriedigen.

Dies könnte den Anschein erwecken, als hätten sensible Babies in diesem Fall unsensible Mütter, als wären die Mütter schuld an der Störung ihres Kindes. Dagegen verwahrt sich WELCH; vielmehr betont sie, daß „. . . die Mutter genauso ein Opfer der Umstände (ist) wie das Kind" (1984, S. 306). In allen von ihr untersuchten Fällen zeigte sich, daß ungünstige Lebenslagen und einschneidende Ereignisse es der Mutter schwer machten, eine enge Bindung zu ihrem Kind zu ent-

Autismus Folge ungünstiger Lebenslagen

wickeln. Plötzliche oder längerdauernde Trennungen von Mutter und Kind, sei es durch Krankenhausaufenthalte oder ähnliches, sind als Beispiele genannt. Das Kind kann eine solche Trennung weder begreifen noch verarbeiten. Es ist möglicherweise enttäuscht, hoffnungslos, verängstigt und voll Zorn und wird sich unter Umständen autistisch zurückziehen. Die Mutter kann sich mit ihm wieder versöhnen, sie kann die Bindung neu knüpfen und das Kind aus seinem Rückzug herausführen. Gelingt ihr dies aber nicht — aus welchen Gründen auch immer —, dann verfestigt sich die Störung. Die Mutter wird mit der Zeit mutlos und niedergeschlagen, und schließlich zieht auch sie sich von ihrem Kind zurück. So kommen beide in einen Teufelskreis; beide können nicht mehr zueinander finden. Zwischen ihnen entsteht eine Blockade aus Ärger und Wut (vgl. BURCHARD 1985a).

z.B. Trennung

Wenden wir uns der übrigen Familie zu. WELCH berichtet, daß nach ihrer Erfahrung die Väter ihren autistischen Kindern näher stehen als die Mütter. Sie gehen mehr auf ihre Kinder zu als ihre Frauen. Das kann soweit führen, daß die Eltern aufeinander eifersüchtig sind. Wenn die Mutter merkt, daß ihr Mann sich mit ihrem Kind besser versteht als sie selbst, reagiert sie gegebenenfalls zornig und abweisend ihrem Mann gegenüber (vgl. WELCH 1984 S. 307). WELCH stellt fest, daß diese Eltern sich nicht darüber austauschen können: Keiner kann dem anderen sagen, wie ihm wirklich zumute ist. Also ist nicht nur die Bindung zwischen Mutter und Kind, sondern auch die Beziehung der Eltern zueinander gestört. Ebenso durchgängig kommen nach WELCH Mutter und Großmutter mütterlicherseits nicht miteinander zurecht; auch ihre Bindung ist gestört. Am ehesten können die Geschwister mit dem autistischen Kind umgehen. Sie verlangen mehr von ihm als ihre Eltern und das autistische Kind reagiert auf sie normaler.

Vater versteht Kind besser als Mutter

Eltern-Beziehung gestört

Mutter-Mutter-Störung

Fassen wir zusammen: Nach WELCH (1984) ist Autismus gleichbedeutend mit einer gestörten Mutter-Kind-Bindung. Dem Autismus liegt eine erhöhte Empfindlichkeit des Kindes von Geburt an zugrunde. Ausgelöst wird die Störung durch ein einschneidendes Ereignis, das Mutter und Kind sehr belastet. Die Störung verfestigt sich, indem der Mutter die erneute Bindung zu ihrem Kind mißlingt. Erschwerend wirken sich zusätzlich problematische Bindungen zu ihrem Mann und zu ihrer Mutter aus.

2. Methode

WELCH geht davon aus, daß eine emotionale starke Bindung die Voraussetzung für eine normale Entwicklung ist. Hier setzt ihre Behandlung an: Sie soll die Mutter und ihr autistisches Kind einander nahe bringen und sie aufs Neue verbinden. Für WELCH bedeutet das, als Therapeut gar nicht erst zwischen Mutter und Kind zu treten, sondern von Anfang an beide in unmittelbaren Kontakt zu bringen. Aus ihrer Problemanalyse zieht

Therapie der Familie

WELCH weiter den Schluß, daß auch die übrige Familie soweit möglich — von Beginn an mit in die Behandlung einbezogen werden muß. Damit verfolgt WELCH zwei Ziele: Zum einen hängt die gestörte Bindung zwischen Mutter und Kind mit den anderen gestörten Beziehungen in der Familie zusammen. Um die gestörte Mutter-Kind-Bindung zu behandeln, müssen deshalb die übrigen Störungen im Beziehungsgefüge der Familie mitbehandelt werden. Zum anderen braucht die Mutter sehr viel Unterstützung, wenn sie die Störung zwischen sich und ihrem Kind versucht aufzuheben. Diese Unterstützung soll von Ehemann und Mutter gegeben werden.

Körperkontakt

Alles, was Mutter und Kind einander näher bringt, trägt dazu bei, das Kind aus seiner Zurückgezogenheit zu befreien. Der beste Weg ist, nach WELCHs Meinung, wenn Mutter und Kind sich berühren. Bekanntlich reagieren aber autistische Kinder abweisend und oft heftig, wenn ihnen jemand nahe kommt. Deshalb „muß die Mutter das Kind festhalten, bis es die Berührung duldet" (WELCH 1984 S. 299).

sitzende Position

„Für die Haltetherapie wählt man am besten eine weiche Couch. Das Kind wird sich gewöhnlich sehr heftig sträuben. Sie (die Couch) . . . schützt die beiden davor, sich weh zu tun. Der Therapeut fordert die Mutter auf, das Kind auf ihrem Schoß zu halten und zwar so, daß die Gesichter zueinander zugekehrt sind. Der Vater wird gebeten, sich neben die Mutter zu setzen und seinen Arm um ihren Nacken zu legen. Das Kind sitzt rittlings auf den Knien der Mutter mit gebeugten Knien, so daß seine Beine rechts und links herunterhängen. Die Mutter legt die Arme des Kindes um ihren Körper und hält sie unter ihren eigenen Armen fest. So kann sie den Kopf des Kindes mit den Händen halten, um Blickkontakt zu gewinnen." (WELCH 1984 S. 300).

Die Mutter darf nicht aufgeben und loslassen, bis sich ihr Kind entspannt, bis es beginnt, seine Zurückgezogenheit aufzugeben und seiner Mutter zu begegnen. Es wird sich dann an die Mutter anschmiegen, sie ansehen ohne ihrem Blick auszuweichen oder sie berühren. Um das zu erreichen, muß das Kind mindestens eine Stunde gehalten werden.

Die Mutter kann dabei umgekehrt erleben, daß sie ihr Kind nicht verloren hat, daß es Hoffnung gibt und, daß sie es schaffen kann, ihr Kind zurückzugewinnen. Im Laufe vieler weiterer Haltesitzungen entwickelt sich eine neue und enge Verbundenheit zwischen Mutter und Kind. Auch die Mutter kann ihre eigene innere Zurückgezogenheit aufgeben und ihre Zuneigung zu ihrem Kind neu wahrnehmen. Sie gewinnt wieder Zutrauen in sich und in ihre Fähigkeiten als Mutter, findet wieder Mut, Anforderungen zu stellen und Grenzen zu setzen. „Das Gefühl des Versagthabens, das eine Folge der fehlenden Beziehung zu ihrem Kind war, weicht langsam einem Gefühl des Triumphes darüber, daß sie imstande ist, das Kind zurückzugewinnen" (WELCH 1984 S. 301).

neue enge Verbundenheit

Dem aufmerksamen Leser ist sicher nicht entgangen, daß im Grunde nicht das autistische Kind, sondern seine Mutter im Zentrum von WELCHs Überlegungen zu stehen scheint. Das ist in der Tat der Fall. WELCH ist nämlich der Meinung, daß das Kind von sich aus auf die Mutter zugeht, wenn die Mutter selbst sich ihrem Kind wieder zuwenden kann (vgl. BURCHARD 1985a). Deshalb konzentriert sich WELCH in ihrer Arbeit darauf, die Mutter zu unterstützen. Ihr Ziel ist es dabei, der Mutter zu helfen, ihre verschütteten und unterdrückten Gefühle gegenüber dem Kind wieder wahrzunehmen, zu erleben und auszudrücken. Eine Auseinandersetzung mit verdrängten Enttäuschungen, Wut und Ärger dem autistischen Kind gegenüber ist notwendig. Auf diese blockierten Gefühle achtet WELCH besonders zu Beginn der Haltetherapie (BURCHARD 1985a S. 105). Kann die Mutter ihre bislang blockierte Wut und ihren Ärger ihrem Kind mitteilen, wird der Weg frei, daß sie wieder zu ihrer Liebe ihrem Kind gegenüber zurückfinden kann: Sie fühlt sich mit ihm wieder verbunden. Nach WELCHs Meinung wird das Kind dann von sich aus antworten und beginnen, sich mit seiner Mutter auseinanderzusetzen, sich ihr zuzuwenden. WELCH bemerkt dazu pointiert, daß das Kind keinen Therapeuten braucht, sondern ausschließlich seine Mutter (BURCHARD 1985a S. 105). Damit vernachlässigt WELCH allerdings ihre Annahme, daß eine erhöhte Verwundbarkeit des Kindes zur Entstehung der autistischen Störung beiträgt.

unterdrückte mütterliche Gefühle

Kind braucht keine Therapeuten

Nach WELCHs Erfahrung zeigt sich in einer Haltesitzung auch, welche Konflikte über die Beziehungsstörung zwischen Mutter und Kind hinaus in der Familie zu beobachten sind. Erst wenn sich diese Probleme lösen, können Vater und Großmutter die Mutter wirkungsvoll unterstützen. WELCH kennt keinen Fall, „in dem (Festhalten) erfolgreich gewesen sei, wenn der Vater nicht mit einbezogen war oder unüberbrückbare Widerstände gegen das Halten hatte." (BURCHARD 1985a S. 106; vgl. auch ELMHURST 1986) Neben Vater und Großmutter bezieht WELCH auch die Geschwister des autistischen Kindes in die Haltetherapie ein: Sie fordert, daß auch sie gehalten werden sollten (BURCHARD 1985a S. 106). Dadurch entwickelt sich nach WELCHs Erfahrung ein näheres und vertrauteres Verhältnis zwischen Kindern und Eltern.

Erfolg nur mit Vater zusammen

Andernfalls sieht WELCH die Gefahr, daß die Geschwister auf das autistische Kind eifersüchtig werden, auch wenn sie das nicht offen sagen.

Dauer über Jahre

WELCH sieht die Familien, die sie behandelt, wöchentlich. Die Therapie selbst dauert Jahre und verändert in dieser Zeit die ganze Familie. Ziel ist es, daß die Eltern sich gegenseitig und ihre Kinder halten können und, daß die Gehaltenen das Gehaltensein annehmen und schätzen lernen. Dadurch entwickeln alle ein „neues Verhältnis der Intimität" (BURCHARD 1985a S. 106) zueinander. Die gestörten Bindungen sind dann neu geknüpft.

Der Therapeut hat in dieser Therapie vielfältige Aufgaben wahrzunehmen. Er muß dafür sorgen, daß sich alle am Halten beteiligen können. Er muß darauf achten, wann und warum beim Halten Schwierigkeiten auftreten.

Therapeut ist Vorbild

Beziehungsstörungen müssen bearbeitet und geklärt werden. Der Therapeut muß der Familie ein Vorbild sein; man muß an ihm erleben können, wie er mit starken negativen Gefühlen wie Wut und Niedergeschlagenheit umgeht: Er muß sie ertragen können, ohne zurückzuweichen (WELCH 1984 S. 301). Schließlich muß der Therapeut die Entwicklung der Therapie über die Jahre hin im Auge behalten. Geraten Veränderungen ins Stocken, so muß er die Ursachen erkennen und mit der Familie bearbeiten (vgl. BURCHARD 1985a).

3. Indikation und Kontraindikation

WELCH(1984) beschreibt in ihren Fallbeispielen ausschließlich autistische Kinder (s.u.). Neuerdings (BURCHARD 1985a) ist WELCH der Auffassung, daß Beziehungsstörungen jeder Art durch die Haltetherapie gebessert werden können. Darüber hinaus ist sie der Ansicht, daß Halten bereits im Vorfeld von Störungen angewendet werden kann. Kinder könnten nach ihrer Vorstellung von vornherein gehalten werden, um eine Störung gar nicht erst entstehen zu lassen (vgl. BURCHARD 1985a, S. 111).

Autismus
Beziehungsstörung
Vorbeugung ohne Symptomatik

Auch für psychotisches Verhalten stellt die Holding-Therapy eine sinnvolle therapeutische Maßnahme dar. Damit nimmt WELCH einen ähnlichen Standpunkt wie ZASLOW ein (vgl. Kapitel II). Die nicht psychotische Mutter könne „ihr psychotisch reagierendes Kind (dadurch) wieder neu in der Wirklichkeit orientieren" (BURCHARD 1985a, S. 111).

Psychosen

Nach WELCHs Meinung gibt es bei der Haltetherapie keine Kontraindikationen. Sie begründet dies mit einem grundsätzlichen menschlichen Kontaktbedürfnis und versucht im Einzelfall herauszufinden, wo die Wurzeln dafür liegen, daß Gefühle verkrustet und blockiert sind.

keine Kontraindikation

4. Dokumentierte Ergebnisse

WELCH(1984) beschreibt sechs Kinder, die sie mit der Haltetherapie behandelt hat.

Ein dreieinhalbjähriger Junge war bei Behandlungsbeginn autistisch zurückgezogen. Er sprach nicht, war in seiner Entwicklung zurückgeblieben und zeigte zwanghafte Verhaltensweisen. Darüber hinaus war er unruhig und ständig in Bewegung. Die Mutter wird von WELCH als kalt, abweisend und intellektuell beschrieben. Nach sechs Wochen täglicher Behandlung sprach das Kind zum ersten Mal ohne Übergang in ganzen Sätzen. Nach sechs Monaten spielte das Kind mit anderen Kindern. Nach einem Jahr, also mit viereinhalb Jahren, lernte er von sich aus das Lesen. Mit acht Jahren war der Junge ein sehr guter Schüler, und sein Verhalten war problemfrei. Die Mutter wurde warmherzig und liebevoll, dabei sanft aber bestimmt. Wann WELCH die Therapie beendete, geht aus dem Bericht nicht hervor.

Falldarstellung
Mutter wurde warmherzig

Ein siebenjähriger Junge war vor Behandlungsbeginn nicht ansprechbar, ständig in Bewegung und zerstörerisch. Er sprach ohne erkennbaren Sinn und zeigte zwanghaftes Verhalten. Die Mutter war streng, kalt, und bestrafte ihn oft. Nach einem Jahr Haltetherapie hatte sich seine Unruhe gelegt, er sprach sinnvoll und zeigte im Lesen sehr gute Leistungen. Auf Veränderungen in seiner Umgebung konnte er eingehen, und mitteilen, was er empfand. WELCH beendete die Behandlung nach diesem Jahr; die Mutter setzte das Halten weiter fort, und der Junge entwickelte sich „weiterhin gut“ (WELCH 1984 S. 303).

Falldarstellung

Ein zweieinhalbjähriges Kind war bei Behandlungsbeginn „Zurückgeblieben, beziehungslos, stumm, sonderlich aussehend, und er befaßt sich zwanghaft damit, Dinge kreiseln zu lassen“ (WELCH 1984 S. 303). Er war ein Adoptivkind. Er widersetzte sich dem Halten erst, als er sein Gesicht der Mutter zuwenden mußte. Nach den Haltesitzungen war er anschmiegsam und entspannt. Nach einem Jahr, in dem er täglich mindestens einmal gehalten worden war, hatte er eine „herzliche Beziehung zu seiner Mutter und zu anderen Menschen“ (WELCH 1984 S. 303). Die Haltetherapie wurde nach dreieinhalb Jahren beendet, als der Patient sechs Jahre alt war. Mit neun Jahren war der Junge ein überdurchschnittlich guter Schüler. Er war anpassungsfähig, spielte normal und konnte seine Gefühle ausdrücken. Zuhause wurde das Kind auf seinen eigenen Wunsch hin auch weiterhin von der Mutter gehalten.

Falldarstellung

Ein Kleinkind von zweiundzwanzig Monaten war bei Behandlungsbeginn in der Entwicklung zurückgeblieben, beziehungslos, stumm und bewegungsarm. Vorausgegangen war eine einjährige Behandlung mit Phenobarbitol aufgrund einer Fehldiagnose, sowie zwei Klinikaufenthalte im zweiten Lebensjahr. Das Kind reagierte sofort auf das Festhalten mit einem eineinhalbstündigen Gefühlsausbruch. Danach entspannte sich das kleine Mädchen und ließ sich halten. Nach drei Jahren Haltetherapie sprach das Kind altersangemessen. Es lief und hatte wachsenden Spaß daran, die Welt zu entdecken. Weiter mochte das kleine Mädchen gern Musik und lernte Klavier spielen. Nach WELCHs Meinung war das Mädchen nach diesen drei Jahren noch nicht ganz normal: Es sprach nicht gern. Die Therapie wurde fortgesetzt. Das Mädchen machte dann Fortschritte: Es begann, auch seine Gefühle von Haß und Wut auszudrücken.

Falldarstellung

Ein zehnjähriger Junge lebte die letzten vier Jahre seines Lebens in einem Heim für autistische Kinder. Bei der Vorstellung war er stumm, beziehungslos und voller Bewegungs- und Zerstörungsdrang. Auch war er nicht altersgemäß entwickelt. Nach einigen Haltesitzungen begann der Junge, zu sprechen und Gefühlsregungen zu zeigen. Außerdem legte sich sein Zerstörungsdrang. WELCH schildert seine Mutter als ablehnend, uninteressiert und unzuverlässig. Nach der Urlaubspause, die die Eltern sich kurz nach Behandlungsbeginn nahmen, setzten sie die Therapie nicht fort.

Falldarstellung

Ein sechsmonatiger Säugling zeigte bereits kurz nach der Geburt gestörte Verhaltensweisen. Er war schwierig und widerspenstig. Er wehrte sich heftig gegen jede Berührung. Auch beim Stillen hielt er soviel Abstand wie möglich. Die Mutter war überängstlich um die Gesundheit des Kindes besorgt und entdeckte alle möglichen Zeichen dafür, daß es nicht normal war. Sie versorgte das Kind korrekt, entwickelte aber keine innere Bindung zu ihm. Nach zwei Wochen täglichen Haltens lächelte das Kind erstmals seine Mutter an, schmiegte sich an sie und begann sich anzuklammern. Seine Mutter fing an, sich für ihr Kind verantwortlich zu fühlen. Nach drei Monaten Behandlung liebte sie ihr Kind. Im Alter von dreizehn Monaten war das Kind unauffällig und altersgemäß entwickelt. Ebenso normal waren Einstellung und Verhalten der Mutter, über die Beendigung der Behandlung teilt WELCH nichts mit.

Mutter hatte keine Bindung

5. Empirische Prüfung

WELCH selbst legte unseres Wissens bislang keine empirische Studie über die Wirkungen ihrer Therapie vor. Von TINBERGEN & TINBERGEN (1984) wird als Beleg eine Studie von PREKOP (1982) herangezogen, die im Kapitel IV dargestellt wird.

6. Kombination mit und Abgrenzung zu anderen Therapien

WELCH nimmt zu der Frage, inwiefern sich ihre Haltetherapie mit anderen Therapien verträgt, keine direkte Stellung. Eine Antwort auf diese Frage läßt sich somit nur indirekt erschließen und kann deshalb nur mit Vorbehalt gegeben werden. WELCH (1984) stützt sich in ihrem Verständnis von psychischen Störungen in erster Linie auf BOWLBY (1969), der die menschliche Verbundenheit und ihre Störung in den Mittelpunkt seiner Überlegungen gestellt hat. BOWLBY hat daraus keine Schule des therapeutischen Handelns entwickelt. Aber aus der Schilderung von WELCHs Vorgehensweise wird klar, daß sie familientherapeutischen Ansätzen sehr nahe steht. Somit läßt sich die

Familientherapie

Frage etwa wie folgt beantworten: WELCHs Haltetherapie dürfte prinzipiell mit einer Familientherapie vereinbar sein, die sich in ihrem Verständnis an BOWLBY orientiert. Die Frage der Abgrenzung zu anderen Therapieformen läßt sich mit WELCH nicht beantworten, Gemeinsamkeiten und Unterschiede zur Festhaltetherapie nach PREKOP (Kapitel 4) arbeitet BURCHARD (1985a) heraus. Der wesentliche Unterschied liegt — neben den verschiedenen theoretischen Ansätzen — in dem Hauptaugenmerk der Therapie. Bei PREKOP steht das Kind im Vordergrund, und ihre Behandlungsmethode konzentriert sich auf das Kind; hierbei stärkt sie die Position der Mutter. WELCH stellt die Mutter in den Mittelpunkt; ihre Behandlungsmethoden konzentrieren sich darauf, Blockaden und Widerstände bei der Mutter zu lösen. BURCHARD (1985a) berichtet, daß PREKOP neuerdings die Betonung der Gefühle und das Halten in der gesamten Familie aufgreift.

7. Anspruch auf Heilung

Autismus heilbar

Wie bereits an den Falldarstellungen deutlich geworden ist, meint WELCH, daß Autismus heilbar ist: „Die Mutter-Kind-Haltetherapie eröffnet dem Kind einen Ausweg aus seinem autistischen Zustand. Indem die Mutter gewaltsam die autistische Schranke durchbricht, bietet sie sich ihrem Kind als Führer an. Dadurch wächst auch ihre Fähigkeit, das Kind zu lieben. Die günstigen Folgen ihrer Bemühungen setzen eine Aufwärts-Spirale in Gang, die schließlich zur Heilung vom Autismus führt." (WELCH 1984 S. 307—308) Wie BURCHARD (1985a) berichtet, gibt WELCH den Eltern generell die Hoffnung, daß ihre Kinder normal werden könnten. Sie verweist dabei auf die großen Möglichkeiten des menschlichen Gehirns, Schäden auszugleichen. „. . . Wenn sie heute ein gestörtes Kind mit einem ‚offensichtlichen' Hirnschaden sähe, könne sie nicht sagen, wie sich dieses Kind noch entwickeln könne und ob der sichtbare Schaden wirklich primär organisch bedingt sei" (BURCHARD 1985a S. 110). WELCH schließt dabei nicht aus, daß Autismus organische Ursachen hat. Aber sie hält diese Frage nicht für wesentlich, was ihre Haltetherapie betrifft.

8. Kritische Würdigung

keine klare Indikation

WELCH verwendet zunächst eine spezifische Indikationsstellung, um die Frage zu beantworten, wer sinnvollerweise mit der Mutter-und-Kind-Haltetherapie behandelt werden kann: Nämlich autistische Kinder. Folgt man BURCHARDs Ausführungen (BURCHARD 1985a), ist bei WELCH eine klare und genaue Indikationsstellung mittlerweise nicht mehr gegeben, vielmehr empfiehlt sie ihre Therapie unspezifisch für Beziehungsstörungen und ihre Vorbeugung. Die Frage drängt sich auf, welche psychische Störung nicht als Beziehungsstörung verstanden werden kann. Die Antwort muß wohl negativ ausfallen. So entsteht der Eindruck, daß WELCH ihre Therapie nicht als eine Methode unter vielen in ihren Möglichkeiten und Grenzen sieht, sondern als Universaltherapie und familiären Umgangsstil einer gesunden Familie. Dieser Eindruck wird verstärkt durch das Fehlen von Kontraindikation. Bedenkt man, daß WELCH in der Therapie sehr massiv vorgeht — mindestens eine Stunde Halten gegen die Widerstände des Kindes —, so ist WELCHs Abrücken von einer genauen Indikationsstellung als bedenklich zu bezeichnen.

keine Kontraindikation

Weiter nimmt WELCH keine Stellung zu der Frage, ob und inwieweit ihre Therapieform sich mit anderen Therapieansätzen ergänzen kann. Aus ihrer Darstellung wird eher klar, daß sie ihre Therapie allein für ausreichend hält, um die behandelten Störungen zu heilen.

Ideologisierung der Methode

Darauf erhebt WELCH einen expliziten Anspruch auch gegen den Einwand organischer Störungsanteile. Sie bleibt aber abgesehen von Fallberichten einen wissenschaftlich nachvollziehbaren, empirischen Nachweis dieses Anspruchs schuldig. Der oben angesprochene Eindruck festigt sich: WELCH präsentiert die Mutter-und-Kind-Haltetherapie wie ein Allheilmittel für Beziehungsstörungen jeder Art, dessen Anwendung allein hinreichend ist, Familien mit ihren gestörten Kindern zu heilen bzw. Familien vor Störungen zu bewahren. Unseres Erachtens hat WELCH damit die Grenze von kritisch reflektierter, überprüfbarer Fachlichkeit hin zur Ideologisierung ihrer Methode überschritten.

keine wissenschaftliche Prüfung

WELCHs Ausführungen zum theoretischen Hintergrund ihrer Methode sind sehr knapp gehalten. Auffällig ist dabei, daß sie zwar auf BOWLBY Bezug nimmt, BOWLBYs Gedanken wiederum finden sich im Ansatz bereits bei früheren Autoren wie etwa Renè SPITZ, der aber unerwähnt bleibt. Das gleiche gilt hinsichtlich der Therapiemethode von ZASLOW, der bereits 1969 seine Methode des Haltens bei autistischen Kindern veröffentlichte (ZASLOW & BREGER 1969).

Eine empirische Überprüfung von WELCHs Haltetherapie steht weiterhin aus.

Unsere Empfehlung:

Wir raten ab. Diese Methode ist nicht ausgereift und zu spekulativ. Wir finden weiterführende Formen in der Festhaltetherapie und der Modifizierten Festhaltetherapie.

Theorie		Methode		Indikation		Kombination		Dokumentation		Empirie	
umfassende Darstellung	3.8	umfassende Darstellung	3	umfassende Darstellung	3.8	Abgrenzung von anderen HT's	4.8	Falldarstellung	2.8	diagnostische Beschreibung der Vpn.	5
Theorieprüfung	4.8	Nachvollziehbarkeit	3	logische Ableitung aus der Theorie	3	Flexibilität	3.5	Ausführlichkeit	3.5	ausreichende Angaben zur Person (Alter, Geschlecht, Entwicklung)	5
Ableitung der Therapie aus theoretischen Annahmen	4.5	interaktiv	3	Begründung	3.8	Kombination mit anderen HT's	5	Berücksichtigung anderer therap. Variablen	5	methodisches Design	5
Logik des Schlusses	4	Breite der therapeutischen Reaktionsmöglichkeiten	3.3	Kontraindikation	5	Kombination mit anderen Therapien	3	begrenzte Dauer	4.5	Gruppenvergleich	5
Homogenität	3.5	Kindorientiertheit	4.5	Realitätsbezug (Heilung nicht möglich	4.8	Akzeptanz anderer Methoden	3.5	diagnostische Beschreibung der Störung	3	Meßinstrument	5
Originalität (eigenständige Hypothesen)	3.8	Dynamik der Methode	3.5			Literaturauseinandersetzung	4.5	ausreichende Angaben zur Person	3.5	Signifikanzprüfung	5

Abbildung 2: Gesamteinschätzung der Mutter-Kind-Haltetherapie nach WELCH (4 Rater)
Die Einschätzungen von jeweils 5 unter Empirie liegen an einer fehlenden wissenschaftlichen Prüfung

Kapitel 4

Festhaltetherapie (PREKOP)

1. Theoretische Hintergründe

Die aus der Tschechoslowakei stammende Psychologin Jirina PREKOP ist wohl als Hauptinitiatorin und „Mutter" der Festhaltetherapie zu bezeichnen, über ihren Kontakt zu TINBERGEN (1981) übernahm sie 1982 die Holding-Therapy nach WELCH (vgl. Kapitel 2), machte sie der breiteren deutschen Öffentlichkeit bekannt und leitete in den folgenden Jahren Hunderte von Bezugspersonen bei der Durchführung dieser Therapie (Festhaltetherapie) an.

Festhalten normaler entwicklungspsychologischer Vorgang

In PREKOPs erster Veröffentlichung zur Festhaltetherapie (1983a) finden sich nur wenige, als theoretische Annahmen verstehbare Anmerkungen, PREKOP begründet zu diesem Zeitpunkt das therapeutische Festhalten als einen normalen entwicklungspsychologischen Vorgang, indem sie den Akt des Festhaltens mit dem Trösten eines unzufriedenen Babys vergleicht. Ein schreiendes, angespanntes Baby wird von der Mutter auf den Arm genommen, festgehalten, . . ." geschaukelt und liebkost, bis es ganz ruhig, entspannt und wieder zufrieden ist. Je mehr es seine Unzufriedenheit zeigt, umso heftiger wird es getröstet." PREKOP 1983b, S. 2)

Sie führt weiter aus, daß dem Kind keine Entscheidungsfreiheit überlassen wird, sondern vielmehr die Mutter instinktiv kompetent mit liebevoller Autorität entscheidet, ob das Kind trostbedürftig ist oder nicht. Dadurch wird das Kind die Mutter als glaubwürdige Beschützerin akzeptieren. Am Schluß ihrer ersten Arbeit weist PREKOP auf Parallelen der Festhaltetherapie zur Primärtherapie (JANOV, 1973) und unterschiedlichen verhaltenstherapeutischen Techniken (Flooding, Systematische Desensibilisierung, Progressive Muskelentspannung u.ä.) hin.

Vielzahl möglicher Begründungen

Ein Jahr später beginnt eine wahre„Veröffentlichungslawine" zur Festhaltetherapie (PREKOP, 1983b, 1984 a, b, c, d, e, f, g, usw.). In ihrer Fortsetzungsreihe zur Festhaltetherapie bei autistischen Kindern führt PREKOP eine Vielzahl an möglichen, ökologischen Begründungen der Festhaltetherapie an, wobei sie selbst aber einschränkt, daß diese eher spekulativen Charakter haben. So folgt sie überwiegend TINBERGENs Thesen, daß die entscheidendste Ursache des frühkindlich autistischen Syndroms in einer affektiven (die Gefühle betreffenden) Störung verankert ist und auftretende bzw. zu beobachtende Wahrnehmungsstörungen nur eine sekundäre Bedeutung haben. Auch hier wird das Festhalten mit einem natürlichen Prozeß von Grundgeborgenheit verglichen, die sich sowohl in der intrauterinen Phase (also noch vor der Geburt) als auch bei dem oben beschriebenen Schaukeln und Trösten findet.

Grundgeborgenheit

Eine weitere Begründungsebene stellen die sogenannten autismogenen Einflüsse (TINBERGEN & TINBERGEN, 1983) dar. Diese Autismogene werden von PREKOP (in Anlehnung an TINBERGEN) beschrieben als eine viel zu frühe Isolation des Kindes von der Mutter (z.B. Brutkasten, Kinderbettchen und -wagen, Laufstall etc.), sowie

autismogene Einflüsse

— als eine durch die Bequemlichkeit des technischen Zeitalters hervorgerufene Bewegungspassivität der Mutter während der Schwangerschaft und

— als eine Trennung von Mutter und Neugeborenem direkt nach der Geburt, wobei auch ein Nichtstillen ein ungünstiger Faktor sein kann.

Als weitere entwicklungshemmende Faktoren benennt PREKOP das Verwöhnen und/oder überfordern des Babys wie auch eine zu demokratische Haltung dem Kleinstkind gegenüber.

Nach den bisher beschriebenen autismogenen Faktoren drängt sich die Frage auf, warum dann eigentlich nicht die gesamte industrialisierte Gesellschaft autistisch ist?

Bei der Beantwortung dieser Frage mißt TINBERGEN dem Faktor der Verletzbarkeit des Kindes große Bedeutung zu. Er vermutet, daß einige Kinder von Geburt an verletzlicher sind und deshalb auf Grund der vorherrschenden autismogenen Faktoren autistisch werden. Andere Kinder sind robuster und können deshalb einen normalen Entwicklungsverlauf nehmen. Eben in diesem Sinne beschreibt PREKOP, daß zur Entstehung des autistischen Syndroms eine „Disposition für diese angstdominierende emotionelle Gleichgewichtsstörung vorhanden sein muß". Die Autorin vermutet, daß diese autistische Anfälligkeit (Verletzbarkeit) durch eine Verbindung von Hypersensibilität (Übersensibilität), einer Begabung zum Schematisieren

Verletzbarkeit des Kindes

emotionale Gleichgewichtsstörung

(konvergentem liniaren technischen Denken) und einer Neigung zur Introversion (Insich zurückgezogenheit) entsteht. Ein so verletzbares Kind sucht sich Ersatzsicherheiten (ritualistische, zwanghafte Verhaltensweisen) als Folge einer Angst vor viel Veränderung.

Die Eltern wiederum ordnen sich, aus „purer Liebe" (1984, S. 802) den Zwängen des autistischen Kindes unter. Dem Kind werden auf diesem Wege keine Grenzen gesetzt, es grenzt sich also selbst ab und gerät dadurch, im Sinne einer Spirale, immer mehr in das System seiner zwanghaften Manipulationen hinein (S. 802).

Folge dieser „Kernsymptome" (zwanghafte Verhaltensweisen und Bevorzugung von Gegenständen vor Menschen) führen dann zu Hypo- (geringe Sensibilität) oder Hypersensibilität, Kontaktarmut, Desinteresse, Selbststimulation, und ähnlichem.

Eine Verbindung des bisher Gesagten zur Anwendung der Festhaltetherapie bleibt auch für uns (als Fachleute) unklar. Das heißt, eine Ableitung der Festhaltetherapie aus den soeben beschriebenen theoretischen Annahmen ist bis hierhin nicht nachvollziehbar.

Befreiung von zwanghaften Ersatzsicherheiten

1986 wird ein Zusammenhang zwischen den eben beschriebenen theoretischen Hintergründen und der Festhaltetherapie deutlicher. Der Sinn des Festhaltens ist, daß das Kind von seinen „zwanghaften Ersatzsicherheiten, von seiner Sucht sich zu entziehen" befreit wird. Dies gelingt über eine „ursprüngliche, echte Sicherheit durch den Halt der Mutter". Eine affektive Ambivalenz sowohl bei der Mutter als auch beim Kind werden durch das Festhalten aufgehoben. Oder, mit anderen Worten, es wird eine Barriere, die zwischen Mutter und Kind besteht, durchbrochen.

Dieser soeben beschriebenen ethologischen (aus der Verhaltensforschung stammenden) Sichtweise werden weitere — und hier wird die theoretische Begründung vollends verwirrend — psychoanalytische und lerntheoretische Begründungsebenen hinzugefügt.

Lerntheorie und Psychoanalyse sind aber theoretische Ansätze, die sich nahezu gegenseitig ausschließen:

Ambivalenz des Kindes

— Im Sinne der Primärtherapie wird durch das Festhalten die „geborgenheitsspendende primäre Autorität" der Mutter aufgebaut, so daß eine Ambivalenz des Kindes gelöst wird.

Unter Ambivalenz ist zu verstehen, daß das Kind hin- und hergerissen ist zwischen Annäherung und Ablehnung.

— Im Sinne der systematischen Desensibilisierung (nach WOLPE und LAZARUS) wird das Kind in der Art einer Reizüberflutung mit seiner Kontakt- und Veränderungsangst konfrontiert, wobei dieser aversive Reiz des Festhaltens durch Trösten zu einer Entspannung bzw. einer positiven Erfahrung führen soll.

Festhalten ist systematische Desensibilisierung

In einer späteren Arbeit (1986) bezieht PREKOP zusätzlich noch die Wut-Reduktionsmethode nach ZASLOW (vgl. auch Kap. 2) in ihr „Festhaltetherapeutisches Gesamtkonzept" mit ein. Sie empfiehlt ein solches Vorgehen vorwiegend beim Festhalten autokratischer Kinder.

Da es sehr schwierig erscheint, die einzelnen, größtenteils nicht aufeinander aufbauenden theoretischen Überlegungen zu einer Gesamttherorie zu formulieren, dies auch nicht unsere Aufgabe sein kann, fassen wir PREKOPs theoretische Annahmen zusammen, indem wir uns an der Arbeit von BURCHARD (1985) orientieren:

Zusammenfassung

Die Stufe des intentionalen Handelns des autistischen Kindes ist durch seine Angst versperrt. Durch die Festhaltetherapie besteht eine desensibilisierende spannungslösende Konditionierung dem Kontakt der Mutter gegenüber, in der Haltetherapie wird das kindliche sensorische input (PREKOP, 1982) durch die mütterliche Stimulation inhibiert und geordnet (S. 283). Sicherheit geben und liebevolles Hindern am autistischen Verhalten bietet eine positive Alternative zur autistischen Behinderung oder, wie PREKOP an anderer Stelle treffend zusammenfaßt und damit wollen wir diesen Abschnitt schließen: . . ., daß Festhalten ist nur mit der „Logik des Herzens" zu begreifen.

2. Methode

PREKOP empfiehlt das Halten und weitere therapeutische Bedingungen wie Provokation des Widerstandes, Art des Trostes, Dauer der Therapie etc. der individuellen Eigenart des Kindes anzupassen, bzw. es auf das Kind abzustimmen. Damit soll erreicht werden, daß dem Kind die Möglichkeit genommen wird, ein bestimmtes Vorgehensschema „zu überblicken". Auch die Individualität des Festhaltenden sollte bei der Anwendung des Festhaltens berücksichtigt werden. Als wichtigste Vorausset-

gefühlsechte Einstellung zum Kind wird aufgebaut

zung beschreibt PREKOP eine empathische (gefühlsechte) Einstellung zum Kind. Festhalten ist keine gewaltsame Unterdrückung, sondern als „spürbare, waltende Liebe" zu verstehen.

Die Festhaltesituation selbst ist in den familiären Prozeß zu integrieren, das heißt, daß auch andere Familienmitglieder am Festhalten teilnehmen sollten, unter Umständen auch der Vater selbst hält. Der Ort des Haltens sollte variiert werden.

Festhalten in akuter Spannungssituation

Als optimal wird beschrieben, daß das Festhalten in einer akuten Spannungssituation erstmalig eingesetzt werden sollte, erkennbar an zwanghaften Manipulationen, an einer Abkapselung des Kindes, an Autoaggressionen (Selbstverletzungsverhalten), an der Verweigerung von bestimmten Situationen, die PREKOP als Folgereaktionen von Angst beschreibt. So wird dieser angespannte und selbstvernichtende Zustand durch Einsetzen des Festhaltens gehemmt. Dadurch bekommt auch das Festhalten eine strukturelle, orientierende Bedeutung für das Kind. Ein Festhalten ohne direkten Anlaß kann zu einer Verminderung der „Dynamik des Festhalteerlebens" führen. Undifferenzierte Gewaltanwendung erscheint fehl am Platz, doch sollte gegebenenfalls der Widerstand des Kindes gezielt provoziert werden.

unterschiedliche Haltepositionen

Die Position von Mutter und Kind sollte während des Haltens immer die Möglichkeit beinhalten, spontan Blickkontakt herzustellen. Das Kind sitzt entweder auf dem Schoß der Mutter, liegt auf ihrem Bauch oder auf seinem Rücken. Eine weitere Position ist ein seitliches Liegen. In jeder Position umarmt die Mutter das Kind, verändert gegebenenfalls die Position, um eine erneute Widerstandsphase zu intensivieren. Je nach Verhalten des Kindes (entweder überwiegen einer Reizfilterung oder andererseits einer Reizüberflutung) wird der Blick des Kindes eingeschränkt, bzw. durch Aufforderung eines „Schau mich an" erzwungen. Einer Überempfindlichkeit der Haut oder Angst vor Bewegungen wird entgegen dem Willen des Kindes durch entweder zunehmendes Streicheln oder Stimulieren der jeweiligen Hautregionen bzw. durch ein Schaukeln des Körpers begegnet.

Blickkontakt wird erzwungen

Provokation des Widerstandes

Stereotype Verhaltensweisen werden unterdrückt. Um den Widerstand des Kindes gegen die erzwungene Haltesituation (im Sinne einer Erhöhung der muskulären Anspannung) zu fördern bzw. zu provozieren, wird das Kind entweder gekitzelt oder es werden ihm Gegenstände, Spielzeuge o.ä. gezeigt, die es besonders gern hat, aber in der Haltesituation nicht erreichen bzw. greifen kann.

Der Widerstand kann neben provokativen Verhaltensweisen durch Konfrontation mit angstbesetzten Situationen ausgelöst werden. Diese angstauslösenden Situationen sind wiederum Nährboden für zwanghafte Verhaltensweisen.

Auf Ablenkungsmanöver des Kindes (z.B. Toilette oder Trinken wollen) oder Forderungen (das Kind verbietet der Mutter das Küssen oder fordert, nur in bestimmter Art gehalten zu werden) darf nicht eingegangen werden, da sonst das Festhalten seine therapeutische Wirkung verliert.

Aggressiven Attacken durch das Kind sollte „resolut", beispielsweise durch ein „Nein, das tut weh, bzw. mit Zurückschlagen" (S. 1044) begegnet werden, wobei das Kind dann verstärkt getröstet werden soll.

Trost in übersteigerter Form

Dem Trösten kommt bei der Festhaltetherapie eine weitere wesentliche Rolle zu. Das Kind soll in „übersättigender Form" Trost erfahren, vor allem dann, wenn es sich gegen die Umarmung in der Festhaltesituation aufbäumt. Es ist für PREKOP wesentlich, die richtige Reihenfolge einzuhalten:

Nur auf Unzufriedenheit sollte Trost folgen, da im umgekehrten Falle der Widerstand im Keim erstickt werden könnte. Widerstand aber ist absolut notwendig, um die Festhaltetherapie wirksam werden zu lassen. Tröstendes Verhalten in der Festhaltesituation unterliegt nach PREKOP folgenden Regeln:

- Im Sinne einer Desensibilisierung ist auf das Mittel des Trostspendens nicht zu verzichten
- Körperkontakt ist wichtiger als Sprache
- Trost sollte ständig beibehalten werden, unabhängig von der Reaktion des Kindes.

Verhaltenswende des Kindes

Das Kind wird im Verlauf der Festhaltesituation an einem bestimmten Punkt (Wende) aufgeben und „sich dem liebevollen Fordern der Mutter ergeben". Diese Verhaltenswende ist dadurch erkennbar, daß eine Provokation zu keinem Widerstand führt, Muskeltonus und Atem locker sind und das Kind die Initiative zu bewußtem Körperkontakt ergreift. Es stellt von sich aus Blickkontakt her, berührt die Mutter und schmust mit ihr. Kommunikative Verhaltensweisen nehmen zu. Die Festhaltesitzung wird beendet in dem Augenblick, „wo es für das Kind noch am schönsten ist" (S. 1046)

Dauer

Die Dauer der Festhaltetherapie variiert zwischen 20 Minuten und 4 Stunden. In der Regel ist die erste Festhaltesitzung auch die längste. Im weiteren Verlauf nimmt der Widerstand des Kindes bei gleichzeitiger Kontaktzunahme immer mehr ab.

einmal pro Tag halten

Es sollte mindestens einmal am Tag festgehalten werden, wobei die Notwendigkeit einer häufigeren Durchführung vom Ausmaß der autistischen Verhaltensweisen abhängt. Nehmen diese ab, erübrigt sich auch das Halten. D.h. also, es soll solange festgehalten werden bis autistische Verhaltensweisen nicht mehr vorhanden sind.

technische Hilfsmittel

Bei älteren Kindern bzw. Jugendlichem empfiehlt PREKOP technische Hilfsmittel wie ein Festhaltegürtel, z.B. aus Badetüchern zusammengenäht, der beide Personen (Mutter und Kind) zusammenhält oder eine Hängematte bzw. Decke einzusetzen. Weite und bequeme Kleider sollten angezogen und mit dem Kind vorher auf die Toilette gegangen werden.

Gegebenenfalls muß auch auf weitere erwachsene Personen zurückgegriffen werden, wenn die jeweilige Bezugsperson kräftemäßig nicht in der Lage ist, den Jugendlichen zu halten.

Mutter soll halten

In der Regel sollte die Mutter das Kind festhalten, da sie nach PREKOP am kompetentesten ist. Bei ihr soll das Kind im Sinne einer Symbiose eine innige und tragfähige Bindung aufbauen. Es wird aber nicht ausgeschlossen, daß auch andere Familienmitglieder die Mutter dadurch entlasten können, daß sie teilweise das Halten von ihr übernehmen.

In Heimen oder anderen Langzeitinstitutionen sollte von konstanten Gruppenerziehern gehalten werden. PREKOP verwehrt sich aber dagegen, aus dem Festhalten eine Behandlungstechnik zu machen, „der sich pragmatisch denkende Fachleute bedienen“ (S. 1050).

3. Indikation

Vielzahl von Indikationen

PREKOP empfiehlt das Festhalten nicht nur bei autistischen Kindern, sondern bei allen Beziehungsstörungen, die durch „eine Kränkung der oralen Bedürfnisse“ entstanden sind, wie bei Angstneurosen, hospitalisierten Kindern, zur Herstellung der Bindefähigkeit bei Pflege- und Adoptivkindern sowie bei psychogenen Anfällen.

Als weitere Indikationen werden genannt: große Ängste, Autoaggressionen, zwanghafte Stereotypien, Destruktion und Essensverweigerung (S. 17), sowie Ösophagusstenose (Verengung der Speiseröhre), Schlafstörungen, Zornausbrüche in der Trotzphase und Schulangst (1984).

Bei „autokratischen, omnipotenten" Kindern empfiehlt PREKOP eine modifizierte Form der Festhaltetherapie (nicht zu verwechseln mit der Modifizierten Festhaltetherapie MFT) im Sinne eines häufigeren, aber kürzeren Haltens, um diesen Kindern ihre „Herrsch- und Provokationslust" zu nehmen.

Eine Kontraindikation, bzw. Gegenanzeige wird nicht gestellt. Dies ist auch kaum möglich, da nach der oben genannten Indikationsstellung kaum noch Kinder übrigbleiben, die nach PREKOP nicht mit Festhalten zu behandeln sind.

keine Kontraindikation

4. Kombination mit und Abgrenzung zu anderen therapeutischen Techniken

1984 formuliert PREKOP das Halten als keine ausschließliche Maßnahme, sondern, und hier folgt sie in ihren späteren Arbeiten den Annahmen der MFT, als Basis für weitere Lernprozesse. Für wesentlich hält PREKOP eine konsequente erzieherische Steuerung. Zwanghafte Verhaltensweisen sollen verboten, bzw. in sinnvolle Tätigkeiten umgeleitet werden, gelingt dies nicht, bzw. bei Ablehnung gegen dieses Verbot, soll Festhalten praktiziert werden. Eine weitere Alternative wäre das Ignorieren dieses Verhaltens.

konsequente erzieherische Steuerung

Insofern greift PREKOP vor allem auf verhaltenstherapeutische Techniken als Ergänzung zur Festhaltetherapie zurück. Eine basale Stimulation erscheint ihr im Zusammenhang mit der Festhaltetherapie nicht notwendig, da sie durch die Festhalte-Situation selbst in ausreichendem Maße erreicht wird.

Verhaltenstherapie als Ergänzung

Sie sieht allerdings keinerlei Probleme Vorgehensweisen anderer Therapien zur basalen Stimulation wie die Methoden von BESEMS, DELACATO; FRÖHLICH; KIPHARD; LEBOYER; MONTESSORI u.a. in die Festhaltesituation selbst zu integrieren.

Somit wird diese Form des Festhaltens als therapeutische Methode zu einem alle anderen Therapieformen miteinbeziehenden Verfahren. Die Autorin schreibt selbst an anderer Stelle, daß alle anderen Therapien sich mit der Festhaltetherapie zu einem Gesamtkonzept zusammenfügen lassen.

In späteren Arbeiten (1986) geht PREKOP dazu über, auch Elemente der MFT (Modifizierten Festhaltetherapie, s. Kapitel 5)

Anlehnung an MFT

vor allem in Beruhigungsphasen zu übernehmen, ohne dies allerdings explizit auszudrücken (1986, S. 13). Auch die bei der MFT (1984) formulierte Erhöhung der Lernbereitschaft findet sich in ihren späteren Arbeiten, wobei sie auch nicht mehr eine der wesentlichsten Indikationsstellungen der MFT, nämlich die Sprachanbahnung, übersieht.

PREKOP grenzt die Festhaltetherapie zwar nicht direkt von der Mutter-Kind-Haltetherapie ab, doch stellt sie fest, daß es im Detail einige Differenzen gibt, vor allem bei der Wahl von Provokationsmitteln und in einer Unterschiedlichkeit bei der Elternarbeit. Eine weitere Abgrenzung zu anderen Haltetherapien wird nicht formuliert.

5. Anspruch auf Heilung

Heilung wird bestätigt

Der Begriff der Heilung wird von PREKOP explizit formuliert (z.B. 1984, S. 1052).

Falldarstellung

So berichtet sie z.B. von einem Kind, daß über Jahre mit der Festhaltetherapie behandelt und geheilt worden ist. An anderer Stelle formuliert sie, daß andere Kinder vom Autismus befreit worden sind. Bei einer weiteren Falldarstellung (Nicole) formuliert PREKOP: „Trotz Anwesenheit der Mutter ereignete sich ein Rückfall in das autistische Syndrom. Allein durch verintensiviertes Festhalten wurde in 3 Wochen wieder eine Symptomfreiheit erreicht."

symptomfreie Kinder

In einer „empirischen Studie" (1983, S. 7) berichtet sie von 7 symptomfreien Kindern. . . ., „daß nur eine Zurückhaltung, die durch ein Abwarten der Stabilisierung von Therapieerfolgen begründet ist, die Aussage über eine Heilung verhindert." Mit anderen Worten, stabilisieren sich die Therapie-Erfolge, kann auch von Heilung gesprochen werden.

6. Dokumentierte Ergebnisse

In ihren Veröffentlichungen stellt PREKOP eine Vielzahl unterschiedlicher Einzelfalldarstellungen vor. Die meisten dieser Fallvorstellungen berichten von erstaunlichen Verbesserungen bis hin zur Symptomfreiheit.

7. Empirische Untersuchung

In einer ersten Untersuchung zur Wirksamkeit der Festhaltetherapie dokumentiert PREKOP 1983 etliche Ergebnisse:

(1) Insgesamt 57 Eltern haben regelmäßig die Festhaltetherapie durchgeführt, wobei eine Variation der Therapiedauer von 1 bis 16 Monaten angegeben wird. Die behandelten Kinder wurden in 3 Gruppen eingeteilt:

Untersuchung an 57 Kindern

a) autistische Psychopathen (Asperger Autisten),
b) frühkindlich autistisches Syndrom (Kanner-Autisten) und
c) Hirnschädigung mit autistischen Verhaltensweisen.

PREKOP schildert, daß bei allen 57 Kindern gute Fortschritte erreicht worden seien. Das genutzte Meßinstrument wird nicht erwähnt. So bleibt dem Leser nur die Möglichkeit zu vermuten, daß eine 3stufige Einschätzskala genutzt worden ist (wesentlich gesteigert, teilweise gesteigert, nicht verändert). Wer die erhobenen Veränderungen eingeschätzt hat und zu welchem Zeitpunkt, geht aus der Darstellung der Ergebnisse und des Textes nicht hervor.

(2) Eine zweite Untersuchung zur Erfolgsrate der Festhaltetherapie bei Adoptiv- und Pflegekindern (1983, S. 62) beinhaltet zusätzlich eine Einschätzung des Verhaltens vor dem Festhalten. Auch hier ist wohl eine dreistufige Einschätzskala genutzt worden.

eine weitere Untersuchung

Bei beiden Untersuchungen (Untersuchung 1 und 2) werden nahezu identische Items (Verhaltensbeschreibungen) genutzt, wobei ohne einen erklärbaren Grund bei der 2. Untersuchung das Item „Zugänglicher für Körperkontakt" weggelassen wurde.

Die einzelnen Items beschreiben insgesamt: Interesse am zwischenmenschlichen Kontakt, Blickkontakt, Aktives Suchen der Mutter, Nachahmen, Aggressivität, Ängstlichkeit, Reizempfindlichkeit, stereotype Bewegungsabläufe, Interesse an anderen Dingen sowie zielgerichtetes Spielen und Handeln.

Das Ergebnis einer bzw. beider (ist unklar) Untersuchungen wird weiterhin grafisch dargestellt, wobei zusätzlich eine Kontrollgruppe aufgeführt wird, die nicht festgehalten worden ist. Über die Daten dieser Kontrollgruppe wird nichts bekannt. Allerdings wird in einer anderen Veröffentlichung (Autismus, 1983, S. 7), in der offensichtlich die gleiche Untersuchung erneut veröffentlicht wurde, die Kontrollgruppe näher beschrieben als eine Gruppe von 12 Autisten, deren Eltern aus den unterschiedlichsten Gründen das Festhalten nicht durchführen wollten oder konnten. Allerdings wird in dieser Veröffentlichung nicht differenziert zwischen den oben beschriebenen 3 Untergruppen, sondern alle drei Gruppen zu einer Gesamtgruppe zusammengefaßt. In der eben beschriebenen 2. Veröffentlichung macht PREKOP auch Aussagen zum Alter der behandelten Patienten: Sie spricht von einem Altersdurchschnitt von 9,2 Jahren; in der tabellarischen Darstellung aber von 7,09 Jahren.

erwünschte Verhaltensweisen wesentlich gesteigert

Fassen wir die Daten der eben beschriebenen Untersuchungen zusammen, so kann man feststellen, daß bei allen festgehaltenen Kindern und über alle Symptombeschreibungen sich erwünschte Verhaltensweisen meist wesentlich gesteigert haben.

Untersuchung mit 29 Kindern

(3) In einer weiteren Studie (1984) berichtet PREKOP von 29 Kindern und Jugendlichen im Alter zwischen zweieinhalb und siebzehneinhalb Jahren, deren Eltern sie zum Festhalten nach WELCH anleitete. Von den 29 Kindern und Jugendlichen wurden bei 19 ein autistisches Syndrom nach KANNER diagnostiziert, sechs weitere wiesen eine autistische Psychopathie (Asperger) auf.

Die verbleibenden Kinder waren hirngeschädigt, ihre autistischen Verhaltensweisen waren Folge der Schädigung.

Umwandlung der Persönlichkeit bei allen Kindern

Die große Mehrzahl der nicht hirngeschädigten Kinder war nach den Berichten der Mütter schon von Geburt an zurückgezogen und sich selbst genug. 24 der behandelten Kinder befanden sich zu Behandlungsbeginn zwischen einigen Monaten und 4 Jahren bei PREKOP in Beratung. Zum Zeitpunkt der Auswertung dauerte die Haltetherapie bei den 29 Kindern zwischen einem und sechs Monaten, wobei die Kinder täglich ein- bis zweimal festgehalten wurden. PREKOP (1982) stellte bei allen behandelten Kindern eine „Umwandlung der Persönlichkeit" fest (1982, S. 14). Dies zeigte sich für sie darin, daß die Kinder im Laufe des Festhaltens gelöster, ruhiger, zugänglicher, aufmerksamer und fröhlicher wurden, ihre Bereitschaft zum Kontakt nahm rasch zu, der Blickkontakt bahnte sich an und wurde wacher. (1982, S. 14) Weiter verbesserte sich die Beziehung zur Mutter. Kein Kind reagierte auf das Halten damit, daß sich sein Verhalten verschlechterte. Trotz anfänglichen Widerstrebens gewannen alle Mütter Freude am Festhalten: „Keine von den Müttern möchte das Festhalten missen" (S. 15).

Im einzelnen begannen 4 Kinder mit ihrem Spielmaterial vielfältiger umzugehen. Fünf Kinder begannen sich erstmals dafür zu interessieren, was um sie herum vorging. 3 Kinder konnten sich erstmals sinnvoll durch Sprechen mitteilen. Bei einem Kind verbesserten sich seine schlaffen Muskeln. Die Asperger Autisten fingen an, sich für die belebte Umwelt und ihre Mitmenschen zu interessieren. Dabei war eine Steigerung des Einführungsvermögens zu beobachten.

.8. Kritische Würdigung

Emotionalität, Empathie und hohes Engagement für die Festhaltetherapie beinhalten leider keine Begründung für eine adäquate Theorie. Das Fehlen einer nachvollziehbaren theoretischen Begründung ist denn auch der größte Schwachpunkt der Festhaltetherapie nach PREKOP.

In den letzten sechs Jahren, in denen PREKOP die Festhaltetherapie publiziert und Eltern und andere Personen zum Halten angeleitet hat, hat sie eine Vielzahl von theoretischen Annahmen zusammengetragen, die unter anderem psychodynamischen Theoriemodellen, der Entwicklungspsychologie, der Ethologie, der Lerntheorie und Verhaltensbiologie entlehnt worden sind. Diese zwar weitgefächerten Annahmen bleiben aber nur theoretische Fragmente, die relativ beziehungslos nebeneinanderstehen.

mangelnde theoretische Begründung

Einzelne Kritiker drücken dies weniger vorsichtig aus: „Die Diskussion ethologischer Tatbestände wird nicht in ihrer ganzen Bandbreite geführt, sondern beschränkt sich nur auf wenige ausgewählte Bereiche, die sich wegen ihrer Suggestivkraft anbieten mögen, nicht aber wegen ihrer wissenschaftlichen Dignität." (STÖRMER & KISCHKEL; 1988, S. 328).

PREKOP geht hier den Weg, wie bereits im ersten Kapitel angedeutet, einzelne theoretische Hypothesen der unterschiedlichsten Schulen, die sich teilweise sogar widersprechen, dem therapeutischen Verfahren der Festhaltetherapie anzupassen. Der übliche Weg ist aber, die Therapie aus theoretischen Überlegungen heraus zu entwickeln.

Unabhängig davon, muß den Kritikern der Festhaltetherapie insofern Recht gegeben werden, daß wiederum andere, der Festhaltetherapie angepaßte theoretische Fragmente aus den Arbeiten anderer Autoren in falschem Zusammenhang interpretiert bzw. beschrieben werden. Dazu schreiben STÖRMER und KISCHKEL folgerichtig: „. . ., daß die Autoren SPITZ, WINNICOT und MAHLER, auf die sich die Vertreter des erzwungenen Haltens beziehen, in zentralen Punkten diametral entgegengesetzte theoretische und praktische Standpunkte bezüglich des Bindungsaufbaus vertreten. Es ließe sich an jedem der genannten

Autoren aufzeigen, wie wesentliche Begründungen aus dem Zusammenhang gerissen und unvollständig wiedergegeben werden." (1988, S. 329)

Es ist dies aber nicht der richtige Ort, die gesamten theoretischen Annahmen PREKOPs zu analysieren, dies ist an anderer Stelle in angemessener Art geschehen. Wir werden im Diskussionskapitel darauf noch weiter eingehen.

Problem der Schuldzuweisung an die Eltern

Ein Themenbereich, der sich wie ein roter Faden durch PREKOPs theoretische Annahmen zieht, wollen wir dennoch an dieser Stelle kurz beleuchten: Das Problem einer Schuldzuweisung an die Eltern ist besonders heftig kritisiert worden. PREKOP verneint eine solche Schuldzuweisung, doch lassen sich ihre Texte anders interpretieren.

Denn auf der einen Seite beruft sie sich (1983) auf TINBERGEN, der ja im Autismus eine „emotionale Störung infolge feindlicher Einflüsse in der frühen sozialen Umgebung des Kindes" (zit. nach PREKOP S. 55) sieht, wobei genetische Faktoren lediglich einen Grad der Verletzbarkeit bestimmen.

Eine Unterstützung dieser Aussage beinhaltet aber auch eine Schuldzuweisung an die Eltern, insbesondere an die Mutter. Diese Implikation begründet sich darin, indem man die Frage beantwortet, wer oder was ist bestimmend in der frühen sozialen Umgebung des Kindes? Daß hier maßgeblich die Eltern Einfluß nehmen, steht außer Frage.

Andererseits distanzieren sich aber sowohl TINBERGEN als auch PREKOP wiederum von einer solchen Schuldzuweisung, indem sie das eben Gesagte verallgemeinern und die Schuld am autistischen Verhalten der instinktfeindlichen technokratischen Gesellschaft unserer heutigen Zeit zuweisen. Also die Gesellschaftsform ist Schuld daran, daß Kinder autistisch werden. Unberücksichtigt bleibt allerdings bei diesem argumentativen Kraftakt, daß aber auch die Eltern Teil dieser technokratischen Gesellschaft sind. So schreibt denn auch PREKOP an anderer Stelle in diesem Zusammenhang.

Kollektivschuld statt Elternschuld

„Viel zu frühe Isolation des Kindes von der Mutter, durch die Bequemlichkeit des technischen Zeitalters hervorgerufene Bewegungspassivität der Mutter . . ." Hier wird deutlich, daß zwar das Zeitalter Schuld hat, aber insbesondere die ausführenden Personen dieses Zeitalters, in diesem Falle die Eltern. Eine Schuldzuweisung an die Eltern wird also nie direkt formuliert, sondern eher chiffriert.

Durch das Festhalten kommt es zu einem Umdenken: „Sie (die Mütter, Anm. d. Verf.) haben das Gefühl, nichts mehr verdrängen zu müssen, und keine primäre Schuld zu haben. Sie sind sich dessen bewußt, daß ihr Kind eine primäre Beziehungsstörung hat und daß die Wahrnehmungsstörungen erst sekundär sind, sie sind aber nicht gekränkt. Im Gegenteil: Die Störung hat jetzt klare Umrisse, sie ist faßbar, das Verhalten des Kindes nachvollziehbar, die Schuld bleibt bei den technokratischen Zwängen." (1983, S. 61) Schuldzuweisung wird aber letztendlich dokumentiert durch den Titel ihres neuen Buches „Hättest du mich festgehalten" (PREKOP 1989).

Zusammenfassend ist die These einer Kollektivschuld unserer technokratischen Gesellschaft am Autismus auch deshalb nicht haltbar, da auch in anderen nicht technokratisierten Kulturkreisen das Krankheitsbild des frühkindlichen Autismus zu finden ist (z.B. Afrika/Kongo).

Die große Bedeutung der Entspannung am Ende des Haltens wird nicht nur von PREKOP, sondern auch von ZASLOW, WELCH, FACION und BESEMS betont. Wir werden uns im Diskussionskapitel damit eingehender beschäftigen.

Kombinationsmöglichkeiten der FT

Interessant und daher an dieser Stelle noch einmal besonders hervorzuheben sind PREKOPs Überlegungen hinsichtlich einer Kombination der Festhaltetherapie mit anderen Verfahren, sowie Abgrenzung zu denselben. Die Festhaltetherapie ist nicht eine Ergänzung oder ein Teil eines übergeordneten therapeutischen Modells, sondern eine Vielzahl therapeutischer Methoden lassen sich mit dem übergeordneten therapeutischen Modell des Festhaltens verbinden.

Festhaltetherapie als glänzender Stern, um den die kleinen Therapiesatelliten „Verhaltenstherapie", „Psychodrama", „Familientherapie" und „Gestalttherapie" kreisen dürfen.

Es schadet der Festhaltetherapie nicht, wenn auch andere „weniger wichtige" therapeutische Methoden zusätzlich zur Anwendung kommen.

Festhalten Lebensform

Damit wird die Festhaltetherapie zur Ideologie. PREKOP beschreibt selbst das Festhalten als „Lebensform".

Man muß PREKOP allerdings zugute halten, daß sie diese These aus voller Überzeugung mit altruistischem Engagement und bestem Wissen und Gewissen vertritt.

Ideologisierung der Methode

Ein weiteres Indiz für eine Ideologisierung der Festhaltetherapie als „omnipotentes Therapiemodell“ sind auch die Indikationen. Im Laufe der Zeit sind mittlerweile fast alle kinder- und jugendpsychiatrischen Krankheitsbilder mit der Festhaltetherapie zu behandeln. Doch damit nicht genug, es werden neue Krankheitsbilder geschaffen:

— das omnipotente Kind,
— das autokratische Kind und
— das tyrannische Kind.

Ich-Funktion

Auch durchschnittlich und überdurchschnittlich intelligente Kinder (eine Altersbegrenzung wird nicht genannt), die über eine ausgeprägte Ich-Funktion verfügen müssen, die zielgerichtet und willentlich handeln und handeln können, werden festgehalten. Gerade hier wird aber der Einsatz der Festhaltetherapie ethisch sehr bedenklich. Wenn Kritiker schreiben, daß durch die Festhaltetherapie der Willen des Kindes gebrochen wird, kann hier nicht widersprochen werden. Hier ist auch begründet, *daß der Deutsche Kinderschutzbund vehement in einem Manifest das Festhalten als Gewalt gegen das Kind beschreibt und verurteilt.*

Heilunsanspruch

Als nicht unbedingt letztes Indiz für eine Ideologisierung der Festhaltetherapie als Lebensform muß der Heilungsanspruch genannt werden. Positiv dazu ist zu bemerken, daß wir, betrachten wir PREKOPs Veröffentlichungen, einen Trend feststellen können von einem Heilungsversprechen des frühkindlichen Autismus (in frühen Arbeiten) zu der Einschränkung, daß nicht alle autistischen Kinder geheilt werden können. Aber schon allein durch die zahlreichen Falldarstellungen, die eindeutig Heilerfolge beschreiben, wird die Möglichkeit der Heilung des frühkindlichen Autismus suggeriert.

Wünschenswert wäre, wenn PREKOP zu diesem Punkt eindeutig Stellung beziehen würde. Allerdings erheben auch andere Haltetherapien diesen Anspruch.

empirische Prüfung fraglich

Abschließend müssen wir leider auch noch Kritik an der empirischen Prüfung und an den dokumentierten Ergebnissen üben. Sie genügen in keiner Weise grundlegenden wissenschaftlichen Standards.

Die wesentlichsten Kritikpunkte ergeben sich schon aus der Darstellung in Abschnitt 7 dieses Kapitels.

Wir wollen an dieser Stelle nur einige Beispiele herausgreifen: Bereits schon die Beschreibung bzw. Nicht-Beschreibung der Krankheitsbilder der einzelnen Experimentalgruppen ist fraglich. So finden wir in der einen Gruppe die sogenannte „autistische Psychopathie“, wobei wir annehmen, daß hier „Asperger-Autisten“ gemeint sind. Diese wiederum werden beschrieben als durchschnittlich bis überdurchschnittlich intelligente Kinder (von ASPERGER).

Ein weiteres Kriterium ist, das „Asperger-Autisten“ ausschließlich männlichen Geschlechts sein müssen. Arbeitet man nun mit einem Design, in dem Differenzen bzw. Übereinstimmungen zwischen Experimental- und Kontrollgruppen untersucht werden sollen, und nun eine dieser Gruppen aus „Asperger-Autisten“ besteht, so muß logischerweise davon ausgegangen werden, daß auch in den anderen Gruppen alle untersuchten Probanden männlich und intelligent sein müssen. Weiterhin ist eine Altersentsprechung erforderlich.

PREKOP macht dazu keine oder nur unvollständige Angaben.

Bei der ersten Untersuchung bleiben eine Vielzahl von Fragen offen:

— Welches Meßinstrument ist genutzt worden?
— Wer schätzte Veränderungen ein?
— Wer stellte die Diagnosen?
— Zu welchem Zeitpunkt wurde die Einschätzung durchgeführt?
— Wurden beschreibende oder psychiatrische Diagnosen zur Gruppenzuteilung genutzt usw.?

Insgesamt läßt sich sagen, daß die vorliegenden empirischen Daten wenig aussagekräftig sind, da auch kaum Informationen über die Datenerhebung und Auswertung vorliegen.

Unsere Empfehlung:

Die Festhaltetherapie ist in der vorliegenden Form nicht mehr zeitgemäß. Abgesehen von Theorie und Ideologisierung, Heilungsanspruch und unüberschaubarer Indikationsstellung, die jeder Grundlage entbehren, ist diese Methode zu rigide, Kindreaktionen adäquat zu berücksichtigen. D.h., es fehlen Wege, der Situation entsprechende kommunikative und interaktive Äußerungen des Kindes aufzugreifen, um sie in einen weniger restriktiven Austausch zwischen Bezugsperson und Kind zu kanalisieren.

Theorie		Methode		Indikation		Kombination		Dokumentation		Empirie	
umfassende Darstellung	3.8	umfassende Darstellung	2	umfassende Darstellung	3	Abgrenzung von anderen HT's	4.5	Falldarstellung	2.8	diagnostische Beschreibung der Vpn.	4
Theorieprüfung	4.5	Nachvollziehbarkeit	2.5	logische Ableitung aus der Theorie	4.8	Flexibilität	3	Ausführlichkeit	3	ausreichende Angaben zur Person (Alter, Geschlecht, Entwicklung)	3.5
Ableitung der Therapie aus theoretischen Annahmen	4.3	interaktiv	3.5	Begründung	4.8	Kombination mit anderen HT's	4.8	Berücksichtigung anderer therap. Variablen	4.8	methodisches Design	4.5
Logik des Schlusses	4.3	Breite der therapeutischen Reaktionsmöglichkeiten	3.8	Kontraindikation	5	Kombination mit anderen Therapien	3.5	begrenzte Dauer	4	Gruppenvergleich	4
Homogenität	4.3	Kindorientiertheit	3.8	Realitätsbezug (Heilung nicht möglich	5	Akzeptanz anderer Methoden	3.8	diagnostische Beschreibung der Störung	3.8	Meßinstrument	4.3
Originalität (eigenständige Hypothesen)	3	Dynamik der Methode	2.5			Literaturauseinandersetzung	3.5	ausreichende Angaben zur Person	3.3	Signifikanzprüfung	4.5

Abbildung 2: Gesamteinschätzung der Festhaltetherapie nach PREKOP *(4 Rater)*

Kapitel 5

Modifizierte Festhaltetherapie (MFT) nach ROHMANN

1. Theoretische Hintergründe

HARTMANN & ROHMANN verstehen Autismus als Ausdruck und Folge einer gestörten Informationsverarbeitung: Ein autistisches Kind leidet darunter, daß es Dinge, die in seiner Umwelt vor sich gehen, nicht angemessen verarbeiten und darauf reagieren kann. Weil seine Informationsverarbeitung gestört ist, werden auch seine Reaktionen auf seine Umgebung unangemessen und gestört sein.

Autismus Störung der Informationsverarbeitung

Wie werden Informationen überhaupt verarbeitet? Und worin besteht dann die Störung? Um diese Fragen zu beantworten, haben die beiden Autoren die Zwei-System-Theorie der Informationsverarbeitung entwickelt (HARTMANN & ROHMANN 1984a, b; siehe auch ROHMANN 1985a). Die Theorie wurde kürzlich als Zwei-Prozeß-Theorie neu formuliert (HARTMANN & ROHMANN 1988). Unsere Darstellung wird zunächst auf diejenigen Aspekte eingehen, die in der Neufassung nicht ausgeführt, in den älteren Arbeiten aber eingehend geschildert sind. Diese Aspekte werden wir darauf mit den neugefaßten Gesichtspunkten verbinden. Weiter beschränkt sich diese Darstellung darauf, die Theorie nur insofern darzustellen, als sie unmittelbar zum Verständnis der Therapiemethode nötig ist. Der an den näheren theoretischen Einzelheiten interessierte Leser sei auf die Originalliteratur verwiesen.

Zwei-Prozeß-Theorie

Wenden wir uns der ersten Frage zu: Wie geht Informationsverarbeitung vor sich? Stellen wir uns vor, wir erblicken an einem Obststand eine uns völlig fremde Frucht. Wir werden beginnen, die Frucht genauer zu betrachten; zunächst die Form und die Farbe. Wir werden dann immer weitere Informationen suchen: Ist die Frucht glatt oder rauh, ist die Oberfläche grob, porös oder eben? Dann wenden wir uns vielleicht den Farbschattierungen zu, erkunden ihr Gewicht usw. Dabei gehen wir erweiternd vor: Wir verarbeiten viele dieser Eindrücke gleichzeitig und nehmen immer mehr hinzu. Wir sind offen für jeden neuen Eindruck von dieser Frucht. Schließlich erhalten wir durch die-

Wahrnehmung und Gedächtnis

se offene, erweiternd arbeitende Vorgehensweise einen ganzheitlichen Eindruck von der exotischen Frucht, in der alle Einzelinformationen zusammenfließen: Wir haben die Information „fremde Frucht" zu einer Wahrnehmungsgestalt verarbeitet. Gleichzeitig dazu findet jedoch noch ein anderer Verarbeitungsvorgang in uns statt: Vielleicht erinnert uns die Form der Frucht an eine große Zitrone, die Schale ähnelt aber mehr einer Birne, usw. So fahren wir fort. Wir vergleichen, suchen Ähnlichkeiten. Kurz: Wir ordnen und schränken die vielen Möglichkeiten, wie diese Frucht beschaffen sein könnte, nach und nach ein.

Zwei Systeme der Informationsverarbeitung

Wie das Beispiel zeigt, verarbeiten wir Informationen gleichzeitig in zwei unterschiedlichen Weisen. HARTMANN & ROHMANN ordnen dem zwei unterschiedliche Systeme der Informationsverarbeitung zu (HARTMANN & ROHMANN 1984a, S. 274): „Jede von innen und außen kommende Information wird gleichzeitig und parallel in zwei Systemen verarbeitet und im Zusammenspiel der Systeme zu einem gemeinsamen Endergebnis ausgeformt. Dabei reagiert das eine System auf den neuen und überraschenden Anteil der Information und das andere System auf den bekannten und damit strukturgebenden Anteil."

Welche Eigenschaften haben nun diese beiden Systeme? Greifen wir auf unser Beispiel zurück. Das eine System verarbeitet die neuen Anteile einer Information. Ihm entspricht das genaue Betrachten und Untersuchen der unbekannten Frucht. Dieses System ist also am Informationseingang orientiert. Es arbeitet, wie unser Beispiel zeigt, erweiternd, d.h. immer mehr Informationen gehen in die Verarbeitung ein. Dabei ist das System offen für alle Möglichkeiten, es wählt nichts von vornherein aus und kennt keine Widersprüche: Bloß weil die fremde Frucht wie eine Zitrone geformt ist, braucht sie noch lange nicht gelb zu sein. Vielmehr verarbeiten wir in diesem System alle Verschiedenheiten gleichzeitig und bringen sie in eine Wahrnehmungsgestalt. Das geschieht nicht durch Denken, sondern bildhaft. Hier ordnen HARTMANN & ROHMANN (1984a) auch unsere Gefühle und Empfindungen ein: Sie sind im Gegensatz zum anderen System stark beteiligt, denn wir bewerten damit die verarbeitete Information. Vielleicht gefällt uns die Schale der Frucht nicht. Oder uns gefällt ihre warme Farbe und wir können uns vorstellen, daß sie gut schmeckt.

Neuheits-Wahrnehmungs-System

Dieses Verarbeitungssystem nennen HARTMANN & ROHMANN „A-Funktions-System" (1984a, b) oder auch „Neuheits-Wahrnehmungssystem". Es wird definiert als „ein auf Neuheit reagierendes und Neuheit produzierendes hypothetisches Verarbeitungssystem" (HARTMANN & ROHMANN, 1984a, zit. nach ROHMANN 1985a, S. 23).

Bekanntheits-Handlungs-System

Wenden wir uns dem anderen System zu. Es wird mit „B-Funktions-System" (HARTMANN & ROHMANN 1984a, b) oder „Bekanntheits-Handlungssystem" bezeichnet. Dieses System dient „der Verarbeitung und Produktion bekannter Aspekte (z.B. Erfahrungen, gelernte Strukturen)" (ROHMANN 1985a, S. 23). Erinnern wir uns an unser Beispiel. Während wir die unbekannte Frucht betrachten, bringen wir sie mit Bekanntem in Verbindung. Dies geschieht also im Bekanntheits-Handlungssystem. Dieses System arbeitet eher ausgangorientiert: Wir entscheiden beispielsweise, die Frucht zu kaufen. Mit anderen Worten, wir beginnen im Zuge der fortschreitenden Informationsverarbeitung zu handeln.

Im Gegensatz zum ersten System schränkt das Bekanntheits-Handlungssystem die Informationsflut ein und gibt dem Wahrscheinlichen den Vorrang; es kennt Widersprüche und Bedingungen. Z.B. wenn die Frucht am ehesten einer Zitrone ähnelt, fällt der Apfel als Vergleich weg, dieser Vergleich ist ausgeschlossen.

An dem Beispiel wird deutlich, daß dieses System nicht mehreres gleichzeitig verarbeitet wie das erste, vielmehr verarbeitet es die eingehenden Informationen nacheinander und schrittweise. Bei dieser Verarbeitungsweise bedienen wir uns auch der Sprache, wir denken. Allgemein formuliert: Das Bekanntheits-Handlungssystem verwendet zur Informationsverarbeitung Sprachgesetze und Symbolfragen, es arbeitet nicht parallel und gleichzeitig wie das Neuheits-Wahrnehmungssystem, sondern seriell.

Fassen wir zusammen (HARTMANN & ROHMANN 1984a, S. 274): „. . . Das Neuheits-System (ist), ähnlich wie unsere Sinnesorgane, auf die Außenwelt und auf das Neue (. . .) gerichtet. Das bedeutet auch eine stärkere Ausrichtung auf physikalische und gestalthafte Merkmale einer Information. Im Gegensatz dazu ist das Bekanntheits-System an unsere inneren stabilen Strukturen und den gelernten Handlungs- und Reaktionsmustern orientiert. Es verfügt über die gelernten Regeln der Kommunikation (. . .)." Dadurch können wir uns mit anderen verständigen und unsere Umgebung verändern. Damit schließt sich der

Kreis der Informationsverarbeitung von der Informationsaufnahme bis zur Informationsabgabe an die Umgebung.

Zusammenarbeit der Systeme

Nachdem wir die Eigenschaften der beiden Teilsysteme kennengelernt haben, stellt sich die Frage, wie diese beiden Systeme zusammenarbeiten. HARTMANN und ROHMANN denken sich die beiden Systeme wie in einem Kreislauf verbunden: Die Information wird eingangs im Neuheits-System aufbereitet und fließt dann dem Bekanntheits-System zu. Dort wird sie ebenfalls durch den Verarbeitungsprozeß verändert und fließt dann als veränderte und damit auch neue Information wieder in den Prozeß des Neuheits-Systems zurück. Hier wird sie abermals verändert, und der Kreislauf schließt sich. Während dieses Vorgangs arbeiten beide Teilsysteme gleichzeitig, d.h. es steht nicht der Prozeß im Neuheits-System still, wenn die Information gerade schwerpunktmäßig im Bekanntheits-System verarbeitet wird. Aber nach HARTMANN & ROHMANN kann der Verarbeitungsschwerpunkt immer nur bei einem der beiden Systeme und ihrer Prozesse liegen; sie arbeiten mit „gegenläufig wechselnder (oszillierender) Ausprägung" (HARTMANN & ROHMANN 1988, S. 1).

Bahnung und Hemmung

Damit gleichen die ablaufenden Prozesse in ihrer Arbeitsweise einer Kinderwippe: Immer nur einer kann oben sein, und die wippenden Kinder können nur abwechselnd oben sein, wenn sie weiterwippen wollen. Und ähnlich wie beim Wippen hemmt der eine Teilprozeß den anderen, wenn er verstärkt arbeitet. Sinkt die Ausprägung seiner Arbeit wieder, so ermöglicht er dem anderen Teilprozeß, seinerseits verstärkt zu arbeiten.

Steuerung der Informationsverarbeitung

An dieser Stelle könnte der Eindruck entstehen, der Prozeß der Informationsverarbeitung drehe sich wie ein perpetuum mobile immer im Kreis. Dem ist nicht so; die Informationsverarbeitung hat vielmehr eine bestimmte Richtung und einen bestimmten Verlauf. Greifen wir zur Erläuterung auf das Beispiel „Verarbeitung der Information ‚unbekannte Frucht'" zurück. Bislang wurde ein Vorgang unterschlagen, der diesen Gesamtprozeß anschaulicht macht: Je länger sich der Betrachter mit der unbekannten Frucht beschäftigt, je mehr er ihre Eigenheiten erforscht, vergleicht und sein Wissen befragt, umso bekannter wird ihm die vormals unbekannte Frucht. Schließlich wird ihm die Information „unbekannte Frucht" nichts Neues mehr bieten; die unbekannte Frucht ist ihm jetzt bekannt und damit keine Information mehr, die der Verarbeitung bedürfte. „Auf diese Weise gibt die Zunahme von Bekanntheit eines Ereignisses durch die Informationsverarbeitung dem Verlauf der (. . .) Prozesse eine bestimmte Richtung. Diese Richtung geht in der Regel vom (Neuheits-orientierten) Prozeß zum (Bekanntheits-orientierten) Prozeß" (HARTMANN & ROHMANN 1988, S. 2; Klammern sind Ersetzungen des Verfassers). Und „der Ablauf einer Informationsverarbeitungssequenz wird beendet, wenn die subjektiv neuen Anteile des Informationsmaterials subjektiv vollständig bekannt sind" (ROHMANN 1985a, S. 27).

Damit ist gleichzeitig angesprochen, wie der Gesamtprozeß der Informationsverarbeitung gesteuert wird: Das sich verschiebende Verhältnis neuer und bekannter Informationsanteile hin zu wachsender Bekanntheit regelt den Gesamtablauf der Informationsverarbeitung.

Fassen wir zusammen: Der Gesamtprozeß der Informationsverarbeitung ist dadurch gekennzeichnet, daß die neuen Anteile einer Information abnehmen und die bekannten Anteile zunehmen, bis die ehemals neue Information ganz bekannt ist. Dadurch wird zugleich der gesamte Prozeß der Informationsverarbeitung gesteuert. Dabei wird die Information in zwei Teilprozessen verarbeitet, die abwechselnd und gegenläufig mit hoher oder niedriger Ausprägung arbeiten. Der eine Teilprozeß beschreibt die Arbeitsweise des Neuheits-Wahrnehmungssystems. Hier werden Informationen erweiternd, parallel und gestalthaft verarbeitet. Der zweite Teilprozeß findet im Bekanntheits-Handlungssystem statt, das begrenzend, rationalsprachlich und seriell arbeitet. Der Gesamtprozeß ist beendet, wenn die verarbeitete Information völlig bekannt ist.

Nachdem mit der Zwei-Prozeß-Theorie ein Modell intakter Informationsverarbeitung vorgestellt worden ist, stellt sich jetzt die Frage nach der Pathologie (Störung) der Informationsverarbeitung: In welcher Weise kann der Prozeß der Informationsverarbeitung gestört sein, und was sind die Auswirkungen?

Störung der Informationsverarbeitung

HARTMANN & ROHMANN (1984a S. 274—275) konzentrieren sich auf den Fall, daß die Steuerung des gesamten Prozesses gestört ist. Mit anderen Worten: Das sich verschiebende Verhältnis von neuen und bekannten Informationsanteilen übt keine oder nur eine ungenügende richtungsgebende und steuernde Wirkung aus. Dadurch wird der gesamte Prozeß gestört; weder das Neuheits-System noch das Bekanntheitssystem kann angemessen arbeiten. Sie arbeiten dann entweder zu stark oder zu schwach. Ihre wechselseitige Arbeitsweise funktioniert nicht

Entkopplung beider Systeme

mehr; beide Teilprozesse können gleichzeitig überaktiviert oder unteraktiviert sein oder unregelmäßig zwischen beiden Extremen schwanken. Beide Teilprozesse sind „relativ entkoppelt“ (HARTMANN & ROHMANN 1988).

Welche konkreten Auswirkungen können solche Störungen haben? Nach HARTMANN & ROHMANN (1984a, b) ist das frühkindlich autistische Syndrom auf diese Störung in der Verarbeitungssteuerung zurückzuführen. HARTMANN & ROHMANN (1984a) legen eine Liste mit sieben Symptomen des frühkindlichen Autismus vor und interpretiert sie in der Perspektive der Zwei-Prozeß-Theorie (bzw. der vormaligen Zwei-System-Theorie). Diese Darstellung beschränkt sich auf die von den Autoren angegebenen vier wichtigsten Symptome. Bei autistischen Kindern fällt besonders auf:

Autismus Störung der Verarbeitungssteuerung

mangelnde Kondition

(1) Sie können ihre Mimik, ihre Gesten, ihren Blickkontakt und ihre Sprache schlecht miteinander koordinieren. Bei ihnen klaffen diese Kommunikationskanäle auseinander, anstatt wie aus einem Guß zueinander zu passen. Dieses Auseinanderfallen interpretieren HARTMANN und ROHMANN als „Entkoppelung zwischen Affekt (Motiv) und Handlung und/oder einer relativen Entkoppelung zwischen Wahrnehmung einer Situation und Anpassung des eigenen Verhaltens an diese Situation“ (HARTMANN & ROHMANN, 1984a, zit. nach ROHMANN 1985a, S. 34).

Störung der Abstimmung mit dem Kommunikationspartner

(2) Autistische Kinder zeigen Auffälligkeiten in der Sprachentwicklung. Besonders schwierig ist es für sie, einen Dialog zu führen und angemessen die Hörerrolle und die Sprecherrolle wahrzunehmen. HARTMANN und ROHMANN sehen darin die Schwierigkeit autistischer Menschen, „die eigenen Informationsverarbeitungsprozesse in Abstimmung mit denen des Kommunikationspartners zu steuern“.

(3) Autistische Kinder verhalten sich oft zwanghaft und stereotyp. Sie wiederholen dieselben Bewegungen immer wieder und sind während dessen kaum ansprechbar. Werden sie dabei unterbrochen, können sie sehr aufgeregt werden. Ebenso reagieren sie, wenn z.B. im Zimmer irgendein Gegenstand in seiner Lage verändert wird. HARTMANN & ROHMANN interpretieren solche Verhaltensweisen in zwei Richtungen. Einmal können sie der Versuch sein, einer sich ständig verändernden Umwelt etwas Konstantes entgegenzusetzen. Ein anderes Mal kann sich

darin eine Überaktivität des Bekanntheits-Handlungsprozesses in einer Art Leerlauf zeigen.

(4) Die autistische Störung entwickelt sich vor dem 30. Lebensmonat, so daß vor diesem Zeitpunkt die Auffälligkeiten festgestellt werden können. Hier verweist ROHMANN auf die Grenzen der Zwei-Prozeß-Theorie. Sie kann diese frühe Störungsentwicklung nicht direkt erklären, weil sie über die Entwicklung der informationsverarbeitenden Prozesse keine Aussagen macht. Hier verweisen HARTMANN und ROHMANN auf Erklärungsmodelle, die auf PIAGET (1968) aufbauen (vgl. auch ROHMANN 1985a).

Zusammenfassend halten HARTMANN und ROHMANN (1985) „eine Störung der Informationsverarbeitung für wesentlich bei der Entstehung und Aufrechterhaltung eines frühkindlich autistischen Syndroms" (ROHMANN 1985, S. 185). Autismus läßt sich in dieser Sicht definieren als „eine mangelnde Verarbeitung in Richtung auf Integration neuer Reize mit bekannten Strukturen" (ROHMANN 1985b, S. 2).

2. Methode

ROHMANN und HARTMANN sehen in der Modifizierten Festhaltetherapie eine geeignete Therapieform für autistische Kinder. Wie begründen sie auf dem Hintergrund des bisher Gesagten diese Therapieform? Die Autoren nehmen an, daß durch die MFT bei autistischen Kindern eine kognitive Umstellung bewirkt werden kann (ROHMANN 1985b), indem die Kinder gefordert werden, „sich mit einer für sie schwierigen Situation auseinanderzusetzen" (ROHMANN & HARTMANN 1985, S. 185). Die Mutter hält ihr Kind fest und schafft dadurch für das autistische Kind eine konstante Situation, die ihm über längere Zeit hinweg die gleichen oder sehr ähnliche Informationen über die gegebene Situation zur Verfügung stellt. Dadurch bekommt das Kind die Möglichkeit, seine gestörten oder unterbrochenen Verarbeitungsprozesse wieder in Gang zu setzen, weil nicht ständig wechselnde Informationen seine gestörten Verarbeitungsmöglichkeiten überfordern. Im Kind kann sich also die Steuerung durch das Verhältnis von Neuheit und Bekanntheit wiederherstellen; seine Selbstregulationsmechanismen beginnen also wieder zu arbeiten. Schließlich kann die Information „meine Mutter hält mich fest" den Gesamtprozeß der Informationsverarbeitung angemessen durchlaufen. Daß dies gelingt, wird für ROHMANN (1985b) daran deutlich, daß das Kind sich dann be-

kognitive Umstellung

Halten ist konstante Situation mit ähnlichen Informationen

Selbstregulation wird aktiviert

Bei Beruhigung Dialog

ruhigt und besser als vorher mit seiner Mutter in einen Dialog treten kann.

Das konkrete Vorgehen schildern ROHMANN und HARTMANN so (ROHMANN & HARTMANN 1985, vgl. auch ROHMANN, HARTMANN & KEHRER 1984): Die Mutter nimmt ihr Kind auf den Schoß. Das Kind sitzt dann so, daß ihre Gesichter einander zugewandt sind. Dann legen Mutter und Kind die Arme umeinander. Die Arme des Kindes werden dadurch stillgehalten; eine andere Möglichkeit ist, daß die Mutter die Arme des Kindes direkt festhält. Wenn das Kind zeigt, daß es sich wohlfühlt, beginnt es, mit seiner Mutter Kontakt aufzunehmen oder mit ihr zu sprechen, dann wiederholt die Mutter die Mitteilungen ihres Kindes oder erwidert sie. Dabei verhält sie sich ruhig und freundlich. Wenn das Kind aber Widerstände zeigt oder protestiert, geht die Mutter nicht darauf ein. Unabhängig davon, wie sich das Kind gerade verhält, sollte die Mutter möglichst ruhig und entspannt sein.

sitzende Position

Zuwendung nur bei Beruhigung

In der ersten Therapiesitzung werden die Eltern von einem Therapeuten begleitet. Daneben haben sie die Möglichkeit, sich zu jeder Tageszeit von einem Therapeuten beraten zu lassen, wenn Probleme auftauchen. Während der ersten zwei Wochen nach Therapiebeginn sollte das Kind nicht länger als 20 bis 30 Minuten festgehalten werden; später kann eine Sitzung auch bis zu 45 Minuten dauern. Die Autoren betonen, daß das Kind am Ende den Schoß der Mutter nur dann verlassen darf, wenn es in einer Beruhigungsphase ist. Durchgeführt wird die Therapie einmal täglich. In den ersten 4 bis 6 Wochen zeigt das Kind in der Regel selbst genügend Widerstand, so daß ROHMANN (1985b; vgl. auch ROHMANN & HARTMANN 1985) davon Abstand nimmt, den Widerstand des Kindes beim Festhalten zu provozieren. Im weiteren Verlauf gehen die Eltern dazu über, ihr Kind nur noch festzuhalten, wenn es unruhig oder verstört ist. Die Wirkung der Modifizierten Festhaltetherapie sieht ROHMANN (1985b) neben der besprochenen Verbesserung einer angemessenen Informationsverarbeitung in zwei weiteren Aspekten (vgl. auch ROHMANN et al. 1984). Zwischen Mutter und Kind entsteht durch das Festhalten eine klare Beziehung, in der die Mutter die richtungsweisende Haltgebende ist und von ihrem Kind auch so erlebt und akzeptiert wird. Damit wird die vorherrschende ambivalente Haltung des Kindes geringer. Die Mutter erlebt, daß sie sich gegenüber ihrem Kind behaupten kann. Dadurch gewinnt sie mehr Sicherheit und Ruhe im Umgang mit ihrem Kind; sie kann mit ihm auch im Alltag selbstverständlicher

Therapeut ständig Ansprechpartner

keine Provokation des Widerstandes

situationsabhängiges Halten

Abbau von Ambivalenz

umgehen. Sie wird mit ihrem Kind anders umgehen als bislang, und damit wird die geklärte Beziehung zwischen beiden weiter gefestigt.

In ihrer Fortschreibung der Modifizierten Festhaltetherapie thematisieren ROHMANN, JAKOBS, KALDE & HARTMANN (1988) das Halten und stellen fest, daß es bislang ungeklärt ist, welche Elemente der Haltesituation genau therapeutisch wirksam sind. Die Autoren nehmen deutlich Abstand von der zentralen Rolle des Haltens während der Therapiesitzung. Sie sehen vielmehr im Halten eine therapeutisch nützliche, aber vorübergehende Maßnahme: „Unsere Annahmen gehen in die Richtung, daß durch das Halten ein erstmalig möglicher interaktiver/kommunikativer Prozeß zwischen Mutter und Kind in Gang gesetzt wird, wobei bei zunehmendem Dialog (verbal oder non-verbal) der Mechanismus des Haltens immer mehr in den Hintergrund gedrängt wird. (. . .) Das Halten ist eine Möglichkeit mit dem (oft hyperaktiven) Kind erstmals in einen längeren und engeren Kontakt zu treten, wobei ein erfolgreicher Austausch zwischen Mutter und Kind das Halten überflüssig werden läßt." (ROHMANN et al. 1988).

Halten nur kurzfristige therapeutische Maßnahme

Bei Dialog wird Halten überflüssig

An die Stelle des Haltens treten dann andere therapeutische Kommunikationsangebote. Mit dieser Schwerpunktverschiebung im Konzept der Modifizierten Festhaltetherapie ändert sich auch die Rolle des Therapeuten. Bereits noch während die Mutter ihr Kind hält, bietet sich der Therapeut dem Kind als Kommunikationspartner an und gewinnt seine Aufmerksamkeit mit therapeutischen Interaktionsangeboten. Dadurch wird das Kind ruhiger. Die Mutter lockert dann das Halten, bis sie schließlich das Kind loslassen und ohne Halten mit ihm kommunizieren kann.

Entwicklung von wechselseitigem Austausch

Es steht nicht das Halten, ein möglicher Widerstand oder mangelnde emotionale Fähigkeit im Vordergrund, sondern lediglich eine sehr schnell wirksame Methode, um einen Dialog zwischen Mutter und Kind zu ermöglichen. ROHMANN, ELBING & ROHMANN (1989) stellen fest, daß bei dieser neuen Form eines „Interaktiven Haltens" physischer Widerstand in der Regel nur in den ersten beiden Sitzungen zu erwarten ist, wobei in diesen Phasen sich der Therapeut zusehens in die Kindreaktionen einbezieht und dem Kind Alternativmöglichkeiten anbietet, andere Formen der Problemlösung zu finden. So fordert der Therapeut z.B. auf, mal ganz laut und mal ganz leise zu schreien mal ganz still und mal ganz laut zu sein.

Der Widerstand wird also sozusagen konstruktiv dialogisch umgedeutet bzw. gewandelt.

Auf diese Art gelingt es dem Kind nach sehr kurzer Zeit (1 bis 2 Sitzungen) einen Dialog mit der Mutter oder dem Vater zu beginnen. ROHMANN, ELBING & ROHMANN (1989) sowie auch KALDE (1989) arbeiten daran, therapeutische Formen zu finden, die das physische Halten gänzlich überflüssig werden lassen. Dies kann u.a. auch dadurch erreicht werden, daß man die Distanz zum Kind variiert.

Zusammenfassend läßt sich festhalten, daß die Modifizierte Festhaltetherapie dahingehend fortgeschrieben wird (ROHMANN et al. 1988), daß dem Halten selbst eine vorübergehende und eng umschriebene Rolle im therapeutischen Gesamtprozeß zugewiesen wird. Der Schwerpunkt der therapeutischen Strategien liegt dabei in der Entwicklung von wechselseitigem Austausch und Kommunikation.

3. Dokumentierte Ergebnisse

Untersuchung mit 11 Kindern

ROHMANN et al. (1984) untersuchten in einer Studie die Wirkung der Modifizierten Festhaltetherapie bei 11 autistischen Kindern im Alter zwischen vier und sieben Jahren. Siebenmal wurde die Diagnose „Autismus-Syndrom“ gestellt, vier Kinder zeigten deutlich autistische Züge, sechs Kinder waren mäßig, drei Kinder schwer geistigbehindert. Ein Kind war durchschnittlich, ein weiteres überdurchschnittlich intelligent. Neun der Kinder wurden drei bis fünf Wochen behandelt, die beiden übrigen je zwei bis vier Monate. Die Veränderungen wurden mit einem Elternfragebogen gemessen, den neun Elternpaare nach vier Wochen und je ein weiteres Elternpaar nach zwei bzw. vier Monaten ausfüllten. Der Fragebogen basiert auf dem Autismus-Fragebogen von KEHRER (1982) und entspricht größtenteils den diagnostischen Kriterien des Autismus-Syndroms von NEWSON (1979). Er beinhaltet 73 Symptombeschreibungen, die die Eltern nach gegenseitiger Absprache in sieben Stufen von „stark abgenommen“ bis „stark zugenommen“ einschätzten. Der Fragebogen deckt folgende Bereiche ab:

(1) „Störung der Sprache und der verschiedenen Arten der Kommunikation einschließlich nicht-verbaler Verhaltensweisen wie der mimische Ausdruck und andere Formen der Körpersprache;“

(2) „Störungen der Entwicklung sozialer Beziehungen und ein auffälliges Fehlen sozialen Einfühlungsvermögens;"

(3) „auffallende Rigidität und Unbeweglichkeit der Denkprozesse" (ROHMANN et al. 1984, S. 11).

positive Verhaltensänderungen

Es ergaben sich folgende Befunde: Alle Eltern berichteten positive Verhaltensänderungen. Vor allem Störungen im Bereich der sprachlichen und vorsprachlichen Kommunikation besserten sich durch die Therapie im beobachteten Zeitraum. In gleicher Weise änderten sich auch stereotype Verhaltensweisen. Ebenso nahmen die Kinder interessierter Anteil an ihrer Umgebung. Ein Kind war nach vier Wochen nahezu sauber und trocken; zwei Kinder machten deutliche Fortschritte in dieser Hinsicht. Wenig oder nichts änderte sich beim Sprachverständnis der Kinder; ebenso verhielt es sich bei stereotypen Schaukelbewegungen. Negative Änderungen werden nicht berichtet.

4. Empirische Prüfung

Untersuchung mit 14 Kindern

ROHMANN & HARTMANN legten 1985 eine experimentelle Studie vor. Untersucht wurden 14 Kinder und Jugendliche im Alter zwischen knapp 3 und 5 Jahren. Bei sieben Kindern wurde die Diagnose „Autismus-Syndrom" (Kanner'scher Typ; ICD 299,0) gestellt, bei drei weiteren Kindern wurde die Verdachtsdiagnose gestellt. Die übrigen Kinder zeigten deutlich autistische Züge (ICD 299,8). Die Diagnosen wurden von vier unabhängigen Experten gestellt. Fünf der Versuchspersonen waren weiblich. Für die Intelligenz teilen die Autoren Schätzwerte mit. Die 14 Versuchspersonen wurden nach Zufall einer Therapie- und einer Wartegruppe zugeteilt. Die Therapiegruppe wurde vier Wochen mit der Modifizierten Festhaltetherapie behandelt; im Anschluß daran wurden vier Teilnehmer aus der Wartegruppe ebenfalls vier Wochen behandelt. Die übrigen drei Kinder nahmen aus unterschiedlichen Gründen nicht an der Therapie teil. Die Untersuchung erfolgte mit einer modifizierten Form des in Abschnitt 3 geschilderten Fragebogens. Das Verhalten der Kinder sollte auf einer sechsstufigen Skala eingeschätzt werden, die von 0 (das Verhalten tritt gar nicht auf) bis 5 (das Verhalten wird ständig gezeigt) gestuft ist. Die nunmehr 60 Symptombeschreibungen (Items) folgen mit jeweils 15 den vier Kardinalsymptomen entsprechend NEWSON (1979): Störungen in der Entwicklung sozialer Beziehungen und ein auffallendes Fehlen von sozialem Einfühlungsvermögen; Störungen der Sprache und der verschiedenen Kommunikationsarten; Rigidität und Unbeweglichkeit der Denkprozesse; und schließlich Wahrnehmungsstörungen (vgl. ROHMANN & HARTMANN 1985, S. 188).

Der Fragebogen wurde für alle Kinder zu Beginn der Therapie bzw. Wartezeit und zu Ende der Wartezeit bzw. nach vier Wochen Therapie ausgefüllt. Für die vier danach ebenfalls behandelten Kinder wurde der Fragebogen nach deren vierwöchiger Therapie nochmals ausgefüllt. Aus den Daten der ersten und zweiten Messung wurden für alle Kinder Veränderungswerte errechnet, die die Entwicklung in den vier Symptombereichen widerspiegeln. Für die Wartegruppe wurden diese Werte zusätzlich für deren Therapiezeit ermittelt. Es ergaben sich folgende Befunde: Nach den ersten vier Wochen zeigte die Therapiegruppe im Mittelwert positive Veränderungen in allen vier Symptombereichen, wohingegen die Wartegruppe nur unerhebliche Änderungen aufwies. Die beiden Gruppen unterschieden sich in allen vier Bereichen hochsignifikant (U-Test). Nach erfolgter Therapie ergaben sich bei den vier Kindern der Wartegruppe vergleichbare Änderungen. Eine Überprüfung mit dem Vorzeichentest wurde nicht signifikant ($p < .06$) aufgrund der kleinen Anzahl der beteiligten Kinder. In beiden Gruppen zeigten sich die deutlichsten Änderungen im Bereich der Sprache und Kommunikation. Es wurden auch geringfügige negative Veränderungen untersucht und beschrieben.

positive Veränderungen in allen Symptombereichen

Damit weisen die Befunde in eine ähnliche Richtung wie die der ersten Studie (ROHMANN et al. 1984). ROHMANN & HARTMANN (1985, S. 191) resümieren: „Betrachtet man die vorliegenden Versuchsergebnisse in Zusammenhang mit der Explorationsuntersuchung und anderer Autoren (. . .), so erscheint die Aussage gerechtfertigt, daß die Methode des Festhaltens therapeutisch wirksam ist.“

5. Kombination mit anderen Therapieformen

Da die Modifizierte Festhaltetherapie von ROHMANN & HARTMANN (1985) als Basis-Therapie verstanden wird (vgl. auch ROHMANN 1985b), halten es die Autoren für sinnvoll und notwendig, diese Therapieformen mit anderen therapeutisch wirksamen Methoden zu kombinieren. Insbesondere wird die Aufmerksamkeits-Interaktions-Therapie von HARTMANN (1986) erwähnt, mit der in speziellen Bereichen weiterführend gearbeitet werden kann, in denen sich durch das Halten erste positive

Verhaltenstherapie, Aufmerksamkeits-Interaktions-Therapie

Veränderungen gezeigt haben. In ähnlicher Weise sehen die Autoren auch verhaltenstherapeutische Methoden als sinnvoll an (vgl. ROHMANN & HARTMANN 1985 S. 194). Sie begründen ihre Haltung mit den Erfahrungen, die sie mit einem kombinierten therapeutischen Vorgehen gewonnen haben, wie es sich auch in der aktuellen Fortschreibung der Modifizierten Festhaltetherapie zeigt (ROHMANN et al. 1988): Im Halteprozeß werden zusätzlich Elemente der Aufmerksamkeits-Interaktions-Therapie eingesetzt. Beruhigt sich das Kind, wird das Halten gelöst, Lautspektrum und mimische Äußerungen imitiert und in Folge variiert in Intonation, Modulation und Qualität.

Unter bestimmten Voraussetzungen können auch in den Widerstandsphasen höherstrukturierte Willensäußerungen per Imitation aufgegriffen und in angemessener Reaktion über den Weg eines Modells kanalisiert werden.

6. Anspruch auf Heilung

Heilung wird bezweifelt

Dem aufmerksamen Leser wird nicht entgangen sein, daß das Wort Heilung bislang in der Darstellung der Modifizierten Festhaltetherapie nicht verwendet wurde. Das entspräche auch nicht dem Anspruch der Autoren. Den Anspruch, den sie an ihre Therapieform stellen, formuliert am knappsten ROHMANN (1985a, S. 100): „Durch die Modifizierte Festhaltetherapie werden erwünschte Verhaltensänderungen erreicht." Bereits in der ersten Veröffentlichung zur Modifizierten Festhaltetherapie 1984 wird kein Heilungsanspruch erhoben, sondern es wird schon eine ähnliche Formulierung verwendet (ROHMANN et al. 1984, S. 11). Mit anderen Worten, die Modifizierte Festhaltetherapie will durchaus eine substantielle Besserung der autistischen Symptome erreichen, aber heilen kann sie nicht.

7. Indikation

begrenzte Indikation

Welche Störungsbilder mit der Modifizierten Festhaltetherapie behandelt werden sollen, geht bereits aus der Schilderung der untersuchten Kinder und Jugendlichen hervor (Abschnitt 3). Es sind dies die Diagnosen Autismus-Syndrom, Verdacht auf Autismus-Syndrom (ICD 299,0) und deutlich autistische Züge (ICD 299,8). Die Verdachts-Diagnose folgt dabei einer Übereinkunft der Fachwelt, erst ab einem bestimmten Alter die Diagnose Autismus-Syndrom endgültig zu stellen. ROHMANN (1985a) berichtet auch von der versuchsweisen Anwendung der Modifizierten Festhaltetherapie bei einem stotternden Kind und bei hyperkinetischen nicht-autistischen Kindern. ROHMANN et al. (1988) nennen als Indikation im speziellen Kontaktstörungen sowie Dominanzstörungen (vgl. Abschnitt 2) und berichten ihren Einsatz zur Sprachanbahnung.

klare Kontraindikation

Als Kontraindikationen nennen ROHMANN & FACION (1984) Autoaggressionen, insofern als sich autoaggressive Patienten oft bereits selbst z.B. an der Mutter festhalten. Damit entfällt Festhalten als therapeutische Maßnahme. Weitere Kontraindikationen sind höheres Alter des Patienten, höherstrukturierte Intelligenz mit zielgerichtetem Handeln, psychische Labilität der Mutter sowie extrem symbiotische Beziehungen zwischen Mutter und Kind (ROHMANN, 1988).

8. Abgrenzung zu anderen Haltetherapien

Abgrenzung zu WELCH und PREKOP

ROHMANN (1985b) grenzt die Modifizierte Festhaltetherapie deutlich von der Holding-Therapy von WELCH und der Festhaltetherapie nach PREKOP ab. Diese Abgrenzung wird auch bereits in den frühen Studien vollzogen (ROHMANN et al. 1984; ROHMANN & HARTMANN 1985; vgl. auch BURCHARD 1984; KANE & KANE 1986). ROHMANN verzichtet in der Therapie darauf, Widerstände zu provozieren. Seiner Meinung nach leistet das Kind in den ersten Wochen selbst genug Widerstand gegen das Festhalten. PREKOP räumte dagegen der Provokation von Widerständen lange Zeit eine wichtige Rolle ein (vgl. Kapitel III). Ebenso ist es für PREKOP sehr wichtig, das Kind auch in der Widerstandsphase zu trösten. ROHMANN dagegen möchte das Kind nur getröstet sehen, wenn es sich bereits beruhigt hat oder die Nähe seiner Mutter zulassen kann. Seiner Meinung nach bringt das autistische Kind in die Therapie bereits eine ambivalente Grundhaltung gegenüber der Mutter mit; es ist bereits innerlich hin- und hergerissen zwischen widerstreitenden Gefühlen. Wenn es nun festgehalten wird, dann fordert die Mutter, sich mit seinen widerstreitenden Gefühlen auseinanderzusetzen. Wird es in dieser Anforderungssituation auch noch getröstet, dann wird es nach ROHMANN in einen neuen, zusätzlichen Zwiespalt gestürzt: Es wäre so, als würde man das Kind gleichzeitig mit der einen Hand schlagen und mit der anderen streicheln.

Dies lehnt ROHMANN ab. Durch die Rolle, die er dem Trösten zuweist, soll dieser neuerliche Zwiespalt für das Kind vermieden werden. Daraus folgt für ROHMANN weiter, daß die Widerstände des Kindes ignoriert werden müssen. Hier wird nun der Umstand therapeutisch wichtig, daß auch die Mutter selbst in einem inneren Zwiespalt sein kann. Z.B. kann sie eine unterdrückte Wut auf ihr Kind empfinden und sich gleichzeitig deshalb schuldig fühlen, ihr Kind noch besser beschützen wollen. Hier sieht ROHMANN für den Therapeuten die Aufgabe, die widerstreitenden Gefühle der Mutter während des Festhaltens aufzufangen und ihr zu helfen, mit ihnen umzugehen. Wenn dann die Mutter den Widerstand des Kindes ruhig ignoriert, wird die Situation für das Kind eindeutiger, klarer und weniger ambivalent.

Eine letzte Abgrenzung gegenüber den Ansätzen von WELCH und PREKOP vollzieht ROHMANN im Hinblick auf die Dauer einer Therapiesitzung. Er begrenzt das Festhalten auf 20 bis 45 Minuten, wogegen auf der anderen Seite 1 bis 4 Stunden Festhalten stehen. Er möchte dabei das Halten beendet sehen, wenn das Kind sich relativ beruhigt hat. Darin unterscheidet er sich von PREKOP: „Ich vermeide an dieser Stelle bewußt den Begriff Entspannung, da es sehr schwer erscheint, z.B. zwischen Erschöpfung und Entspannung zu differenzieren." (ROHMANN 1985b, S. 5) ROHMANN wirft in diesem Zusammenhang die Frage auf, warum die Wirkung der Ansätze trotz unterschiedlicher Dauer vergleichbar ist. Er selbst beantwortet die Frage dahingehend, daß nach seiner „persönlichen Erfahrung (. . .) vorwiegend das ständige Trösten in der therapeutischen Situation die Therapiedauer extrem verlängert" (ROHMANN 1985b, S. 5).

9. Kritische Würdigung

klare Indikation

ROHMANN & HARTMANN stellen zunächst eine scharfe Indikation: Es sind dies die Diagnosen Autismus-Syndrom und deutlich autistische Züge. ROHMANN (1985a) läßt eine Tendenz zur Indikationserweiterung erkennen, indem er von der versuchsweisen Anwendung der Modifizierten Festhaltetherapie bei einem stotternden und bei hyperkinetischen Kindern berichtet. Mögliche Konsequenzen aus diesem Versuch haben sich in der Literatur bislang nicht niedergeschlagen. Mit der Fortschreibung der Modifizierten Festhaltetherapie (ROHMANN et al. 1988) scheint auch eine veränderte Auffassung über die Indikation der weiterentwickelten Modifizierten Festhaltetherapie einherzugehen. Als Indikationen nennen die Autoren Klärung der Dominanzbeziehung, Kontaktstörungen, Sprachanbahnung, Abbau von Ambivalenz, Abbau fremdaggressiver, provokatorisch autoaggressiver und negativistischer Verhaltensweisen.

Mit dem neuen Verständnis des Haltens als nur vorübergehend und eingegrenzt einsetzbare Methode im Rahmen eines breit angelegten Therapiekonzepts erscheint in der Tat eine Neuformulierung der Indikationsstellung sinnvoll. Eine baldige, theoretisch abgeleitete Klärung der Klientengruppe wäre wünschenswert, da sonst die ursprüngliche Präzision der Indikationsstellung nicht durchgehalten wäre. Neben den Indikationen gibt ROHMANN mehrere Kontraindikationen an. Damit werden die Grenzen der Modifizierten Festhaltetherapie klar definiert.

Kombination wichtig

Die Frage nach einer Kombination der Modifizierten Festhaltetherapie mit anderen Therapien beantworten ROHMANN & HARTMANN positiv. Sie schreiben der Modifizierten Festhaltetherapie eine zwar notwendige, aber keine allein hinreichende Rolle bei der Behandlung autistischer Patienten zu. In der neuesten Fassung (ROHMANN et al. 1988) wird diese Rolle eher noch abgeschwächt. Damit distanzieren sich die Autoren davon, mit ihrem Ansatz allein die angestrebten Änderungen erzielen zu wollen.

keine Heilung

Dementsprechend erheben ROHMANN & HARTMANN auch keinen Anspruch darauf, Autismus heilen zu können oder zu wollen.

empirische Prüfung akzeptabel

Dagegen weisen sie die erzielten Veränderungen in zwei Studien nach. Dadurch machen sie ihr Verfahren und seine Wirkungsweise überprüfbar und einer fachlichen Diskussion zugänglich. Insbesondere die Studie von ROHMANN & HARTMANN (1985) trägt dazu bei. Sie genügt grundlegenden wissenschaftlichen Standards wie Verwendung einer Kontrollgruppe und nachvollziehbarer Dokumentation der gewonnenen Daten und gehört damit zu den wenigen experimentellen Studien im Bereich der Haltetherapien. Erwähnenswert ist, daß ROHMANN und HARTMANN bei der Diskussion der Faktoren, die in der Modifizierten Festhaltetherapie wirksam sind, über die Grenzen ihrer Theorie hinausgehen. Die Klärung des Dominanzverhältnisses und die Änderungen bei der Bezugsperson als wirksame Elemente werden bei der theoretischen Herleitung des Festhaltens nicht aufgeführt. Damit erkennen die Autoren die Grenzen der Erklärbarkeit an, die ihrer kognitiven Theorie in der vorliegenden Form gegeben sind. Gleichzeitig vermeiden sie so zirkuläres Denken. Wünschenswert wäre es, wenn die neue Vorgehensweise in der Therapie (ROHMANN et al. 1988) in weiteren Veröffentlichungen ebenso klar aus der Theorie abgeleitet würde wie die ältere Konzeption. Denn die Annahme von therapeutisch wirksamen Elementen in der Therapie, die sich nicht aus der theoretischen Herleitung erklären, birgt die Tendenz in sich, daß Indikation und therapeutisches Handeln nicht mehr schlüssig aus der theoretischen Konzeption entwickelt werden.

Weiterentwicklung bei Einsatz von weniger Zwang

Mit ihrer neuen Konzeption des Haltens setzen ROHMANN et al. (1988) ihre Tendenz weg von einer invasiven, therapiebestimmenden Haltetechnik fort, wie sie sich in der Abgrenzung gegenüber WELCH und PREKOP einige Jahre zuvor angedeutet hatte. Die Entwicklung scheint auf ein integratives Therapiekonzept zu weisen, in dessen Zentrum Kommunikations- und Interaktionsentwicklung stehen. Halten wird so immer mehr zu einer Intervention unter anderen und verliert damit weitgehend seinen ursprünglichen Ausschließlichkeitsanspruch. Damit machen sich ROHMANN und Mitarbeiter zu Vertretern einer „weichen“, liberalen Richtung des Festhaltens.

Unsere Empfehlung:

Gegenüber den bereits beschriebenen Haltetherapien nach WELCH und nach PREKOP ist diese Methode aus mehreren Gründen eher zu empfehlen: Eine klar, sehr begrenzte Indikationsstellung sowie eine eindeutige zeitliche Begrenzung lassen einen kontrollierten Einsatz der MFT sinnvoll erscheinen. Eine Berücksichtigung der Kindreaktionen und die Empfehlung einer entsprechenden Überleitung in weiterführende, nichtdirektive Methoden, wie z.B. der Aufmerksamkeits-Interaktions-Therapie unterstützen die Empfehlung. Trotzdem muß berücksichtigt werden, daß mit dieser zwar weniger invasiven Methode, entsprechend den Empfehlungen der Autoren, vorsichtig und nur zeitlich begrenzt umgegangen werden sollte.

Theorie		Methode		Indikation		Kombination		Dokumentation		Empirie	
umfassende Darstellung	1.8	umfassende Darstellung	1.8	umfassende Darstellung	1.8	Abgrenzung von anderen HT's	2	Falldarstellung	2	diagnostische Beschreibung der Vpn.	1.8
Theorieprüfung	2.3	Nachvollziehbarkeit	2.3	logische Ableitung aus der Theorie	2	Flexibilität	2	Ausführlichkeit	2	ausreichende Angaben zur Person (Alter, Geschlecht, Entwicklung)	2
Ableitung der Therapie aus theoretischen Annahmen	2.3	interaktiv	1.8	Begründung	2.3	Kombination mit anderen HT's	3	Berücksichtigung anderer therap. Variablen	2	methodisches Design	2
Logik des Schlusses	2	Breite der therapeutischen Reaktionsmöglichkeiten	2.3	Kontraindikation	2.3	Kombination mit anderen Therapien	1.5	begrenzte Dauer	2	Gruppenvergleich	2
Homogenität	2	Kindorientiertheit	1.8	Realitätsbezug (Heilung nicht möglich	1.3	Akzeptanz anderer Methoden	2	diagnostische Beschreibung der Störung	1.3	Meßinstrument	2
Originalität (eigenständige Hypothesen)	1.5	Dynamik der Methode	2.3			Literaturauseinandersetzung	2.3	ausreichende Angaben zur Person	1.8	Signifikanzprüfung	1.3

Abbildung 4: Gesamteinschätzung der Modifizierten Festhaltetherapie nach ROHMANN (3 Rater)

Kapitel 6

Die Musik-Körpererfahrungstherapie (nach FACION)

1. Theoretische Hintergründe

Die Musik-Körpererfahrungstherapie (MKT), ein Verfahren, daß von FACION (1986), einem brasilianischen Psychologen, entwickelt wurde, beinhaltet Elemente der Mother-Child-Holding-Therapy (WELCH, 1983), der Modifizierten Haltetherapie — MFT — (ROHMANN & HARTMANN 1984, 1985), der Stimulationstherapie (LEMKE, 1974), sowie entspannungsfördernde Elemente im meditiven Sinne (vgl. auch SCHLÜTER, H. 1988).

kein theoretischer Hintergrund

Explizit wird von FACION kein theoretischer Hintergrund formuliert. Alternativ dazu beschreibt FACION aber einzelne hypothetische Wirkungsvariablen der Musik-Körpererfahrungstherapie. Er mißt als Wirkvariablen der Haltesituation, der Verlangsamung der Bewegungen (in Anlehnung an HARTMANN, 1986) und der Basalen Stimulierung Bedeutung zu.

Musik als Entspannung

Die während des therapeutischen Prozesses unterlegten instrumentalmusikalischen Beiträge dienen in erster Linie einer Entspannung des Therapeuten, die in Folge auf das Kind übertragen werden soll. Hinsichtlich einer Beeinflußbarkeit gestörter Kindverhaltensweisen beruft sich FACION auf eine Arbeit von KRAHMANN (1982), der die Wirkung unterschiedlicher musikalischer Stücke auf autistische Kinder untersucht hat. So fand KRAHMANN, daß Musik von Mozart und Vivaldi Stereotypien reduzieren, XENAKIS führte zu einer Stereotypiensteigerung und das Presto von EXCEPTION führte zu keiner Verhaltensänderung.

Trennung von Therapeut und Patient

Die musikalische Darbietung soll dem Therapeuten Hilfestellung geben, eine Trennung zwischen sich als Person und dem Kind zu realisieren. Er läßt sich somit nicht vom aktuellen Störverhalten des Patienten beeinflussen. Als weiteren Wirkungsaspekt der musikalischen Untermalung beschreibt FACION eine Reizreduktion, d.h.: Durch die laufende Musik werden eine Vielzahl von Außengeräuschen überlagert.

Hinsichtlich der Wirkungsweise der bei der Musik-Körpererfahrungstherapie vorherrschenden Haltesituation bezieht sich FA-

CION überwiegend auf Ausführungen von ROHMANN & HARTMANN (1985):

Erregungsreduktion

— über die Aufrechterhaltung der Haltesituation findet das Kind zu einer Erschöpfungs- bzw. Beruhigungsphase, die gleichbedeutend mit einer Erregungsreduktion ist. Ein mittleres Erregungsniveau führt zu erhöhter Aufmerksamkeit- bzw. Lernbereitschaft, d.h., im Sinne der MKT, die Kinder sind dadurch eher in der Lage, sowohl die basale Stimulierung als auch die Differenzierung einzelner eingesetzter Materialien vermehrt wahrzunehmen (FACION, 1986).

— Die Beruhigung des Kindes wiederum ist Indikator einer erfolgreichen Informationsverarbeitung einer komplexen Reizsituation.

Reizüberflutung

FACION geht davon aus, daß (auch im Sinne von SCHECHTER, 1974) autoaggressive Patienten häufig von Reizen überflutet werden, d.h., daß diese nicht angemessen verarbeitet werden können. FACION sieht sehr wohl, daß auf den ersten Blick betrachtet, die Musik-Körpererfahrungstherapie eine Methode darstellt, die noch zu einer zusätzlichen Erhöhung einer Reizüberflutung führen kann. Aus diesem Grunde werden bei der MKT Sprache und Gestik stark verlangsamt, wobei ständig zum Blickkontakt aufgefordert wird. Durch stark verlangsamte Handlungen wird, nach FACION, dem Kind die Möglichkeit gegeben, beobachtetes Verhalten zu verarbeiten und sich schneller zu beruhigen. Durch eine Beruhigung des Kindes wird die Bezugsperson ruhiger, dadurch stärkt sich wechselseitig wiederum die Entspannung des Kindes.

Basale Stimulation

Einer basalen Stimulierung mißt FACION für die Wirksamkeit der Musik-Körpererfahrungstherapie eine große Bedeutung zu. Unter basaler Stimulierung (verglichen zu MALL wird hier der Begriff falsch verwandt, siehe auch weiter unten) versteht Facion eine Stimulation des nackten Oberkörpers und Kopfbereiches mit unterschiedlichen Materialien, um somit eine neue, bzw. andere Wahrnehmung der eigenen Körperexistenz zu realisieren. Über Haut- und Körperkontakt zwischen Therapeut und Kind wird nach FACION erreicht, daß das Kind den Therapeuten intensiver und somit die Grenzen seines Gegenübers deutlicher wahrnimmt. Es erfährt seinen eigenen Körper im Kontakt mit dem Gegenüber, wodurch bei beruhigender Atmosphäre eine Basis des Vertrauens und der Sicherheit entwickelt werden.

2. Die Methode

Der Behandlungsraum soll weder reizvoll noch reizarm sein, mit einer Matratze ausgestattet, die weder zu hart noch zu weich ist. Es sollen verschiedene Materialien zur basalen Stimulierung genutzt werden, z.B. Seide, Schwamm, Bürste, Pinsel, Holz, Metall etc. In der von FACION beschriebenen Darstellung zeigt sich durchgängig, daß der Begriff der „basalen Stimulierung“ mißverständlich genutzt wird. Basale Stimulierung, wobei der Begriff „basal“ in diesem Zusammenhang als ein inhaltloses Wort zu sehen ist, da Stimulierung immer basal ist, bedeutet:

— ein methodisches Vorgehen bei Kindern oder Patienten, die über geringste Interaktionsmechanismen bzw. Kommunikationsmechanismen verfügen, so daß wir (im Sinne von MALL) auf die Äußerungen des Kindes reagieren, die ihm gerade noch möglich sind (z.B. Atmungsfrequenz, Körperkontakt, Bewegungsfrequenz).

gezielte Stimulation

Das, was FACION im weiteren Verlauf seiner Arbeit als basale Stimulierung beschreibt, sind gezielte Reizungen im taktilen und kinästhetischen Bereich, mit Materialien verschiedener Oberflächenbeschaffenheit, mit dem Ziel, das Kind an eine Differenzierungsfähigkeit der unterschiedlichen Materialien heranzuführen. In diesem Sinne und Zusammenhang ist ein weitaus höher strukturierter Wahrnehmungsprozeß notwendig, als dies bei der basalen Kommunikation/Stimulation beschrieben wird.

Die von FACION geforderte erste Durchführung durch den Therapeuten selbst, ist nicht zwingend, aber sinnvoll, da bei den Bezugspersonen häufig unterschwellige Ängste, aber auch Aggressionen, zu Verkrampfungen führen können.

Beruhigung und non-verbale Kommunikation

Bei instrumentalmusikalischer Untermalung, die überwiegend, folgt man FACION, beruhigende Wirkung auf den Therapeuten haben soll, bewegt sich dieser stark verlangsamt wobei nonverbale Kommunikation im Vordergrund steht. Mit diesen beiden Faktoren werden wir uns im späteren Verlauf näher auseinandersetzen.

liegende Position

Nun wird der Oberkörper des Patienten entblößt, dieser auf den Rücken gelegt, wobei seine Arme durch die Knie des Therapeuten flach an den Körper fixiert werden. Es sollte darauf geachtet werden, daß durch die Haltung des Therapeuten die Atmung des Kindes nicht beeinflußt wird, d.h., daß das Gesäß des Therapeuten auf dem Becken oder je nach Größe auf den Oberschenkeln des Kindes ruht.

Möglichen starken physischen, bzw. verbalen Widerständen soll ruhig und gelassen begegnet werden.

Nach FACION soll in Widerstandsphasen der Oberkörper des Patienten mit den Händen wie auch mit unterschiedlichen Gegenständen mit extrem verlangsamten Bewegungen stimuliert werden, um über diesen Weg die Aufmerksamkeit des Patienten für neue „Körpersensationen“ (FACION 1986, S. 85) zu erreichen. Durchgängiges Prinzip der Musik-Körpererfahrungstherapie ist also eine Erweiterung der Körperwahrnehmung bzw. Verarbeitung differenzierterer Körperstimulationen.

Erweiterung der Körperwahrnehmung

Die Musik-Körpererfahrungstherapie wird beendet in einer relativen Beruhigungsphase. Der Therapeut läßt die Oberarme des Patienten frei. Trotz zu erwartender weiterer autoaggressiver Handlungen soll der Therapeut ruhig bleiben und weiterhin stark verlangsamt reagieren.

Beendigung

FACION weist darauf hin, das die Musik-Körpererfahrungstherapie nur dann beendet werden kann, wenn das Kind sich in einem relativen Beruhigungszustand befindet, eine Regel, die auch auf diverse andere Haltetherapien zutrifft und dort zentral formuliert wird.

Dauer

Als Therapiedauer gibt der Autor 20 bis 60 Minuten pro Tag an, wobei bei fortlaufender Therapie die Widerstandsphasen immer geringer werden sollen, und sich somit die Therapiedauer ständig reduziert. Die Gesamttherapiedauer wird nicht näher beschrieben.

3. Indikation

Eine Indikation für die Musik-Körpererfahrungstherapie wird von FACION nicht differenziert formuliert. Er empfiehlt, autoaggressive, aggressive und hyperkinetische Kinder mit dieser Methode zu behandeln.

4. Dokumentierte Ergebnisse

Die Musik-Körpererfahrungstherapie wird von FACION als ein wesentlicher Bestandteil eines übergeordneten integrativen

Therapiekonzepts zur Behandlung autoaggressiver Patienten beschrieben (vgl. ROHMANN & FACION, 1984). Neben der Musik-Körpererfahrungstherapie zählt FACION diesem Konzept verhaltenstherapeutische Techniken wie time-out (Entzug sozialer Verstärkung), overcorrection (Überkorrektur) und/oder die Anwendung eines speziell entwickelten elektrischen Reizgerätes zu. Insofern liegen keine verläßlichen Daten zur empirischen Prüfung der Musik-Körpererfahrungstherapie vor. Allerdings berichtet FACION von einer Studie, bei der 45 Kinder und Jugendliche mit diesem integrativen Therapiekonzept behandelt wurden.

bedeutende Verhaltensänderungen

Von diesen 45 Patienten wurden 34 statistisch genauer erfaßt. Der Autor berichtet, daß bis auf 2 Kinder bei allen Patienten bedeutende Verhaltensänderungen erzielt werden konnten. Die Autoaggressionen konnten sichtbar reduziert, sogar teilweise gänzlich abgebaut werden. FACION schreibt selbst: „Die zentrale Rolle der Musik-Körpererfahrungstherapie kann auf Grund der vorliegenden Daten jedoch nicht belegt werden; notwendig erscheint es vielmehr, eine an den individuellen Bedingungen orientierte Kombination der Musik-Körpererfahrungstherapie mit anderen genannten Maßnahmen, wie operanten Methoden (Verhaltenstherapie; Anm. d. Verf.), basaler Simulation etc. zur Anwendung kommen zu lassen." (FACION, 1986, S. 121).

5. Empirische Prüfung

Eine empirische Prüfung der Musik-Körpererfahrungstherapie liegt nicht vor.

6. Kombination mit und Abgrenzung zu anderen Therapien

Verhaltenstherapie

Wie schon im vorangegangenen Abschnitt beschrieben, wird die Musik-Körpererfahrungstherapie in Kombination mit überwiegend verhaltenstherapeutisch orientierten Methoden eingesetzt. Da die Musik-Körpererfahrungstherapie überwiegend ein Verfahren zur Behandlung autoaggressiver Patienten darstellt, erscheint eine solche Kombination auch sinnvoll.

Wirkvariablen der MFT und der Basalen Stimulation werden von FACION als für die Musik-Körpererfahrungstherapie bedeutend beschrieben. Eine Abgrenzung zu anderen Therapieformen, vor allem hinsichtlich ihrer theoretischen Hintergründe, wird nicht formuliert. Im Vergleich zu anderen Methoden, läßt sich FACIONs Therapie aber in einem Punkt abgrenzen: Blickkontakt wird direktiv (d.h. fordernd) hergestellt. Warum dies so ist, wird nicht näher beschrieben.

7. Der Anspruch auf Heilung

kein Heilungsanspruch

FACION erhebt keinen Anspruch auf Heilung für diese Methode. Da aber die Musik-Körpererfahrungstherapie nur innerhalb eines übergeordneten therapeutischen Konzepts zur Anwendung kam, wurde auch von Heilungen (Löschungen) autoaggressiver Verhaltensweisen gesprochen. FACION (1986), sowie ROHMANN & FACION (1984) weisen dies in jeweils einer Falldarstellung nach.

Der Begriff „Heilung“ wird von FACION in seiner Arbeit nicht erwähnt.

8. Kritische Würdigung

mangelnde theoretische Begründung

Die wesentlichste Kritik an der Methode der Musik-Körpererfahrungstherapie ist in der fehlenden theoretischen Begründung bzw. Indikation dieser Therapie zu finden. Der Autor hat sich zwar Gedanken darüber gemacht, welche therapeutischen Elemente möglicherweise bei der Behandlung wirksam sein könnten. So werden die musikalische Untermalung als Medium zur Entspannung für den Therapeuten, die Verlangsamung der Bewegung sowie die Haltesituation als wesentlich geschildert. Inwieweit diese 3 Variablen aber wiederum zusammenwirken, welchen Stellenwert sie einnehmen, und welchen Einfluß sie auf spezifische Störungen, die auch nicht dargestellt werden, haben könnten, bleibt offen.

Innerhalb des Gesamtkonzeptes der Körperzentrierten Interaktion (vgl. Kapitel 8) erscheint die K.M.A. (Körperzentrierte Interaktion auf Basis der Musik-Körpererfahrungstherapie und Aufmerksamkeits-Interaktions-Therapie) diese Lücke eher zu schließen.

Grundelemente von therapeutischer Relevanz

Die therapeutischen Grundelemente der Musik-Körpererfahrungstherapie wie die musikalische Untermalung und die Verlangsamung von Bewegungsabläufen erscheinen uns aber von therapeutischer Relevanz. So werden diesen Elementen denn auch bei der Körperzentrierten Interaktion große Bedeutung zugemessen. Insofern hat FACION einen Teil Pionierarbeit geleistet. Diese therapeutischen Variablen bekommen allerdings erst in einem entsprechenden theoretischen Kontext Sinn.

Indikation fraglich

Auf Grund der fehlenden theoretischen Hypothesen ist auch die von FACION nicht näher differenzierte Indikationsstellung mit einem Fragezeichen zu versehen. Welche Reaktionen bzw. Symptome autoaggressiver, aggressiver und/oder hyperkinetischer Kinder durch die Musik-Körpererfahrungstherapie beeinflußt werden sollen und können und aus welchem Grunde, bleibt dann auch offen.

übergeordnetes Therapiekonzept

Positiv zu bewerten ist, daß FACION seine Methode als Bestandteil eines übergeordneten Gesamttherapiekonzeptes betrachtet. Das impliziert, daß er die Notwendigkeit sieht, auch andere therapeutische Methoden ergänzend zur Musik-Körpererfahrungstherapie einzusetzen, bzw. die Musik-Körpererfahrungstherapie als Ergänzung zu anderen therapeutischen Verfahren zu sehen.

Im Vordergrund stehen hier verhaltenstherapeutische Techniken. Die Formulierung „Integratives Therapiekonzept" erscheint uns allerdings ein wenig zu hoch gegriffen, da explizit nicht ausgeführt wird, wie dieses Modell zu beschreiben ist und welche therapeutische Methoden zu welchem Zeitpunkt und aus welchem Grunde zu Einsatz kommen. Ähnlich der Formulierung der theoretischen Wirkvariablen der Musik-Körpererfahrungstherapie werden auch bei diesem Integrativen Konzept lediglich unterschiedliche verhaltenstherapeutische Techniken aufgezählt, bzw. aneinandergereiht, ohne in einen direkten Sinnzusammenhang gesetzt zu werden.

positive Änderungen bei Autoaggressionen

Auch die dokumentierten Ergebnisse dieses therapeutischen Konzeptes lassen eine Vielzahl von Fragen offen. So berichtet FACION von bedeutenden Verhaltensänderungen, die aber nicht näher beschrieben werden. Eine Ausnahme bildet dabei das Phänomen der Autoaggression. Hier werden klarere Aussagen formuliert.

Trotz mangelhafter Methodik bzw. fehlender empirischer Prüfung ist weiterhin als positiv zu bewerten, daß FACION zu übergreifenden Therapiekonzepten neigt. Dies beinhaltet gleichzeitig auch, daß er die Musik-Körpererfahrungstherapie nicht als Allheilmittel versucht hochzustilisieren. Vielmehr ist FACION Pragmatiker und Praktiker, der seine therapeutischen Grenzen kennt und jede Art von Therapiedogmatismus ablehnt. Somit erhebt er auch keinen Anspruch auf Heilung.

Unsere Empfehlung:

Als unterstützende Methode bei autoaggressiven Verhaltensweisen eine sinnvolle Ergänzung. Hier wird das Halten als vorübergehende Fixierung eingesetzt, um u.a. die Basis für neue bzw. andere Körpererfahrungen zu schaffen. FACION sieht seine Methode im Kontext mit anderen therapeutischen Techniken, so daß ein Übergang in weniger restriktive Methoden wie verhaltenstherapeutische Techniken gewährleistet ist. So wird hier das Halten als Ausgangsbasis für weiterführende Methoden angesehen.

Theorie		Methode		Indikation		Kombination		Dokumentation		Empirie	
umfassende Darstellung	4.5	umfassende Darstellung	2.8	umfassende Darstellung	4	Abgrenzung von anderen HT's	3.3	Falldarstellung	3.3	diagnostische Beschreibung der Vpn.	4.3
Theorieprüfung	4.8	Nachvollziehbarkeit	2.3	logische Ableitung aus der Theorie	4	Flexibilität	2	Ausführlichkeit	3.8	ausreichende Angaben zur Person (Alter, Geschlecht, Entwicklung)	4.5
Ableitung der Therapie aus theoretischen Annahmen	4	interaktiv	2.3	Begründung	3.5	Kombination mit anderen HT's	2.5	Berücksichtigung anderer therap. Variablen	2	methodisches Design	4.8
Logik des Schlusses	3.8	Breite der therapeutischen Reaktionsmöglichkeiten	2.5	Kontraindikation	5	Kombination mit anderen Therapien	2.3	begrenzte Dauer	3	Gruppenvergleich	5
Homogenität	3.5	Kindorientiertheit	2.5	Realitätsbezug (Heilung nicht möglich	2.5	Akzeptanz anderer Methoden	2.5	diagnostische Beschreibung der Störung	3.5	Meßinstrument	4.8
Originalität (eigenständige Hypothesen)	2.5	Dynamik der Methode	2.3			Literaturauseinandersetzung	3.8	ausreichende Angaben zur Person	3.8	Signifikanzprüfung	5

Abbildung 5: Gesamteinschätzung der Musik-Körpererfahrungstherapie nach FACION (4 Rater)

Kapitel 7

Integrative Körpertherapie nach BESEMS/BESEMS

1. Theoretische Hintergründe

Die Gestalttherapie oder auch Integrative Körpertherapie für körperlich und geistig behinderte Kinder und Jugendliche wurde von dem Holländer Thijs BESEMS und seiner Frau Gerry VAN VUGT entwickelt. Dabei legen sie ihrer Methode keine Theorie im engeren Sinne zu Grunde; sie konzentrieren sich in ihrem Ansatz vielmehr auf die Kontaktabwehr der Behinderten, die sie als ihre „zentralste Behinderung" begreifen (BESEMS & VAN VUGT 1983, S. 29). In der integrativen Körpertherapie geht es nun darum, das behinderte Kind durch die therapeutische Beziehung mit einem nichtbehinderten Gegenüber kontaktfähig zu machen.

Kontaktabwehr der Behinderten zentrale Annahme

Gestalttherapie

In ihrem Ansatz greifen BESEMS und VAN VUGT auf die Grundelemente der Gestalttherapie nach PEARLS (1974, 1980) zurück:

1. Leib-Seele-Geist-Einheit

Leib-Seele-Einheit

Die Gestalttherapie begreift den Menschen als ein Ganzes, das nicht in einzelne Aspekte aufgeteilt werden darf. Vielmehr sind die drei Aspekte Leib, Seele und Geist untrennbar miteinander verknüpft und beeinflussen sich ständig wechselseitig. BESEMS & VAN VUGT (1985) ordnen mit PEARLS dem Leibbereich das ganze Spektrum körperlicher Zustände, der Körperhaltung und des physischen Verhaltens zu, wohingegen der seelische Bereich das Fühlen und Erleben und der geistige Bereich das Denken repräsentieren. In der Gestalttherapie steht der leibliche Aspekt im Vordergrund, weil der Körper „konkret und faßbar, also wahrnehmbar ist. Wenn wir das etwas ändern, können wir das sofort wahrnehmen" (VAN VUGT & BESEMS 1985, S. 251).

2. Hier und Jetzt

Vergangenheit und Zukunft

Dieses Grundprinzip gestalttherapeutischer Arbeit besagt, daß der Therapeut mit dem arbeitet, was gerade konkret in der Situation da ist. Das Hier und Jetzt ist gewissermaßen der Schnittpunkt zwischen Vergangenem und Zukünftigem. Hier und Jetzt schließen alle Ergebnisse und Erfahrungen der Vergangenheit und alle Ängste, Erwartungen und Hoffnungen bezüglich der Zukunft ein. Alles, was ein Mensch als Erfahrungen aus seiner Vergangenheit mitbringt, ist im Hier und Jetzt wirksam und aktuell. Die Erfahrungen, die das jetzige Verhalten beeinflussen, lassen sich einteilen in: a) negative Erfahrungen, b) positive Erfahrungen und c) defizitäre Erfahrungen.

Mit defizitären Erfahrungen sind Erfahrungen gemeint, die einem Menschen fehlen, die er aber hätte machen müssen. In der Gestalttherapie sollten zunächst defizitäre, also fehlende Erfahrungen nachgeholt werden, um dann den Bereich der positiven Erfahrungen zu erweitern. Schließlich soll dadurch ein Gleichgewicht zwischen negativen und positiven Erfahrungen hergestellt werden.

BESEMS und VAN VUGT gehen davon aus, daß defizitäre Erfahrungen vor allem Erfahrungen aus der frühen Kindheit sind: „Wir werden solange mit dem Kind kuscheln, es streicheln und lieben, und solange Spiele aus der frühen Kindheit mit ihm spielen, und es loben und unterstützen müssen, bis in diesem Bereich ein Gleichgewicht entstanden ist“ (BESEMS & VAN VUGT, 1985, S. 255).

Gleichgewicht zwischen positiven und negativen Erfahrungen

Dadurch sollen die Voraussetzungen geschaffen werden, um den Bereich der negativen Erfahrungen therapeutisch anzugehen. Hier geht es darum, die negativen Erfahrungen im therapeutischen Prozeß noch einmal neu zu erleben und ihnen dadurch eine positive Wendung zu geben. BESEMS & VAN VUGT betonen, daß durch die Therapie negative Erlebnisse nicht ungeschehen gemacht werden können. Vielmehr geht es darum, das bereits angesprochene Gleichgewicht zwischen negativen und positiven Erfahrungen des Kindes in etwa wiederherzustellen. Dadurch können die negativen Erfahrungen des Kindes einen anderen Stellenwert im Hier und Jetzt erhalten.

negative Erfahrungen neu erleben

3. Figur-Grund

Mit dem Figur-Grund-Prinzip greift die Gestalttherapie auf ein Wahrnehmungsphänomen zurück: Wir können einen Gegenstand, eine Figur oder eine Gestalt nur erkennen, wenn sie sich von ihrem Hintergrund abhebt. Wir sind auf Kontraste angewiesen, um etwas erkennen zu können. Viele Tierarten zum Beispiel nutzen dieses Prinzip, indem sie sich ihrem Grund anpassen und so nur noch schwer erkennbar sind. Die Gestalttherapie überträgt das Figur-Grund-Prinzip auf die Therapie: Ein Kind kann nicht losgelöst von seinem familiären Grund wahrgenommen, verstanden und behandelt werden. BESEMS & VAN

Familie ist „Grund“ des Kindes

VUGT (1985) ziehen daraus die Konsequenz, nach Möglichkeit die Eltern mit dem Kind arbeiten zu lassen und so den Grund des Kindes systematisch miteinzubeziehen. Lebt das Kind in einer Klinik oder einem Heim, so ist es, aus Sichtweise der Autoren, von seinem Grund getrennt. Der erste Arbeitsschritt sollte dann sein, das Kind ein neues Figur-Grund-Gefühl entwickeln zu lassen. Verhaltensstörungen wie z.B. Kleiderzerreißen und Müllessen interpretieren BESEMS und VAN VUGT (1985) als Ausdruck eines mangelnden Figur-Grund-Gefühls. Darunter verstehen sie das Gefühl, „zu anderen zu gehören, in einem festen Kontext eingebettet zu sein". (VAN VUGT und BESEMS 1985, S. 154).

4. Kontakt
Dieses Gestaltprinzip geht davon aus, daß seelische Störungen nicht als isoliertes Problem des einzelnen betrachtet werden dürfen. Vielmehr handelt es sich dabei stets um eine Störung, die zwischen dem Individuum und der Außenwelt angesiedelt ist. Psychische Störungen entwickeln sich und wirken sich aus im zwischenmenschlichen Kontakt. Die Autoren unterscheiden sechs Phasen des Kontakts:

Einander Wahrnehmen
Aufeinander Zugehen
Kontaktherstellen
den Kontakt intensivieren
sich verabschieden
voneinander weggehen

Herstellung der Kontaktfunktion

In der Therapie wollen BESEMS und VAN VUGT diese Kontaktfunktionen wiederherstellen, um dem Kind so den Kontakt mit sich selbst wieder zu ermöglichen. Dazu ist es für sie wichtig festzustellen, in welcher Phase des Kontakts genau ein Kind Schwierigkeiten hat. Sie weisen darauf hin, daß für die von ihnen behandelten Kinder häufig die beiden letzten Kontaktphasen besonders schwierig sind, weil die Kinder schon viele Trennungen erlebt haben. Dieses Kontaktprinzip stellt für die Autoren das Leitprinzip ihrer Arbeit dar.

Einander Begegnen

Diese gestalttherapeutischen Prinzipien fließen in die therapeutische Beziehung ein. Die therapeutische Beziehung ist für BESEMS und VAN VUGT eine besondere Form der intersubjektiven Beziehung. Damit meinen sie mit MARCELLE das Miteinander Begegnen als Mitsubjekt. Dieses „Einander Begegnen" als Mitsubjekt verdeutlicht sich in der therapeutischen Beziehung in folgenden Aspekten (BESEMS & VAN VUGT 1983, S. 28ff):

1. Einander als Existenz verstehen
Die Autoren verstehen das behinderte Kind als ganzen, vollständigen Menschen, Krankheit, Behinderung oder Verhaltensauffälligkeiten sind in ihrer Sicht nur Teilaspekte, die aber niemals das Kind als Ganzes ausmachen. Ein behindertes Kind in dieser Weise ernstzunehmen bedeutet für die Autoren auch, mit dem Kind möglichst normal umzugehen. Daher lehnen sie jede therapeutische Sprache wie verlangsamtes oder stark vereinfachtes Sprechen rundweg ab. Ein solcher Umgang würde das behinderte Kind in ihrer Sicht auf einen Teilaspekt seines Wesens reduzieren. Ebensowenig soll sich der Therapeut selbst auf seine therapeutische Rolle reduzieren: „Das Kind kann nur an einem menschlichen Gegenüber wachsen, nicht an einem gut funktionierenden Therapeuten" (BESEMS & VAN VUGT, 1983, S. 28).

Behinderte ernst nehmen

Der Ansatz, einander in der Therapie als Mitsubjekte zu begegnen, läßt BESEMS und VAN VUGT die Verbindung von Material in der Therapie ablehnen. Material lenkt nach ihrer Meinung vom Kontakt ab. Kind und Therapeut „stehen ‚nackt' da, ohne Tisch, ohne Akten, ohne Spielmaterialien, nur mit sich als totale Menschen" (BESEMS und VAN VUGT, 1983, S. 29). Dem behinderten Kind so zu begegnen, fordert vom Therapeuten, sich dem Kind während der Arbeit völlig zuzuwenden. BESEMS und VAN VUGT bezeichnen es für die Behindertentherapie als absolut notwendig, daß der Therapeut das, was er tut, ungeteilt mit seinem ganzen Körper und seiner Psyche tut.

2. Ehrlichkeit
Für die Autoren ist es hier wichtig, daß der Therapeut im Kontakt mit dem behinderten Kind ehrlich mit sich selbst umgeht. Sie zitieren in diesem Zusammenhang Ruth COHENs Regel: Störungen haben Vorrang. Es geht also darum, daß der Therapeut in der therapeutischen Situation einen guten Kontakt zu seinen eigenen Gefühlen und Wahrnehmungen bewahrt. Wenn etwas in ihm ihn hindert, ungeteilt in der Situation dazusein, so sollte er zuerst mit seiner eigenen Störung umgehen, und sich die nötige Zeit dafür nehmen. Der Therapeut sollte vermeiden, sich und das Kind anzutreiben.

Echtheit des Therapeuten

3. Sich und dem Kind Zeitlassen
BESEMS und VAN VUGT legen Wert darauf, daß sich die Therapie behutsam und mit der nötigen Vorsicht entwickeln kann.

dem Kind Zeit lassen

Erst dann kann die Therapie entspannt und befriedigend für beide Beteiligte verlaufen. Dann kann sich das Kind in der Freude und am Spaß am gemeinsamen Tun weiterentwickeln. Zum Zeitlassen gehört aber ebenso, nicht über Störungen und Widerstände in der Therapie hinwegzugehen. Hier ist wieder die Ehrlichkeit des Therapeuten gefordert: Wenn das Kind schlägt oder beißt, dann soll der Therapeut möglichst natürlich reagieren und das behinderte Kind sein eigenes Erschrecktsein oder Verletztsein spüren lassen.

4. Konfrontieren (Halten)

Halten symbolisiert Interesse am Kind

Im therapeutischen Vorgehen warten BESEMS und VAN VUGT nicht ab, bis sich das behinderte Kind von sich aus für sie zu interessieren beginnt, sondern gehen von sich aus aktiv und eindeutig auf das Kind zu „wir halten es fest und zwingen es fast, mit uns in einen Dialog zu kommen. (. . .) Mit diesem Verhalten zwingen wir das Kind nicht, wir konfrontieren es mit unserem Interesse an ihm“ (BESEMS & VAN VUGT, 1983, S. 33). Diese Konfrontation halten die Autoren gegen den Widerstand des Kindes durch. Für BESEMS und VAN VUGT drückt das Kind mit seinem Widerstand nicht „Ich will nicht“ aus, sondern „Ich kann nicht“ (S. 43). Sie sehen darin also keine Weigerung, sondern eine „paradoxe Form des Hilfesuchens“ (S. 44).

Vertrauen

Aus diesem Verständnis heraus ist es für die Autoren notwendig, daß der Therapeut das widerstrebende Kind mutig und sicher hält. In ihrer Sicht vermittelt er damit dem Kind, daß es bei ihm sicher gehalten ist und daß es dem Therapeuten vertrauen kann. Die Autoren ziehen in diesem Zusammenhang den Vergleich zu einem Kind, daß Angst hat, über einen Graben zu springen. Für das Kind die beste Lösung sei es, wenn der Erwachsene es an die Hand nimmt und mit ihm gemeinsam über den Graben springt (S. 35).

5. Flexibilität

genau beobachten

Der Therapeut sollte in der Lage sein, sein therapeutisches Handeln flexibel der aktuellen Situation anzupassen. Das heißt in erster Linie offen sein für das, was das Kind selbst in die therapeutische Situation miteinbringt und wie es diese Situation gestaltet. Dazu muß der Therapeut sich auf die Körpersprache und die „Ausstrahlung“ konzentrieren, sie wahrnehmen und zu verstehen suchen.

6. Zielorientierung

Bei aller Flexibilität ist es dennoch für die Therapie insgesamt von großer Bedeutung, ein Ziel zu verfolgen. Das langfristige Ziel der Integrativen Körpertherapie sehen BESEMS und VAN VUGT darin, „sowohl physisch als auch psychisch zu harmonischen, organischen, fließenden großen und kleinen Bewegungen zu gelangen“ (BESEMS & VAN VUGT, 1983, S. 36)

psychomotorische Störungen

Behinderte Kinder sind oft psychomotorisch gestört: Ihre Bewegungsmuster verlaufen unharmonisch und eckig. Der umliegende Raum wird selten zur Bewegung genutzt, vielmehr werden die Bewegungen nahe am Rumpf ausgeführt, wobei die Muskulatur häufig stark verspannt ist. In diesen gestörten Bewegungsmustern kommt für BESEMS & VAN VUGT zum Ausdruck, daß das betreffende Kind nicht genügend Vertrauen in sich und seine Umgebung entwickeln konnte. Als erstes Ziel der Therapie benennen sie daher das Entwickeln und Verbessern menschlicher Beziehungen. Die dadurch geschaffene Vertrauensbasis ermöglicht es dem Kind dann, eine offene und entspannte Beziehung zu seiner materiellen Umwelt zu entwickeln.

Verbesserung der menschlichen Beziehung

Aus diesen übergeordneten Zielen entwickeln BESEMS und VAN VUGT für jeden konkreten Übungsteil kurzfristige Ziele. Als Beispiele nennen sie: „Erreichen, daß das Kind flach auf dem Boden liegt —, eine Hand massieren —, große Kreisbewegungen mit einem Arm, mit einem Bein machen —, Kräfte in den Armen entdecken (lassen).“ (1983, S. 38).

2. Methode

BESEMS und VAN VUGT (1983) unterteilen das Vorgehen in der Integrativen Körpertherapie in sechs methodische Schritte:

1. Körperkontakt herstellen, Gefühle wahrnehmen, ansprechen.

Ziel dieses Behandlungsschrittes ist es, daß das Kind die Hand des Therapeuten auf seinem Körper akzeptiert. Erst wenn das Kind diese Form des Körperkontakts gestattet, ist es möglich, in dem Kind Gefühle, die mit dem Körperkontakt zusammenhängen, wachzurufen, sie anzusprechen und das Kind neue Erfahrungen machen zu lassen. Der Therapeut legt seine Hand auf den Bauch des Kindes. Wenn das Kind dann sitzen oder liegen kann, ohne seinen Bauch zu schützen und ohne seine Arme oder Beine zu überkreuzen, dann erst kann es nach Mei-

Akzeptanz von Körperkontakt

nung der Autoren freien Kontakt zur Umwelt aufnehmen. Hat das Kind diesen Kontakt akzeptiert, werden dem Kind defizitäre Erfahrungen kompensatorisch angeboten. Als Beispiele benennen die Autoren das Schaukeln des Kindes auf dem Schoß des Therapeuten, legen des Kindes auf den Bauch des Therapeuten, Hin- und Herrollen auf einer Decke und ähnliches.

2. Den eigenen Körper kennenlernen

Erkennen der Körperrealität

BESEMS und VAN VUGT gehen von ihrer Erfahrung aus, daß viele Behinderte ihre untere Körperhälfte kaum kennen, wohingegen ihnen ihre obere Körperhälfte verhältnismäßig vertraut ist. Um das Kind seinen Körper kennenlernen zu lassen, macht der Therapeut mit ihm eine „Körperreise" (1983, S. 40): Der Therapeut legt seine Hand auf einen Körperteil, benennt ihn, paßt seine Hand dem berührten Körperteil an und drückt in ein wenig. Dann löst er seine Hand wieder und nimmt in ähnlicher Weise Kontakt mit dem nächsten Körperteil auf. Die Autoren empfehlen, dabei mit den Händen zu beginnen; nach ihrer Erfahrung kennt das Kind die Berührung an den Händen am besten und entwickelt dabei am wenigsten Angst. Ausgehend von den Händen werden dann alle Partien des Körpers nacheinander dieser Erfahrung zugänglich gemacht, wobei immer erst der Therapeut den betreffenden Körperteil berührt und dann das Kind unter Handführung diese Berührung nachvollziehen läßt. Schließlich soll das Kind dazu angeregt werden, diese Körperreise auch allein zu unternehmen.

3. Körperspannungen wahrnehmen und abbauen

Nach der vorangegangenen Übung zur Körperwahrnehmung wenden sich BESEMS und VAN VUGT denjenigen Körperteilen des Kindes zu, die verkrampft oder verspannt sind: „Wir nehmen dieses Körperteil zwischen unsere beiden Hände und beschreiben, was wir wahrnehmen" (1983, S. 41). Das therapeutische Vorgehen in diesem methodischen Schritt wird detailliert bei BESEMS (1981) geschildert. Zuerst wird der verspannte Körperteil festgehalten. Dabei sollte der Therapeut versuchen, beispielsweise eine Hand des Kindes mit seiner ganzen Hand zu umschließen. Zu erwarten steht dann, daß sich das Kind gegen diese Form der Berührung wehrt. BESEMS (1981) betont, daß sich der Therapeut durchsetzen und seine Berührung des Kindes aufrechterhalten muß. Andernfalls sieht er die Gefahr, daß das Kind in seiner Störung eher noch verstärkt wird, wenn sich der Therapeut vom Kind abweisen läßt.

Ähnlich, wie bereits oben ausgeführt, sieht BESEMS im Widerstand des Kindes eine Probe, die das Kind seinem Therapeuten stellt. „In den Fällen, wo der Therapeut diesen Kampf mit dem Kind geführt hat, ist eine positive Beziehung der Erfolg gewesen“ (1981, S. 42). Großen Wert legt BESEMS darauf, daß der Therapeut dabei keine kämpferische Haltung dem Kind gegenüber einnimmt, vielmehr soll er das Kind spüren lassen, daß er mit ihm etwas Schönes und Erstrebenswertes vorhat (S. 42).

Nach der Phase des Widerstandes können vereinzelt sogenannte autonome Körperreaktionen auftreten. Das Kind spannt dann seine Hand an oder zieht sich zurück. BESEMS sieht dann darin eine Reaktion des kindlichen Körpers, der auf die hohe Muskelspannung reagiert. Ebenso wie in der Widerstandsphase ist es für die Phase der autonomen Körperreaktionen wichtig, daß der Therapeut zusammen mit dem Kind durchhält, und es nicht losläßt. Hier nimmt er Schutzfunktion für das Kind wahr; das Kind selbst kann nämlich diese autonomen Körperreaktionen nicht in den Griff bekommen. Erst wenn dann die Anspannung abnimmt, kann der Therapeut die Hand des Kindes loslassen. Nach den gleichen Prinzipien lassen sich auch andere Körperteile des Kindes halten. Um das Halten bequem durchführen zu können, empfiehlt BESEMS folgende Haltung (1981, S. 43):

autonome Körperreaktion

Der Therapeut sitzt hinter dem Kind und läßt das Kind zwischen seinen Beinen sitzen. Dabei kann sich das Kind an seinen Bauch anlehnen und sich so entspannen. Dem Therapeuten und dem Kind bleibt so die nötige Bewegungsfreiheit erhalten, wobei noch ein intensiver Körperkontakt möglich ist.

Hat nun die Spannung an dem betreffenden Körperteil abgenommen, so kann der Therapeut dazu übergehen, das Kind in den betreffenden Körperteil verschiedene Gefühle erfahren zu lassen. Durch Umschließen und Loslassen der Hand kann das Kind verschiedene Temperaturen erfahren; der Therapeut kann seinen Druck variieren und das Kind so verschiedene Druckstärken erfahren lassen. Streicheln und kräftiges Massieren können einander abwechseln und der so behandelte Körperteil kann in verschiedene Haltungen gebracht werden. Durch die sitzende Haltung an der Brust des Therapeuten kann das Kind die ganze Behandlung beobachten.

Massage

BESEMS (1981) hebt hervor, daß dieser Behandlungsschritt für die meisten Kinder eine sehr intensive Erfahrung ist (vgl. dazu auch BESEMS & VAN VUGT, 1983, S. 41). Nach der Erfahrung der Autoren kommen in dieser Behandlungsphase diejenigen Gefühle zum Vorschein, die den Spannungen und den damit zusammenhängenden gestörten Verhaltensmustern zugrundeliegen. Die Entspannung und Ruhe, die durch diesen Wirkungsschritt beim Kind erreicht werden soll, fördern die Autoren weiter dadurch, daß sie während dieses Behandlungsschrittes Musik einsetzen.

Entspannung

Musik

4. Fließende, harmonische Bewegungen

Ist das Kind daran gewöhnt, daß der Therapeut es hält, so kann damit begonnen werden, mit dem Kind gemeinsam Bewegungen durchzuführen. Als Ziel dieses methodischen Schrittes benennen BESEMS und VAN VUGT (1983), daß das Kind sich selbst harmonisch bewegen kann. Zunächst ist es allerdings notwendig, daß der Therapeut dem Kind Bewegungen anbietet und mit ihm in eine gemeinsame Bewegungsaktivität kommt. Zunächst greift der Therapeut das an Bewegungen auf, was das Kind bereits von sich aus mitbringt. Dazu wendet er sich dem aktivsten Körperteil des Kindes zu und faßt ihn locker an. Dabei folgt er den Bewegungen des Kindes und paßt sich ihnen an. Hat er dann ein gutes Gefühl für die Bewegungen des Kindes entwickelt, hält er das Körperteil des Kindes fest und führt die Bewegung des Kindes in eine große kreisförmige Bewegung. Danach kehrt der Therapeut wieder zur Eigenbewegung des Kindes zurück. Diesen Ablaufzyklus — von der Bewegung des Kindes ausgehend und wieder zu ihr zurückkehren — wiederholt der Therapeut mehrfach, wobei er die neue Bewegung dem Kind allmählich häufiger anbietet. Die Autoren betonen, daß der Therapeut immer wieder auf die ursprüngliche Bewegung des Kindes zurückkommen sollte, damit das Kind lernen kann, von sich aus, neue Bewegungen aufzugreifen. In diesem Therapieschritt können auch autonome Körperreaktionen auftreten, wie sie bereits beim vorhergehenden Unterpunkt besprochen wurden. Auch hier ist es für die Autoren entscheidend, daß der Therapeut dem Widerstand des Kindes nicht nachgibt, sondern es festhält. Bei dieser Übung nun setzt der Therapeut seine Kraft so flexibel ein, daß das Kind nicht blockiert ist, sondern Spielraum für die neue Bewegung erhält. Kann das Kind die angebotenen Bewegungen entspannt vollziehen, ist es sinnvoll, das Kind auch einmal loszulassen. Es kann dann erfahren, wie sich seine Körperteile anfühlen, wenn sie nicht festgehalten werden.

kreisförmige Bewegungen

Bewegen, nicht blockieren

5. Kraftvolle Bewegungen entwickeln

Nach der Beobachtung der Autoren ist es vielen behinderten Kindern nicht möglich, ihre Körperkraft zu dosieren und gezielt einzusetzen. Sie haben kein Bewußtsein ihrer Kraft. Vielmehr stehen bei ihnen sehr kraftintensive gestörte Bewegungsmuster einer kraftlosen Motorik zum Beispiel bei den in Schritt 4 erlernten neuen Bewegungsmustern gegenüber. Ziel dieses Behandlungsschrittes ist also, daß sich das Kind seiner Kraft bewußt wird und sie gezielt einsetzen kann. BESEMS und VAN VUGT bauen diese Übung nach dem Prinzip Kraft gleich Gegenkraft auf. Für sie unterliegt Kraft einem Prozeß der Wechselwirkung (vgl. BESEMS, 1981, S. 42): „Wenn ich das Kind in die Hand kneife, kneift es nach einige Zeit zurück. Wenn ich das Kind ziehe, wird es mich früher oder später zurückziehen. Die Kraft des Kindes wird spürbar, je mehr Kraft ich einsetze" (1983, S. 44). Als weitere Kraftübungen nennen die Autoren beispielhaft: Die Hände gegenseitig festhalten, einander wegschieben, einander ziehen, sich gegenseitig an der Schulter drücken, sich gegenseitig auf der Erde liegend mit den Füßen wegschieben. Jeder Kraftübung sollte eine Phase der Entspannung folgen, damit das Kind im Wechsel von Ruhe und Entspannung seine Kraft erleben kann.

kraftlose Motorik

Kraft gleich Gegenkraft

Aus den Beispielen wird deutlich, daß BESEMS und VAN VUGT ihre Kraftübungen dialogisch gestalten. Sie empfehlen, diesen dialogischen Charakter dadurch noch wirksamer zu machen, daß Therapeut und Kind ihre Rollen tauschen. Das Kind behandelt dann den Therapeuten und durch diesen Rollentausch wird das Selbstwertgefühl des Kindes auf der einen Seite gestärkt, wohingegen die „Versorgungshaltung" abnehmen kann. Die Autoren weisen darauf hin, daß viele Kinder diesen Rollentausch erst lernen müssen.

Kind behandelt den Therapeuten

6. Gewicht und Gleichgewicht

Für BESEMS und VAN VUGT ist der Umgang mit der eigenen Kraft unmittelbar mit dem eigenen Gewicht und Gleichgewicht verbunden. Erst wenn sich das Kind seines Gewichts bewußt ist und seinen Gleichgewichtssinn einsetzen kann, wird es seine Kraft effektiv einsetzen können. Zunächst üben BESEMS und VAN VUGT das Wahrnehmen des eigenen Körpergewichts. Dazu wird das Kind passiv bewegt. Es liegt auf dem Rücken und der Therapeut hebt seinen Arm ein wenig an und läßt ihn wieder auf den Boden fallen. Kann das Kind seinen Arm locker fallen lassen, so wendet sich der Therapeut einem anderen Kör-

Erkennen des Körpergewichts

perteil zu. Schließlich kann er das Kind an den Armen leicht hochziehen und mit dem Oberkörper dann zurückfallen lassen. Auf diese Weise kann er das Kind sein eigenen Gewicht erfahren lassen.

Im zweiten Übungsschritt läßt der Therapeut das Kind in der bereits beschriebenen Haltung zwischen seinen Beinen sitzen. Dann bringt er das Kind seitwärts etwas aus dem Gleichgewicht, indem er es fest an den Schultern hält. Das Kind soll dadurch angeregt werden, sich selbst wieder ins Gleichgewicht zu setzen und so seinen Gleichgewichtssinn zu schulen. In ähnlicher Weise kann der Therapeut das Kind nach vorne und hinten aus dem Gleichgewicht bringen. Gelingen diese Übungen im Sitzen, so kann der Therapeut ähnliche Übungen im Knien und Stehen mit dem Kind durchführen.

Ende mit Musik

Hat das Kind gemeinsam mit dem Therapeuten den geschilderten methodischen Sechserschritt durchlaufen, wird die Sitzung beendet. BESEMS und VAN VUGT legen großen Wert darauf, daß sich das Kind auf das Ende der Sitzung einstellen kann. Deshalb empfehlen sie dem Therapeuten, dem Kind das Ende der Stunde rechtzeitig anzukündigen. Dadurch wollen die Autoren vermeiden, daß abrupte und traumatische Trennungserfahrungen des Kindes in der Therapie verstärkt werden.

fester Platz

Abschließend geben die Autoren einige Hinweise zum äußeren Rahmen, die die Durchführung der Therapie für Kind und Therapeut erleichtern sollen. Sie empfehlen, die Therapie ohne Zeitdruck ablaufen zu lassen. Wichtig ist es, daß Therapeut und Kind bequem miteinander sind und daß die Therapiestunde beiden Spaß machen kann. Zur Bequemlichkeit gehört es, daß die Therapie nach Möglichkeit auf einer Matte oder Decke stattfinden sollte. Ebenso ist es hilfreich, wenn das Kind seinen festen Platz im Raum hat, wenn die Therapie mit ihm durchgeführt wird, vor allen Dingen, wenn die Therapie in Gruppen durchgeführt wird. Die Autoren halten es für sinnvoll, ihre Integrative Körpertherapie in kleinen Gruppen durchzuführen, wobei sich die Gruppen dann aus lauter Zweierpaaren von Kindern und Therapeuten zusammensetzen. Darin sehen die Autoren die Möglichkeit, daß sich sowohl Therapeuten als auch Kinder wechselseitig austauschen und anregen können. Generell sollte der Therapeut von seinen sprachlichen Möglichkeiten Gebrauch machen: Er sollte das Erleben des Kindes und sein eigenes Erleben in Worte fassen und ihm zugänglich machen.

Auch nach den Übungen sollte der Therapeut mit dem Kind über die gemeinsame Aktivität sprechen.

Sprache nutzen

Schließlich soll der Therapeut bei den Übungen kontrastreich arbeiten und häufig wechseln. Dabei sollte er dem Kind Raum geben, daß zu machen, was es gerne möchte. Diesen Raum sollte der Therapeut dem Kind allerdings nur gewähren, wenn das Kind den Therapeuten in seine Aktivitäten miteinbezieht.

3. Indikation

BESEMS und VAN VUGT stellen keine explizite Indikation, vielmehr geht diese eher beiläufig aus den einzelnen Texten hervor. Somit ist die Integrative Körpertherapie sowohl bei geistig als auch bei körperlich behinderten Kindern indiziert.

unspezifische Indikation

Weiter läßt sich schließen (BESEMS und VAN VUGT 1983), daß auch Kinder und Jugendliche mit autistischen Zügen für die Integrative Körpertherapie infrage kommen.

Eine Kontraindikation geht aus den vorliegenden Aufsätzen und Artikeln der Autoren nicht hervor.

keine Kontraindikation

4. Dokumentierte Ergebnisse

BESEMS und VAN VUGT selbst geben keine Einzelfalldarstellungen im engeren Sinne. In ihren Aufsätzen illustrieren sie lediglich einzelne Behandlungsschritte durch einen kurzen Einzelfallbericht, aus dem die Reaktion eines Kindes auf diesen speziellen Übungsschritt gegebenenfalls nach mehrfacher Wiederholung ersichtlich wird. Sie bieten somit keinen Anhaltspunkt, ihre Therapie als Ganzes in ihrer Wirkung über einen längeren Zeitraum zu beurteilen.

Zwei Falldarstellungen finden sich hingegen bei KISSGEN, JACOBI-HEINEMANN und JUL-OLBRICH (1988). Ein viereinhalbjähriges Mädchen mit einer ausgeprägten spastisch dystonen cerebralen Bewegungsstörung, Mikrocephalie und hochgradiger Übererregbarkeit war zunächst nach Vojta und dann nach Bobarth behandelt worden. Neben einer leichten Tonusverbesserung entwickelte sich die Sprache nahezu altersgemäß. Vor allen Dingen die weiterhin problematische Übersensibilisierung und Übererregbarkeit veranlaßte ihre Therapeutin zum Methodenwechsel. Nach 22 Therapieeinheiten Integrativer Körpertherapie (9 Einzeltherapien, 13 im Rahmen der Eltern-Kind-Gruppe) zeigen sich folgende Veränderungen:

Falldarstellungen

Selbstvertrauen und Aktivität

Das behinderte Mädchen spürt seine Kraft besser und kann sie gezielter einsetzen; Selbstvertrauen, Eigenaktivität und Experimentierfreude sind gestiegen, sie beginnt sich zu widersetzen und ist nachts und tagsüber sauber.

motorische Fortschritte

Ein dreijähriger Junge mit atypischer spastischer Cerebralparese und allgemeinem Entwicklungsrückstand wurde 2 Jahre lang nach Bobarth und Leboyer behandelt. Der Junge zeigte auf breiter Front Entwicklungsfortschritte. Um dem Kind mehr Stabilität beim freien Laufen zu vermitteln wurde die Integrative Körpertherapie eingesetzt. Daneben sollte die eigene Körperwahrnehmung bewußt gemacht und angeregt werden. Nach 11 Therapiestunden im Laufe von 3 Monaten konnte der Junge frei laufen und zeigte bei seinen motorischen Aktivitäten mehr Sicherheit. Darüber hinaus begann er spontan, die Rollen zu tauschen und mit seinen Eltern Übungsteile aus der Integrativen Körpertherapie durchzuführen.

Aus ihren Erfahrungen mit der Integrativen Körpertherapie folgern die Autoren, daß die Integrative Körpertherapie eine sinnvolle Ergänzung zur krankengymnastischen Behandlung ist.

5. Empirische Überprüfung

kleines Forschungsprojekt

1988 legen BESEMS und VAN VUGT ein kleines „Forschungsprojekt“ vor. Als Meßinstrumente dienten Entwicklungsberichte, die von Mitarbeitern aus verschiedenen Einrichtungen geschrieben wurden, die mit der Integrativen Körpertherapie arbeiteten.

Es wurden insgesamt 186 Behinderte untersucht. Die Entwicklungsberichte sollten wahrnehmbares Verhalten erfassen (Sprache, Körperverhalten und Kontaktfähigkeit). Sie wurden sowohl zu Therapiebeginn als auch nach einem, nach zwei und nach drei Jahren ausgefüllt.

Folgende Fragestellungen standen im Vordergrund:

1. In wieweit verändern sich Bewegungsabläufe, Kontaktfähigkeit und situationsangemessener Ausdruck von Gefühlen durch regelmäßige Gestalttherapie?

2. Welchen Einfluß hat die gestalttherapeutische Behandlung auf Aggression und Autoaggression?

Das Altersspektrum reichte von einem Jahr bis 75 Jahren. Die Therapie wurde von den unterschiedlichsten Personen durchgeführt (Lehrer, Eltern, Therapeuten, Mitarbeiter).

BESEMS und VAN VUGT berichten weiter, daß bei 93,5% der Patienten die Therapie zu einer Verbesserung im Verhalten geführt hat. Bei der Auswertung wurden die Behinderten der Versuchsgruppe entsprechend ihrem Intelligenzquotienten in 4 Untergruppen aufgeteilt. Die intellektuelle Kapazität wurde von Mitarbeitern eingeschätzt oder auf psychologische oder medizinische Untersuchungen zurückgeführt. Die einzelnen Gruppen werden beschrieben als: IQ unter 80, hier zeigten sich Verbesserungen bei 84% der Gruppe im Kontaktverhalten, bei 84% im Bewegungsverhalten, bei 64% im Sprachverhalten und bei 57% im emotionalen Bereich. Autoaggressive und aggressive Verhaltensweisen wurden in 100% der Fälle abgeschwächt. Die positiven Veränderungen werden noch weiter spezifiziert, allerdings ohne Prozentangaben.

Verbesserung des Verhaltens

Bei Personen mit einem IQ von unter 60 zeigten sich Verbesserungen im Kontakt bei 52%, in Bewegung bei 78%, in der Sprache bei 58% und im Emotionalbereich 27%. Autoaggressive und aggressive Verhaltensweisen verbesserten sich bei 71% bzw. 89% der Behinderten. Auch hier werden die Verbesserungen ohne Prozentangaben näher spezifiziert.

Bei Behinderten mit einem IQ unter 40 wurden Verbesserungen im Kontakt (51%), im Bewegen (95%) in der Sprache (13%) und dem Ausdruck von Emotionen bei 29% angegeben. Autoaggressive und aggressive Verhaltensweisen veränderten sich bei 67% bzw. 50%.

Zusätzlich wird dann noch von einer Gruppe mit autistischen Verhaltensweisen berichtet, wo sich eine Verbesserung des Kontakts (15%), der Bewegungsabläufe (72%), der Sprache (62%) und der Emotionalität (38%) zeigten. Autoaggressive Verhaltensweisen wurden bei allen vermindert.

6. Anspruch auf Heilung

BESEMS und VAN VUGT setzen sich als Ziel, mit ihrer Therapie nicht nur Krankheit zu bewältigen, sondern vor allem Gesundheit aufbauen zu wollen. „Gesundheit ist nämlich nicht nur das Nichtanwesensein von Krankheiten, es ist ein totales Wohlbefinden. Ziel unserer Therapie ist es, an diesem Sich-Wohlbefinden zu arbeiten“ (BESEMS & VAN VUGT, 1985, S. 255). Dabei greifen sie auf den Gesundheitsbegriff der humanistischen Psychologie zurück.

Gesundsein ist Erleben der Ganzheit

Gesundsein in diesem Sinne bedeutet, sich als Ganzheit zu erleben, sich und seine Bedürfnisse wahrnehmen zu können. diese ausdrücken zu können und Möglichkeiten zu entwickeln, diese zu realisieren. Weiterhin kann ein gesunder Mensch die Eindrücke, die er aus seiner Umwelt empfängt angemessen wahrnehmen und darauf ebenso angemessen reagieren. Therapeutisch zur Gesundung beizutragen bedeutet für BESEMS und VAN VUGT, die für den Behandelten notwendige Hilfe in ihrer Therapie in Selbsthilfe umzuwandeln. Schließlich problematisieren BESEMS und VAN VUGT das Spannungsfeld zwischen Behinderung und Krankheit. Sie weisen darauf hin, daß Behinderte auf Grund ihrer Behinderung zwar oft Hilfe brauchen, aber eigentlich nicht krank sind. Diese Unterscheidung erweitern die Autoren auch auf den Bereich der psychischen Krankheiten. Im Rahmen der behinderungsbedingten Beschränkungen und bei sorgfältiger Diagnose stellen die Autoren den Anspruch, „Gesundheit so erfolgreich wie möglich" aufbauen zu können. Berücksichtigt man den Gesundheitsbegriff der Autoren, so läßt sich der Anspruch der Autoren schließen, psychische Krankheiten im behinderungsbedingten Rahmen heilen zu können. Eine differenzierte Beschreibung des Rahmens und der zu erwartenden Erfolgsaussichten findet sich bei den Autoren nicht.

psychische Krankheiten Behinderter sind heilbar

7. Kombination mit und Abgrenzung zu anderen therapeutischen Methoden

BESEMS und VAN VUGT nehmen an keiner Stelle auf andere Ansätze der Halte- oder der Autismustherapien bezug. Deshalb ist es nicht möglich, aus ihrer Sicht eine Abgrenzung oder Einordnung gegenüber anderen Therapieansätzen wiederzugeben.

8. Kritische Würdigung

In ihrer Darstellung widmen BESEMS und VAN VUGT der Reflektion auf die therapeutische Beziehung und der Schilderung konkreter Übungsschritte breiten Raum. Die Lektüre vermittelt den Eindruck, daß die Autoren bewußt und verantwortungsvoll mit ihrer Therapeutenrolle umgehen und ihre Therapiemethode in den einzelnen Schritten sorgfältig, kreativ und mit Liebe zu den Behinderten entwickelt haben. So finden sich eine Fülle interessanter Ansätze und wertvoller Anregungen im einzelnen. Leider lassen die Autoren — von der Darstellung gestalttherа-

verantwortungsvolles Vorgehen

peutischer Prinzipien abgesehen — eine integrierte, theoriegeleitete Darstellung der Facetten ihres methodischen Vorgehens vermissen. Ebensowenig erfolgt eine begründete Indikationsstellung.

integrierte Theorie fehlt

BESEMS (1981) beschreibt zwar die Bewegungstherapie speziell mit autoaggressiven, psychomotorisch gestörten Kindern, im theoretischen Teil der Ausführungen reiht er jedoch lediglich einige Begründungsfaktoren autoaggressiven Verhaltens auf. In seiner Zusammenfassung reduziert er die Äußerungen der Autoaggressionen auf mangelnde Zuwendung, Wärme und menschliches Vertrauen.

Dies mag als Begründung ausreichen, sich einem autoaggressiven Kind überhaupt zuzuwenden. Eine begründete und differenzierte Indikationsstellung gibt BESEMS damit aber nicht.

Indikation mangelhaft

Dem steht ein Heilungsanspruch gegenüber, dessen Orientierung am Gesundheitsbegriff der humanistischen Psychologie in seiner Anwendbarkeit auf geistig Behinderte sicherlich strittig ist.

Heilungsanspruch

BESEMS und VAN VUGT (1985) thematisieren zwar die behinderungsbedingten Beschränkungen, unterlassen es aber, einen behinderungsgerechten Gesundheitsbegriff zu definieren, an dem dann ihr Therapieanspruch meßbar wäre.

Ihren Anspruch machen die Autoren auch dadurch nicht überprüfbar, indem sie eine experimentelle Untersuchung vorlegen. Denn mit Recht setzen BESEMS und VAN VUGT ihr Forschungsprojekt in Anführungsstriche.

experimentelle Untersuchung

Positiv finden wir aber, daß die beiden Autoren den Versuch unternommen haben, die Wirkweise ihres therapeutischen Verfahrens genauer zu prüfen. Doch die Untersuchung genügt in keiner Weise empirischen Standards. So bleibt zum einen das Meßinstrument unklar: Es wird von Entwicklungsberichten geschrieben, doch es geht aus dem Text nicht hervor, ob diese Entwicklungsberichte standardisiert, systematisiert, skaliert o.ä. gewesen sind. Wir verstehen den Text so, daß die Daten aus freien Beobachtungen einzelner Mitarbeiter gewonnen worden sind. Dies begründet sich unter anderem darin, daß bei den einzelnen im späteren Verlauf unterteilten Subgruppen unterschiedliche beschreibende Items (Verhaltensbeschreibungen) benutzt worden sind.

Es werden hier prozentuale positive Veränderungen beschrieben, wobei offen bleibt, in welcher Ausprägung und Qualität

kein Meßinstrument

deskriptives Vorgehen

Nichtberücksichtigung anderer Interventionen

diese Veränderungen stattgefunden haben. Desweiteren bleibt völlig offen, ob die Ergebnisse sich nun auf die Entwicklungsberichte nach einem, nach zwei oder drei Jahren beziehen. Da das Ausmaß der Veränderungen nicht gemessen und beschrieben worden ist, bleiben die berichteten Ergebnisse fraglich. Vor allem wenn eine Untersuchung über einen Zeitraum von 3 Jahren stattgefunden hat, bleiben die Fragen offen, in wieweit nicht eine natürliche Entwicklung zu Verhaltensänderungen geführt hat, bzw. sollte auch die Frage geklärt sein, welche zusätzlichen therapeutisch/pädagogischen Maßnahmen innerhalb dieses doch sehr langen Zeitraumes zur Anwendung gekommen sind. Es ist äußerst unwahrscheinlich, daß innerhalb dieses Zeitraumes ausschließlich die Integrative Körpertherapie zur Anwendung gekommen ist. Es fehlt zumindest eine Kontrollgruppe.

Ein Rückschluß der Veränderungen bei den jeweiligen Patienten auf die Integrative Körpertherapie allein ist in sofern nicht zulässig. Die vorliegende Untersuchung läßt aber noch eine Vielzahl weiterer Fragen offen. Unverständlich ist für uns, daß von Veränderungen, bzw. „Verminderungen" von autoaggressiven und aggressiven Verhaltensweisen gesprochen wird mit der Einschränkung . . . „sofern sie vorher vorhanden waren . . .".

Beeinflussung von Aggression und Autoaggression durch Therapie fraglich

Wenn man Veränderungen von Verhaltensweisen — in diesem Falle Autoaggression und Aggression — herbeigeführt durch irgendeine therapeutische Intervention messen will, so muß das zu messende Verhalten auch vorhanden sein. Was soll also diese Einschränkung bedeuten? Waren nun Autoaggressionen und Aggressionen z.B. bei 100% der Behinderten am Anfang vorhanden oder nicht?

Gerade in diesem Zusammenhang ist ein Rückschluß „Verminderung der Autoaggression/Aggression zu 100%" durch die Integrative Körpertherapie ungerechtfertigt. Bei solchen invasiven Verhaltensweisen müssen zwangläufig zum Schutz der eigenen bzw. der anderen Personen (bei Aggressionen) zusätzliche therapeutische Maßnahmen eingesetzt werden, da sonst ein Funktionieren des Stations-, Gruppen- oder Heimalltag nicht gewährleistet sein kann. So ist z.B. sicherlich in mehreren Fällen auch fixiert, ignoriert oder gehindert worden, ganz abgesehen von medikamentösen Behandlungen, von denen in dieser Untersuchung gar nicht die Rede ist. Ist es zu Verminderungen dieser Verhaltensweisen gekommen, so ist dies sicherlich auf eine Vielzahl unterschiedlicher therapeutischer Interventionen zurückzuführen.

Auch die Intelligenzquotient-Einschätzungen müssen bezweifelt werden: Ein Beispiel dafür ist, daß sie die **Sprache** bei 13% von Behinderten mit einem IQ unter 40 verbessert haben soll. Ein Behinderter mit Sprachfähigkeit hat keinen IQ unter 40.

Verbesserung der Sprache bei IQ unter 40

Insgesamt aber ist der Versuch einer empirischen Kontrolle der Wirksamkeit der Integrativen Körpertherapie als positiv zu bewerten, wobei besonders hervorgehoben werden muß, daß BESEMS und VAN VUGT auch über negative Veränderungen und Therapieabbrüche berichtet haben.

negative Veränderungen werden berichtet

Dies ist für uns ein Hinweis, daß hier mit bestem Wissen und Gewissen gehandelt worden ist. Es war sicherlich nicht die Absicht der Autoren, mit den dargestellten Ergebnissen Erfolge zu suggerieren.

An dieser Stelle nicht unerwähnt bleiben kann der mangelnde Bezug der Autoren auf die einschlägige aktuelle Fachliteratur. Neben PEARLS und Literatur zur Anthropologie und zur Phänomenologie psychomotorischer Störungen findet sich zu therapiespezifischen Fragen lediglich ein Artikel von PETZOLD über die Rolle des Therapeuten in der therapeutischen Beziehung.

mangelnder Bezug zur aktuellen Literatur

So entsteht insgesamt der Eindruck, daß BESEMS und VAN VUGT einerseits die therapeutische Beziehung angemessen reflektieren, wohingegen sie andererseits im fachlichen Umgang mit ihrem Therapieverfahren ein vergleichbares Reflektionsniveau vermissen lassen. Dies ist umso bedauerlicher, weil sie durch ihre mangelnde Fachlichkeit ihre eigene Methode diskreditieren, die viele beachtenswerte Ansätze und Möglichkeiten birgt.

Unsere Empfehlung:

Als Basis-Therapie empfehlenswert. Die Integrative Körpertherapie bietet eine Vielzahl von pädagogisch/therapeutischen Handlungsmöglichkeiten, abgeleitet aus den unterschiedlichsten Schulen. Es fehlt allerdings ein „roter Faden". Als weiterführende Methode nicht geeignet, da, trotz Vielzahl einzelner Übungsschritte, die Methode direktiv und relativ statisch ist, d.h., die Erweiterung der Handlungskompetenz des Behinderten wird durch einen stark strukturierten Ablauf gehemmt. Die Erhöhung der Kommuniktionsfähigkeit wird nicht erkannt und berücksichtigt.

Theorie		Methode		Indikation		Kombination		Dokumentation		Empirie	
umfassende Darstellung	2.5	umfassende Darstellung	1.8	umfassende Darstellung	4.5	Abgrenzung von anderen HT's	4.8	Falldarstellung	3.5	diagnostische Beschreibung der Vpn.	4
Theorieprüfung	4	Nachvollziehbarkeit	1.8	logische Ableitung aus der Theorie	3.8	Flexibilität	3.8	Ausführlichkeit	3.8	ausreichende Angaben zur Person (Alter, Geschlecht, Entwicklung)	4.3
Ableitung der Therapie aus theoretischen Annahmen	2.5	interaktiv	2.8	Begründung	4.3	Kombination mit anderen HT's	4.8	Berücksichtigung anderer therap. Variablen	4.5	methodisches Design	4.5
Logik des Schlusses	2.5	Breite der therapeutischen Reaktionsmöglichkeiten	2	Kontraindikation	4.8	Kombination mit anderen Therapien	4.8	begrenzte Dauer	3.8	Gruppenvergleich	4.5
Homogenität	2.5	Kindorientiertheit	1.8	Realitätsbezug (Heilung nicht möglich	3.3	Akzeptanz anderer Methoden	4.8	diagnostische Beschreibung der Störung	4.3	Meßinstrument	4.3
Originalität (eigenständige Hypothesen)	3.5	Dynamik der Methode	2.8			Literaturauseinandersetzung	4.3	ausreichende Angaben zur Person	4	Signifikanzprüfung	4.8

Abbildung 6: Gesamteinschätzung der Integrativen Körpertherapie nach BESEMS/VAN VUGT (4 Rater)

Kapitel 8

Basale Kommunikation nach MALL

1. Theoretische Hintergründe

MALL arbeitet als Heilpädagoge in einem Heim für Geistigbehinderte und entwickelte seinen therapeutischen Ansatz bei seiner Arbeit mit schwer geistigbehinderten oder auch autistischen Menschen. Seinem Ansatz liegt die Überzeugung zugrunde, daß die geistige Behinderung eines Menschen nicht alleine durch eine organische Schädigung bestimmt ist. Vielmehr ist für ihn eine schwere geistige Behinderung „. . . wesentlich bestimmt durch eine tiefgreifende Störung des kommunikativen Austausches mit der menschlichen und dinglichen Umwelt" (MALL 1985). Was hat es nun mit dem Austausch mit der menschlichen und dinglichen Umwelt auf sich, und worin besteht die Störung?

Behinderung Störung der Kommunikation

Wenn wir einmal darüber nachdenken, auf wieviel Arten wir mit der Umwelt in Verbindung treten, dann zeigt sich schnell, daß wir uns ständig in einem Austausch mit ihr befinden. Jeder Atemzug, jede Handlung ist Kommunikation. Kommunikation ist vereinfacht beschreibbar als Austausch, ein Wechselspiel aus Geben und Nehmen, Verändern und Verändern lassen, Einflußnehmen und Anpassen oder, im Sinne PIAGETs, Assimilation und Akkommodation.

Menschliche Entwicklung und Entfaltung vollziehen sich in ständigem kommunikativen Austausch mit der personalen und dinglichen Umgebung. Geistigbehinderte können sich nur schwer ihrer Umwelt anpassen (Akkommodation) und neigen gleichzeitig dazu, ihre Umwelt an sich anzupassen (Assimilation) (MALL 1985). Die Welt um sie herum ist oft zu vielgestaltig, z.B. kleiden sich ihre Mitmenschen alle Tage verschieden, sie sind unterschiedlich gelaunt, sind mal kontaktfreudig, mal wollen sie ihre Ruhe. Der Versuch der Assimilation ist ohne Akkommodation für schwer Geistigbehinderte häufig zum Scheitern verurteilt. Sie kommen mit ihrer Umgebung nicht zurecht, und ihre Umgebung kommt mit ihnen nicht zurecht. Diese tiefgreifende Störung im wechselseitigen Austausch sieht MALL also als ein „wesentliches Bestimmungsmoment schwerer geistiger Behinderung" an (MALL 1985 S. 26).

Umwelt oft zu vielgestaltig

Wie kommt es nun zu der eben beschriebenen tiefgreifenden Störung? Um diese Frage zu beantworten, geht MALL zunächst darauf ein, wie dieser Austausch im Leben eines Menschen überhaupt in Gang gesetzt wird. Man weiß heute, daß ein Kind bereits im Mutterleib anfängt zu hören, zu sehen und Berührung und Bewegung wahrzunehmen. Mit der Geburt ändert sich der Austausch grundlegend; das Kind kann nur leben, wenn die Mutter aktiv in den Austausch mit ihrem Kind tritt. Beide sind dann in den wechselseitigen Austausch eingebunden (vgl. MALL 1985). Nach der Geburt schreit das Kind. Darauf nimmt es die Mutter an ihren Leib, sie streichelt es, redet beruhigend mit ihm, entspannt sich. Damit haben die beiden einen intensiven Austauschprozeß begonnen: Die Mutter hat das Schreien ihres Kindes mit einer Bedeutung verbunden (z.B. es hat Angst, ist erschreckt) und hat darauf reagiert. Allgemein gesprochen entsteht Kommunikation, „wenn einer der Partner Verhaltensweisen des anderen mit Bedeutung und Inhalt belegt und darauf gemäß diesem Inhalt reagiert" (MALL 1985, S. 27). Den Austausch zwischen Mutter und Kind während der ersten Lebenswochen nennt MALL mit PAPOUSEK (1983) primäre Kommunikation. Nicht die Sprache steht hierbei im Vordergrund, sondern der nichtsprachliche Austausch: Berührung, Bewegung, Sprachmelodie, Mimik und Gestik usw. Wenn die Mutter spricht, dann begleitet sie eher den eigentlichen Austausch, als daß sie ihrem Kind mit den Worten selbst etwas mitteilen will.

primäre Kommunikation

Ein wichtiges Element dieser primären Kommunikation ist das Widerspiegeln von Lauten und Verhaltensweisen des Kindes. Dadurch kommen Mutter und Kind in ein wechselseitiges Nachahmen, in einen ersten Dialog hinein. Gelingt die primäre Kommunikation, so entsteht eine feste gegenseitige Bindung, die Mutter-Kind-Symbiose (MAHLER 1980). Mutter und Kind bilden in dieser Bindung mit ihrem dichten wechselseitigen Austausch nahezu eine Einheit. Nach MAHLER (1980) erreicht diese Einheit ihren Höhepunkt im sechsten Lebensmonat. Danach beginnen sich Mutter und Kind Schritt für Schritt voneinander zu lösen und eigenständiger zu werden. In dieser Zeit der gegenseitigen Bindung jedoch erlebt das Kind, daß es bekommt, was es braucht, daß es dabei nicht enttäuscht oder vor Bedingungen gestellt wird, und daß es angenommen und geliebt ist. Kurz, es kann Ur-Vertrauen entwickeln. Damit hat es die Grundlage, um allmählich seine Umwelt zu entdecken und sich mit ihr zu beschäftigen, ohne von Angst überwältigt zu werden.

Ur-Vertrauen

Fassen wir mit MALL zusammen (1985 S. 26): „Der Prozeß des kommunikativen Austausches wird initiiert in der primären Kommunikationssituation der Mutter-Kind-Symbiose. Er führt zur Bildung des Ur-Vertrauens, das die Ausgangsbasis bietet für die weiterführende Beziehungsaufnahme zur Umwelt."

Kommen wir nun auf die Frage zurück, wie es zu der tiefgreifenden Störung im kommunikativen Austausch bei schwer geistigbehinderten Menschen kommt. MALL ist der Meinung, daß bei vielen schwer Geistigbehinderten bereits die oben beschriebene primäre Kommunikation gestört oder verhindert wurde. Oftmals mußten schwer Geistig- und Mehrfachbehinderte im ersten Lebensjahr Operationen hinnehmen, lange im Krankenhaus liegen und somit Trennungen von der Mutter erleben. All das, was sie im Zusammenhang damit erleben, ängstigt und verunsichert sie. Die Eltern sind genauso Opfer wie ihr Kind und können zusammen in eine verhängnisvolle „Abwärtsspirale" (TINBERGEN 1984, S. 133) geraten. Dagegen wäre gerade das behinderte Kind auf Geborgenheit, Sicherheit und Nähe angewiesen. Die Störung im kommunikativen Austausch hat also nach MALL ihre Wurzel darin, daß bereits die primäre Kommunikation zwischen Mutter und Kind nicht glückte und das behinderte Kind kein Ur-Vertrauen entwickeln konnte. Bei vielen schwer Geistigbehinderten macht sich nach MALL (1985) ein fehlendes Ur-Vertrauen durch autistische Verhaltensweisen bemerkbar. Ungünstige Ereignisse wie z.B. Krankenhausaufenthalte oder auch die Unerfahrenheit junger Mütter begünstigen diese Entwicklung. Anstelle des Ur-Vertrauens tritt eine tiefsitzende Ur-Angst. Aus dieser Ur-Angst heraus vermeiden es autistische Kinder, von sich aus ihre Welt zu erkunden und mit ihr Kontakt aufzunehmen. Sie ziehen sich ganz in sich selbst zurück und schirmen sich gegen ihre Umgebung ab. Gleichzeitig sehnen sie sich jedoch nach Nähe, Kontakt und Austausch. Meist ist die Angst stärker, doch sie sind ständig hin- und hergerissen zwischen dem Bedürfnis nach Nähe und Kontakt und ihrer Angst, die sie fliehen läßt.

primäre Kommunikation gestört

Mangel an Ur-Vertrauen

Ur-Angst

Viele schwer Geistigbehinderte lassen nach MALL ganz deutlich erkennen, daß sie in einer solchen Konfliktlage sind: Sie wehren menschliche Begegnung ab oder versuchen, sie unter ihre Kontrolle zu bringen. Sie reagieren sehr empfindlich auf Veränderungen in ihrer Umgebung und bevorzugen Gleichförmigkeit. Sie können z.B. eine bestimmte Handbewegung unentwegt wiederholen oder sie mögen nur sich selbst berühren.

Ambivalenz

Damit sind beispielhaft einige Verhaltensweisen genannt, die sich auch bei autistischen Kindern finden lassen.

Fassen wir mit MALL zusammen: Es wurde „festgestellt (. . .), daß

— die primäre Kommunikationssituation in der Mutter-Kind-Symbiose der Ausgangspunkt ist für die Entwicklung von Ur-Vertrauen, sowie für die gesamte soziale, emotionale und intellektuelle Entwicklung, und daß ferner

— gerade schwer geistigbehinderte Menschen sehr häufig diese Situation nicht oder nur ungenügend erleben konnten, so daß

— die Störung des kommunikativen Austausches mit der sozialen und dinglichen Umwelt geradezu ein Bestimmungsmoment ihrer Behinderung darstellt (. . .)“ (MALL 1985, S. 30).

Die Grundidee des MALLschen Ansatzes der basalen Kommunikation ist es, Erlebnisse und Erfahrungen genau aus dieser verunglückten Entwicklungsphase der Mutter-Kind-Symbiose zu vermitteln, um so eine Entwicklung möglich zu machen.

2. Die Methode

wechselseitiges Geben und Nehmen

MALL hat seinen Arbeitsansatz mit Bedacht „basale Kommunikation“ genannt. Es geht ihm darum, eben mit jenen Menschen, deren Austausch mit der Umwelt tiefgreifend gestört ist, in einen Austausch zu treten. Das bedeutet: Allmählich soll Begegnung möglich werden im wechselseitigen Geben und Nehmen, im gegenseitigen aufeinander Hören und Antworten. Nun besteht aber gerade nach MALL das Problem darin, daß die sonst übliche Art, miteinander in Austausch zu treten, autistischen und schwer geistigbehinderten Menschen nicht zur Verfügung steht. Also ist es notwendig, die üblichen, in unserem Fall aber blockierten Kommunikationswege z.B. der Sprache zu verlassen. Andere Wege müssen gefunden werden, auf denen ein Austausch zustande kommen kann.

blockierte Kommunikationswege verlassen

Dabei geht es um einen Weg, der für den Austauschgestörten Menschen zugänglich ist. Wollen wir mit ihm in den Austausch treten, müssen wir also sehen, wo seine Mitteilungswege sind, und müssen auf Bedingungen und Voraussetzungen unsererseits verzichten. Das meint „basal“ (vgl. MALL 1984, S. 3). Für uns als Austauschpartner ist damit die Situation in etwa so, als würden wir mit einem Neugeborenen Kontakt aufnehmen wollen.

MALL geht nun davon aus, daß unser gesamtes Tun und Verhalten eine Bedeutung hat: Es zeigt etwas davon, was in uns vorgeht und was uns bewegt. Es hat also Mitteilungscharakter, wenn wir uns zu- oder abwenden, wenn wir einen tiefen Seufzer tun oder die Luft anhalten. Wir kommunizieren mit unserem Körper. Und solange wir leben, atmen wir. Atmen ist etwas, was wir auf jeden Fall tun, und auch hierin drücken wir uns aus.

Atemrhythmus drückt Lebensgefühl aus

„Wie atmen wir selbst? Wir atmen in ruhigen, langen Zügen, wenn wir schlafen . . ., es 'verschlägt uns den Atem', wenn wir erschrecken . . ., 'wir lassen die Luft raus', wenn die Spannung nachläßt (. . .). Im Atemrhythmus drückt sich nicht nur mein momentaner Zustand aus, sondern ebenfalls meine Grundstimmung, mein Lebensgefühl, meine Persönlichkeit." (MALL 1984, S. 5). Die gilt auch für geistigbehinderte Menschen; auch ihr Atem hat Mitteilungscharakter. Ihr Atem ist häufig auffällig; sie atmen zum Beispiel oft unregelmäßig, „vergessen" manchmal zu atmen oder atmen sehr heftig. MALL meint, daß solche Atemweisen auf innere Zustände der Angst, des Unwohlseins oder der Anspannung schließen lassen. Hier setzt nun basale Kommunikation an: „Basale Kommunikation nimmt den Ausdrucks- und Mitteilungscharakter des Atemverhaltens ernst und versucht, auf der Ebene des Atemrhythmus mit dem Partner in einen Austausch zu treten, zu spüren, wie ihm ist, ihm mitzuteilen, wie man zu ihm steht, zu erreichen, daß er sich besser fühlt" (MALL 1984, S. 5).

frühe Kommunikationswege

Neben dem Atem werden noch weitere Mitteilungswege in der basalen Kommunikation genutzt, ähnlich wie es eine Mutter macht, um mit ihrem Baby „ins Gespräch" zu kommen. Sie berührt ihr Kind mit ihren Händen und ihrem Körper, sie summt und gibt sonstige Laute von sich, ahmt die Laute ihres Kindes nach und kommentiert ihr gemeinsames Tun. Sie bewegt sich mit dem Kind beim Wiegen auf dem Arm und bewegt spielerisch seine Arme und Beine auf dem Wickeltisch. Auf diese Austauscharten — Bewegung, Lautäußerungen, begleitendes Sprechen — greift MALL ebenfalls zurück.

Eine solche Kommunikation kann kein Austausch von Gedanken und sachlichen Inhalten sein, sondern es geht darum, einen elementaren menschlichen Austausch in Gang zu setzen: Es geht um:

„— Herstellung einer kommunikativen Situation, eines wechselseitigen Austausches zwischen mir und meinem behinderten Partner auf vorsprachlicher, emotionaler Ebene;

— Vermittlung von Erfahrungen wie „Verständnis", „Angenommensein", „Zuneigung", „Interesse";

— Erspüren der Stimmungslage des Partners, seiner Bedürfnisse und Wünsche, mit Betonung auf dem gefühlsmäßigen Bereich;

— Abbau von Angst, Unverständnis, Verspannung, Panik auf beiden Seiten;

— Öffnung für Beziehung, für neue Erfahrungen in der sozialen und dinglichen Umwelt" (MALL 1984, S. 6).

Echtheit des Therapeuten

Wie sieht nun basale Kommunikation konkret aus? MALL setzt zunächst einmal voraus, daß es uns auch wirklich um den Behinderten gehen muß. Der Therapeut muß selbst echt sein, wenn er sich in den Austausch mit einem behinderten Partner begibt, und darf sich nicht hinter irgendwelchen Übungen verstecken. In dieser Echtheit sieht MALL den „zentralen Kern basaler Kommunikation" (1984, S. 7). Erst daraus können sich ein Miteinander und ein wirklicher Austausch ergeben.

miteinander Schwingen

In der basalen Kommunikation haben die Partner unterschiedliche Rollen. Der behinderte Partner ist der passive Teil, er darf sich loslassen und mit sich geschehen lassen. Der Therapeut selbst übernimmt den aktiven, konzentrierten Teil. Dabei ist es gut, wenn er selbst gelassen und in gutem Kontakt mit sich und seinem Körper ist. Der wesentliche Teil der basalen Kommunikation besteht nun darin, daß der Therapeut beginnt, den Atemrhythmus seines Partners wahrzunehmen und in ihm mitzuschwingen. Daraus kann sich dann allmählich ein harmonisches gemeinsames Schwingen im Atem entwickeln, „bis zum Erlebnis, nicht mehr unterscheiden zu können, wer sich wem anpaßt, wer wen führt" (MALL 1985, S. 31). Je mehr wir selbst nun lernen, unseren Körper, unseren Atem wahrzunehmen und sprechen zu lassen, desto besser wird uns nach MALLs Meinung basale Kommunikation gelingen. MALL sieht im Miteinander-Schwingen allein schon die Möglichkeit, miteinander in Austausch zu treten und sich zu begegnen.

Haben wir dies einmal erreicht, so können wir darauf aufbauen: In ähnlicher Weise wie beim Atmen kann man auf Bewegungen oder Laute seines Partners eingehen, bis sich auch hier ein

Austausch entwickelt, in dem wir ihm einmal etwas von uns aus anbieten können.

Zur Durchführung gibt MALL (1984) eine Reihe von Hinweisen:

Wichtig ist es, dafür zu sorgen, das die basale Kommunikation in einer ruhigen, ungestörten Atmosphäre durchgeführt werden kann. Dazu ist es nötig, daß wir uns selbst schon vor Beginn Zeit lassen, um selbst ruhig zu werden und uns zu sammeln. Der Raum sollte ebenfalls ruhig sein und wenig Zerstreuung bieten, die unseren Partner ablenken. MALL empfiehlt gedämpftes Licht. Zum Rahmen gehört auch, daß die basale Kommunikation regelmäßig stattfindet, wobei an ein- bis zweimal täglich gedacht wird. MALL empfiehlt sich mit dem behinderten Partner auf eine Matte zu setzen; wir selbst sitzen bequem z.B. mit einem Kissen im Rücken gegen die Wand gelehnt; unser Partner lehnt seinen Rücken an unseren Oberkörper und sitzt dabei zwischen unseren Beinen. Um Kontakt mit dem Atem unseres Partners zu bekommen, ist es günstig, unsere Hände auf seinen Bauch zu legen. Wichtig bei dieser Haltung ist es, darauf zu achten, ob unser Partner es duldet, uns so nahe zu sein. Andernfalls können wir auch aus der Entfernung den Atemrhythmus unseres Partners erspüren. MALL (1984) legt viel Wert darauf, daß wir von uns aus keinen Blickkontakt haben oder erzwingen wollen. Unser Kontaktangebot besteht vielmehr darin, daß wir den Ausatem hörbar machen, wenn wir uns in den Rhythmus unseres Partners gefunden haben. Auch hier legt MALL Wert auf Zurückhaltung: Nur zwei- bis dreimal sollen wir den Ausatem durch Geräusch, Summen oder Brummen hörbar machen. Dann kommt eine kleine Weile des Abwartens, bevor wir uns erneut bemerkbar machen. Wichtig ist bei alldem, daß wir selbst gelassen bleiben und nicht in Leistungsdruck verfallen.

ruhige Umgebung

gedämpftes Licht

ein- bis zweimal täglich

Nähe wichtig

kein Leistungsdruck

In derselben behutsamen Art und Weise können wir nach und nach auch Lautäußerungen oder Bewegungen unseres Partners aufgreifen. Ebenso kann der Therapeut beginnen, seinerseits Körperkontakt aufzunehmen, ihn in seinem Ausatem hinein zu berühren. Schließlich kann er auch beginnen, sich mit ihm zu bewegen, mit seinen Bewegungsimpulsen zu spielen. Dabei kann der Therapeut sie einfach mitmachen, sie verstärken, bremsen oder dagegengehen (vgl. MALL 1984, S. 8).

Lautäußerungen aufgreifen

MALL schlägt weiterhin vor, durch leichtes Rütteln an Schulter, Becken und Wirbelsäule des Partners Spannungen zu lösen.

Spannungen lösen

Auch hier ist es wieder wichtig, ins Ausatmen des Partners hinein zu rütteln. Rütteln kann man mit den eigenen Händen; MALL (1984) empfiehlt aber, auch den eigenen Körper so zu bewegen. Auch hier sind Pausen wichtig, um darauf zu achten, wie der Partner darauf reagiert. Eine weitere Übung besteht darin, alle Gelenke des Partners feinfühlig zu bewegen, um so „den Bewegungsspielraum (zu) erkunden, seine Grenzen (zu) erspüren, Erweiterungen (zu) versuchen“ (MALL 1984, S. 9). Bei allen Angeboten ist es wichtig zu spüren, wo er mir Widerstand entgegensetzt. Mit der Zeit kann man so Anzeichen für Abwehr und Zulassen, auch Wohlfühlen zusammentragen. MALL empfiehlt, mit der Abwehr flexibel umzugehen. Es gilt nicht nur, sich dann zurückzuziehen, sondern dem Partner auch einmal etwas zuzumuten.

Abwehr nicht gleich akzeptieren

Das Ende der Sitzung mit basaler Kommunikation sollte man selbst bestimmen; günstig ist es aufzuhören, wenn der behinderte Partner verhältnismäßig entspannt ist.

sensible Aufmerksamkeit

MALL faßt das Verhalten gegenüber dem Behinderten in der basalen Kommunikation mit dem Umgangsprinzip „liebevolle sensible Aufmerksamkeit“ zusammen (MALL 1984, S. 9). Nach diesem Prinzip kann man wieder versuchen, dem behinderten Partner Austausch und Beziehung anzubieten, „bis er sich schließlich doch dem Angebot öffnen und Gefallen an der Wechselseitigkeit des Austausches finden kann“ (MALL 1985, S. 32).

3. Indikation

Autismus; Mehrfachbehinderung

MALL hat die basale Kommunikation zum einen für Menschen mit ausgeprägten autistischen Verhaltensweisen entwickelt. Damit meint er in gleicher Weise Autisten im engeren Sinne, wie Menschen, die auf dem Hintergrund einer Behinderung autistische Verhaltensweisen entwickelt haben. Zum anderen hat MALL die Zielgruppe schwer geistigbehinderter Menschen im Auge, die außerdem mehrfachbehindert sind und die sich deshalb nicht in gebräuchlicher Weise mitteilen können. MALLs Ansatz ist darüber hinaus speziell für ältere Jugendliche und Erwachsene gedacht (vgl. MALL 1984). In jüngerer Zeit scheint er den Schwerpunkt mehr auf schwer Geistigbehinderte verlagert zu haben (vgl. MALL 1985).

Nicht einsetzen sollte man die basale Kommunikation in zwei Fällen: Einmal kann es sein, daß die autistische Abwehr so

Nicht einsetzen sollte man die basale Kommunikation in zwei Fällen: Einmal kann es sein, daß die autistische Abwehr so stark ist, daß selbst sehr vorsichtige Angebote zum Austausch in der basalen Kommunikation abgelehnt werden. Wenn dieser Fall eintritt, sieht MALL im „erzwungenen Festhalten“ nach PREKOP die Methode der Wahl. Ein anderer Ausschlußgrund liegt darin, daß der behinderte Partner sich und seiner Umwelt so bewußt ist, daß er auf die basale Kommunikation willentlich reagiert. Das führt nach MALLs Erfahrung dazu, daß solche Partner beginnen, ihren Atem zu kontrollieren, anstatt ihn entspannt schwingen zu lassen. Basale Kommunikation „bewegt sich im vorbewußten Gebiet und darf nicht vom Verstand kontrolliert werden“ (MALL 1984, S. 15).

Kontraindikation

4. Dokumentierte Ergebnisse

MALL (1980) beschreibt, welche Veränderungen sich durch basale Kommunikation bei einem schwer geistigbehinderten Jungen ergeben haben. Er ist stark entwicklungsverzögert; er konnte erst mit drei Jahren gehen und spricht nicht. Das Kind erlitt vermutlich einen frühkindlichen Hirnschaden und es gibt Hinweise für eine zerebrale Bewegungsstörung. Sein Verhalten hat ausgeprägte autistische Züge. Zu Beginn der Behandlung wehrte er Kontakt nicht von vornherein ab, ging aber wenig auf andere Kinder zu. Auffallend war, daß er häufig stark erregt war. Sein Körper war dann stark angespannt und er setzte für das, was er tat, zuviel Kraft ein.

Falldarstellung

Darüberhinaus war er ständig in Bewegung. Auf ungewohnte oder plötzliche Veränderungen reagierte er panisch, indem er sich völlig versteifte und schrie oder weinte.

Zu Beginn der Behandlung durch basale Kommunikation machte sich die tiefsitzende Verspannung in einem sehr unregelmäßigen, meist gestauten oder gepreßten Atem bemerkbar.

Nach etwa 140 Sitzungen bei mindestens drei 30minütigen Sitzungen in der Woche zeigten sich bzw. ergaben sich folgende Veränderungen während den Sitzungen: Der Atem war meist lockerer, und der Atemrhythmus über längere Zeit gelöst. Das Kind suchte von sich aus zu Beginn der Stunde Körperkontakt. Es war insgesamt weniger erregt und schrie seltener. Er nahm von sich aus auch über längere Zeit Blickkontakt auf. Die basale Kommunikation wurde durch gegenseitiges Streicheln aus

Kontaktzunahme gebessert

geweitet, wobei MALL die Hand des Kindes führte. Gelegentlich streichelte das Kind den Therapeuten auch spontan ohne Handführung.

Nach 155 Sitzungen ergaben sich einige weitere Veränderungen. Das Kind trat immer mehr in den Austausch mit dem Partner durch Blickkontakt, Lächeln, Berühren und Umarmen. Die Spannung konnte es allerdings nicht mehr so oft loslassen. MALL hielt dann das Kind in der oben beschriebenen Weise und führte mit ihm basale Kommunikation im Atem durch.

Weitere Fortschritte zeigten sich auch darin, daß Thomas durch Schaukeln begann, seinen Gleichgewichtssinn zu erproben. Seine Bewegungen wurden sicherer und weniger steif, und schwierige Aufgaben wie Treppensteigen meisterte er mit weniger Angst und Verspannung.

Falldarstellung

Eine weitere Einzelfallstudie stellt GROSSMANN (1987) vor. Erik ist ein zwölfjähriges, schwer geistig- und körperbehindertes Kind. Bei seiner Geburt litt er unter Sauerstoffmangel. Wie Thomas ist auch er seit Geburt hospitalisiert. Mit 5 Monaten erkrankte er an einer fieberhaften Stoffwechselentgleisung (hyperpyretische Toxikose). Zusätzlich mußte ein Hirntumor durch eine Operation entfernt werden. Danach zeigt sich eine starke spastische Hemiplegie der linken Körperseite. Zu Beginn der Behandlung reagierte Erik nicht auf Umgebungsreize. Seine Beschäftigung bestand darin, stereotyp an einem Gummitier zu knabbern. Wollte man ihm das Tier wegnehmen, wurde er autoaggressiv: Er schlug sich an die Schläfe oder biß sich in die Hand. Oder er schlug oder kratzte seine Partnerin. GROSSMANN führte die basale Kommunikation als Teil mehrerer Maßnahmen durch. Sie gestaltete alle Pflegesituationen neu und orientierte sich an Eriks Möglichkeiten. Aus der Körperpflege heraus führte sie nach und nach die indische Babymassage ein. Diese Maßnahmen ergriff sie mit dem Ziel, zu Erik eine Beziehung aufzubauen. Sie erzielte dadurch eine Reihe von günstigen Veränderungen bei Erik. Als drittes Element führte GROSSMANN die basale Kommunikation nach MALL ein. Als Ergebnis berichtet sie von Eriks nachlassender Anspannung und seinem vertieften Atem. Erik entwickelte verschiedene Arten, mit seiner Partnerin in Austausch zu kommen. Es entspannen sich z.T. längere Dialoge, in denen beide Partner abwechselnd Laute von sich gaben. Darüberhinaus nahm Erik öfter Blickkontakt auf und begann, Gesicht und Haare der Therapeutin zu berühren. Er war nicht mehr aggressiv. Schließlich nahmen auch seine Autoaggressionen ab. Das zeigt sich erst in der Behandlung und dann auch im Alltag. Auf der Grundlage der so entstandenen Beziehung nimmt Erik nunmehr Förderangebote an (z.B. basale Stimulation nach FRÖHLICH), die er vor Beginn der beschriebenen Maßnahmen abgelehnt hat.

Annahme von Förderangeboten

MALL (1984) berichtet einige allgemeine Erfahrungen mit der basalen Stimulation:

„— festzustellen ist zum Teil zaghafter, zum Teil dramatischer Rückgang von Problemverhalten wie Aggressionen, Selbstverletzungen, Toben;
— größere Offenheit für sozialen Kontakt, zum Teil vermehrtes, aktives Suchen nach Zuwendung und Körperkontakt; größeres Interesse auch an der gegenständlichen Umwelt;
— größere Toleranz für schwierige Erfahrungen (räumliche oder personelle Veränderungen, Krankheit, klimatische Veränderungen usw.);
— entspannteres, gelösteres Verhalten mit einhergehender Verbesserung von Motorik, Gleichgewichtskontrolle, usw." (MALL 1984, S. 16).

Bei den Bezugspersonen entwickeln sich „größeres Interesse an dem geistigbehinderten Menschen; verständnisvollere Einstellung ihm gegenüber; größere Belastbarkeit der Beziehung; (und) größere Zufriedenheit in der Arbeit mit dem Partner" (MALL 1984, S. 16). MALL weist darauf hin, daß die berichteten Veränderungen schwer objektivierbar sind, von den Bezugspersonen aber meist als bedeutsam erlebt werden.

größere Zufriedenheit

5. Empirische Prüfung

Eine empirische Überprüfung der Auswirkungen und Veränderungen, die sich durch die basale Kommunikation beim behinderten Menschen zeigen, legt MALL nicht vor. Es ist auch keine Überprüfung durch einen anderen Autor erschienen.

keine empirische Prüfung

6. Kombination mit anderen Therapien

MALL (1984) betont mehrfach, daß die basale Kommunikation von ihrem Ansatz her nicht die Veränderung des behinderten Partners in den Mittelpunkt stellt. Ziel ist vielmehr, überhaupt Begegnung und Austausch möglich zu machen. Die basale

Kommunikation ist somit keine Fördermethode und will auch „keine andere Methode der Förderung ersetzen" (MALL 1984, S. 3). Vielmehr soll durch sie ein Ansatzpunkt geschaffen werden, an dem sinnvolle Förderung einsetzen kann. Somit hält es MALL ganz allgemein für günstig, auf der basalen Kommunikation mit Fördermaßnahmen aufzubauen. Inwieweit die basale Kommunikation mit ihrer therapeutischen Ausrichtung auf Beziehungsaufbau nun selbst durch andere therapeutische Methoden ergänzt werden kann, sagt MALL nicht. Indirekt läßt es sich jedoch ableiten, daß die basale Kommunikation von den Therapien ergänzbar sein müßte, die bei ihrer Entwicklung Pate gestanden sind. MALL nennt hier die funktionelle Entspannungstherapie nach FUCHS, die Methode des erzwungenen Festhaltens nach WELCH, die Gestalttherapie mit geistig Behinderten nach BESEMS und schließlich das sensomotorische Wahrnehmungstraining nach PREKOP und PFLUGER-JAKOB.

Kombination mit Festhalten und Integrativer Körpertherapie

7. Kein Anspruch auf Heilung

kein Heilungsanspruch

Großen Wert legt MALL (1984) darauf, daß er mit der basalen Kommunikation nicht die Heilung der Behinderung zum Ziel hat. Das gilt ebenso für Menschen mit autistischen Verhaltensweisen, obwohl die basale Kommunikation hier an der „emotionalen Wurzel der Problematik" (MALL 1984, S. 15) ansetzt. Vielmehr geht es MALL zunächst um die Entwicklung einer Beziehung überhaupt, also um die „Heilung meiner Beziehung zum Partner" (MALL 1984, S. 15). Gleichwohl können nach MALL — sozusagen als erfreuliches Nebenprodukt einer gelungenen basalen Kommunikation — Besserungen auch auf anderen Gebieten eintreten (vgl. Abschnitt 4). Sie sind aber nicht der Zweck der basalen Kommunikation, denn diese hat ihr eigenes Gelingen zum Ziel. Durch sie soll die Möglichkeit geschaffen werden, „auch dem schwächsten geistigbehinderten Menschen und dem völlig abgekapselt scheinenden 'Autisten' zu sagen: 'Ich bin dir gut!', auf eine Weise, die er versteht, für die er offen ist" (MALL 1984, S. 15—16).

8. Abgrenzung zu anderen Haltetherapien

Abgrenzung zur Festhaltetherapie

MALL grenzt die basale Kommunikation von der Methode des erzwungenen Festhaltens nach WELCH bzw. PREKOP ab. Er charakterisiert seine Methode als „sich Einschleichen" (MALL 1984) und als „Weg der kleinen Schritte" (MALL 1985). Die kleinen Schritte in der basalen Kommuniktion sollen so eingeführt werden, daß gerade eben noch keine Abwehr hervorgerufen wird. Im Gegensatz dazu sieht MALL das erzwungene Festhalten als eine Methode, bei der dem therapierten Partner Widerstand geboten wird. Er wird aktiv gehindert, dem Therapeuten weh zu tun oder ihn zu vereinnahmen (vgl. MALL 1985, S. 31). Bekanntlich wird der massive Widerstand des behandelten Partners beim erzwungenen Festhalten mit Absicht herbeigeführt.

Die Ziele beider Vorgehensweisen sind für MALL (1985) vergleichbar: Beide Male geht es darum, eine Beziehung aufzubauen, „die von Wechselseitigkeit, von echter Kommunikation und Partnerschaft geprägt ist“ (MALL 1985, S. 31). Die Methoden jedoch unterscheiden sich; ausschlaggebend für die Unterscheidung ist die Art, wie mit dem Widerstand des behandelten Partners umgegangen wird.

9. Kritische Würdigung

MALL stellt für die Basale Kommunikation klare Indikationen: Die Basale Kommunikation soll bei Autisten, Geistigbehinderten mit autistischen Zügen und schwer Geistigbehinderten eingesetzt werden. Diese Indikationsstellung grenzt MALL durch die Formulierungen von Kontraindikationen nach zwei Seiten ein. Zum einen soll Basale Kommunikation nicht angewendet werden, wenn sie starker autistischer Abwehr begegnet. Zum anderen soll Basale Kommunikation nicht eingesetzt werden, wenn der Patient auf sie willentlich reagiert. Dadurch kennzeichnet MALL die Basale Kommunikation als ein spezifisches Verfahren mit einem Wirkungsschwerpunkt und deutlichen Grenzen.

klare Indikation

Kontraindikation

Das wird weiter deutlich bei der Frage nach der Kombination mit anderen Behandlungsverfahren:

Basale Kommunikation soll den Ansatzpunkt für sinnvolle Förderung schaffen. Weiter distanziert sich MALL vom Anspruch, Behinderung oder Autismus heilen zu wollen oder zu können. Somit schreibt MALL der Basalen Kommunikation eine wichtige Rolle zu, indem er durch sie bis dahin nicht sinnvoll förderbare Menschen einer Förderung zugänglich machen will. Aber er erhebt keinen Ausschließlichkeitsanspruch auf Behandlung und Förderung; vielmehr weist er seiner Methode eine bestimmte

Aufgabe im Rahmen der Gesamtförderung eines Menschen zu. Das macht seinen Ansatz nachvollziehbar und überprüfbar. Bislang legte MALL Einzelfallberichte vor. Eine systematische Überprüfung der Wirkungsweise erfolgte aber bislang nicht.

Hervorhebung kommunikativer Aspekte

Besonders hervorzuheben ist, daß MALL schon sehr früh erkannt hat, daß kommunikativen Aspekten im Austausch zwischen Mutter und Kind bzw. Bezugsperson und Kind eine wichtige Rolle zukommt. Seine klaren Schlußfolgerungen, sowie die Eindeutigkeit der Methodik seines therapeutischen Handelns weisen ihn somit als einen wichtigen Pionier in der Behindertenarbeit aus. So finden sich vor allem bei der Körperzentrierten Interaktion, der Integrativen Körpertherapie aber auch der Modifizierten Festhaltetherapie logische Fortführungen seiner Arbeit. MALL hat unseres Erachtens durch seine Schriften unter Beweis gestellt, daß er ein realistischer, fortschrittlich denkender aber auch menschlich verantwortungsvoller Therapeut ist.

Unsere Empfehlung:

Vor allem zur Behandlung von schwer geistigbehinderten Menschen sehr geeignet. Im Vergleich zur Integrativen Körpertherapie bietet diese Methode zwar weniger Übungsanteile, dafür aber eine offene, am Kommunikations- und Interaktionsaufbau orientierte Linie.

Theorie		Methode		Indikation		Kombination		Dokumentation		Empirie	
umfassende Darstellung	2.8	umfassende Darstellung	2	umfassende Darstellung	2.5	Abgrenzung von anderen HT's	2	Falldarstellung	2.5	diagnostische Beschreibung der Vpn.	5
Theorieprüfung	4	Nachvollziehbarkeit	2	logische Ableitung aus der Theorie	2.5	Flexibilität	2	Ausführlichkeit	1.8	ausreichende Angaben zur Person (Alter, Geschlecht, Entwicklung)	5
Ableitung der Therapie aus theoretischen Annahmen	3	interaktiv	1.5	Begründung	2.3	Kombination mit anderen HT's	3.3	Berücksichtigung anderer therap. Variablen	3	methodisches Design	5
Logik des Schlusses	2.3	Breite der therapeutischen Reaktionsmöglichkeiten	2.3	Kontraindikation	2.3	Kombination mit anderen Therapien	2.3	begrenzte Dauer	3.3	Gruppenvergleich	5
Homogenität	2.5	Kindorientiertheit	1.3	Realitätsbezug (Heilung nicht möglich	1.3	Akzeptanz anderer Methoden	2	diagnostische Beschreibung der Störung	2.3	Meßinstrument	5
Originalität (eigenständige Hypothesen)	1.8	Dynamik der Methode	2			Literaturauseinandersetzung	3.5	ausreichende Angaben zur Person	2.3	Signifikanzprüfung	5

Abbildung 7: Gesamteinschätzung der Basalen Kommunikation nach MALL (4 Rater)
Die Einschätzungen von jeweils 5 unter Empirie liegt an einer fehlenden wissenschaftlichen Prüfung

Kapitel 9

Körperzentrierte Interaktion nach ROHMANN et al.

1. Theoretische Hintergründe

übergeordnetes therapeutisches Modell

Die Methode der körperzentrierten Interaktion (KI) ist ein übergeordnetes therapeutisches Modell, das Elemente unterschiedlicher Therapieformen (u.a. MALL, BESEMS, FACION, HARTMANN, KALDE, JAKOBS) zu einem Konzept verbindet. Innerhalb dieses Modells werden diese verschiedenen Therapieformen beschrieben und hinsichtlich eines übergeordneten Zieles erweitert bzw. modifiziert. Dieses übergeordnete Ziel läßt sich beschreiben als einen Aufbau von Kommunikations- und Interaktionsfähigkeit vom Körper des Patienten ausgehend. Der therapeutische Umgang mit dem Körper — als überwiegend genutzter Kommunikationskanal des schwerbehinderten Kindes — bietet Basis, höherstrukturierte Kommunikationsprozesse (über Mimik, Gestik, Laut und Sprache) aufzubauen. Bislang werden mit diesen weiterentwickelten Methoden vornehmlich autistische und autoaggressive Kinder behandelt, die oft auch schwer geistigbehindert sind. Gerade autistische und behinderte Menschen, die sich selbst heftig und ausdauernd schlagen, leiden unter inneren Zwängen, die sie ihrer Selbstverletzung ausgeliefert sein lassen: Sie können ihr eigenes Schlagen nicht mehr beherrschen; sie können ihren Körper und über den Körper sich selbst nur in einer sehr gestörten Weise wahrnehmen, und sie haben oftmals nur eingeschränkte Möglichkeiten, sich anders als durch Selbstverletzung mitzuteilen und Kontakt aufzunehmen. Schließlich wissen sie oft wenig anderes mit ihrem Körper anzufangen, als sich zu verletzen. An diesen Punkten setzt nun die KI ein; ihre Ziele sind dabei:

Kommunikationskanal ist der Körper

überwiegender Einsatz bei selbstverletzendem Verhalten

(1) Entwicklung von Selbstkontrolle.

Selbstkontrolle

Der sich selbstverletzende Mensch soll (wieder) die Entscheidung treffen können, sich zu verletzen oder nicht. Er steht dann nicht mehr wie unter dem Zwang, sich verletzen zu müssen.

(2) Entwicklung einer vielgestaltigen und angemessenen Körperwahrnehmung.

Körperwahrnehmung

Hier geht es darum, den eigenen Körper in unterschiedlichen Weisen zu erleben und ein feineres Körpergefühl zu entwickeln. Letztendlich soll sich dadurch der ganze Mensch entfalten, auch in seinem Erleben und Verhalten. ROHMANN (1988) geht dabei von einem ganzheitlichen Menschenbild aus, in dem Leib und Seele eine Einheit sind.

(3) Anbahnung und Entwicklung von Kommunikation.
Vor allem für behinderte Menschen ist es wichtig, daß sie sich über ihren Körper verständigen und sich so mitteilen können. In der KI sollen solche Verständigungsweisen entwickelt werden. Angestrebt wird dabei, über verschiedene Vorstufen hinweg, die Begegnung im gegenseitigen Wechselspiel; mithin also eine qualitative Entwicklung der Verständigungsmöglichkeiten.

Anbahnung von Kommunikation

(4) Aufbau von Alternativverhalten.
Schließlich geht es für den autoaggressiven Menschen darum, daß er lernt, z.B. seine Arme für andere Tätigkeit und Bewegungen einzusetzen als dazu, sich zu schlagen.

ROHMANN et al. verstehen die KI als Basis-Therapie, das heißt, als Grundlage für weiterführende therapeutische Maßnahmen wie z.B. Verhaltenstherapie, oder Aufmerksamkeits-Interaktions-Therapie. Wie setzt nun die KI an?

Basis-Therapie

Der Ausgangspunkt zeigt sich bereits in der Wahl der Bezeichnung „körperzentrierte Interaktion“. Die Behandlung geschieht in der Interaktion, im Austausch, gewissermaßen im Gespräch zwischen dem gestörten Menschen und seinem therapeutischen Gegenüber. ROHMANN et al. (1988) gehen davon aus, daß sich deshalb Veränderungen nicht nur beim Behandelten einstellen. Vielmehr sind die therapeutischen Prozesse wechselseitig: Auch derjenige, der behandelt, erfährt im Laufe des gemeinsamen Arbeitens an sich Veränderungen; er gewinnt z.B. ein neues Verständnis für den ihm anvertrauten Menschen, er lernt ihn besser kennen. Deshalb, weil die therapeutischen Prozesse wechselseitig sind, wird die Bezugsperson des Behandelten, etwa die Mutter, so bald wie möglich in die Behandlungsmethode eingeführt. Sie kann dann einen neuen Zugang zu ihrem Kind entwickeln; sie kann eigenen Ärger auf das Kind und eigene Unsicherheit überwinden. Das wirkt günstig auf das Kind zurück. ROHMANN et al. (1988) sehen hier für die Beziehung zwischen den beiden ein weiteres Ziel, das die KI anstrebt: Das Kind hat dann mit seinen Autoaggressionen die Familie nicht mehr in der Hand, sondern die Mutter kann ihrer eigentlichen Rolle wieder gerecht werden und dem Kind Sicherheit geben.

Veränderungen auch beim Therapeuten

Die Rolle des Therapeuten besteht nun darin, die Therapie zu beginnen, um daraufhin die Mutter anzuleiten und in der Behandlung zu unterstützen. Durch diese Vorgehensweise ist er gleichzeitig ein Modell für die Mutter, das sie nachahmen kann. Aber auch für das behandelte Kind übernimmt der Therapeut (und später die Mutter) eine wichtige Funktion: Er dient dem Kind als „Hilfs-Ich“. Anstelle des Kindes nimmt der Therapeut die Entscheidung und Kontrolle wahr, die das Kind selbst (noch) nicht ausüben kann. Er bietet dem Kind damit die Sicherheit und den Schutz, den es für neue Erfahrungen und neues Lernen braucht.

Hilfs-Ich-Funktion

Damit überhaupt eine Interaktion, ein Austausch zustande kommen kann, brauchen die Partner im Austausch eine Sprache, die beide sprechen können. Deshalb ist es ein Grundprinzip der KI, mit dem Kind dort zu beginnen, wo es mit seinen Mitteilungsmöglichkeiten steht. Das bedeutet, daß der Therapeut zunächst einmal erkunden muß, wie sich das autoaggressive Kind mitteilt und welcher Mittel es sich dabei bedient. Dabei spielt der Körper mit allen seinen Wahrnehmungs- und Ausdrucksmöglichkeiten die wichtigste Rolle. Auch dieser Ansatz findet sich in der Bezeichnung der Methode wieder.

Sprache sprechen, die beide beherrschen

Im soeben Gesagten deutet sich bereits ein weiteres Prinzip der KI an. Wie erwähnt, setzt die Therapie immer auf der Stufe an, auf der das Kind steht. Diese Stufe muß also zunächst festgestellt werden, um überhaupt mit der KI beginnen zu können. Nun aber erklimmt das Kind weitere, höhere Stufen der Mitteilungsfähigkeit, wenn die Behandlung wirkt. Aber auch die Therapie muß auf die neue Stufe gehoben werden. Für den Therapeuten bedeutet das, daß er beständig im therapeutischen Prozeß neu feststellen muß, wo das Kind gerade steht. Dieses Prinzip findet dann auch seinen Eingang in die Konzeption der therapeutischen Arbeitsschritte, wie wir unten sehen werden. Viele der zu schildernden methodischen Schritte haben sowohl therapeutische als auch diagnostische Funktion.

2. Methode

Rohmann et al. (1988) schildern eigene Vorgehensweisen für die Therapie mit Kindern und für die Behandlung von Jugendlichen und Erwachsenen. Deshalb wird zunächst die Therapie mit Kindern beschrieben, bevor die Vorgehensweise bei älteren Patienten dargestellt wird. Rohmann et al. (1988) legen großen

Wert darauf, daß vor Beginn der Therapie ein ausführliches Gespräch mit der Mutter geführt wird. Dieses Gespräch soll die Mutter informieren und ihr helfen, sich auf die vorgeschlagene Methode einzulassen. Besonders wichtig ist es deshalb, auf Befürchtungen und Ängste einzugehen. Sie könnte z.B. besorgt sein, ob nicht die Therapie ihrem Kind schaden kann. Möglicherweise können aus dem Vorgespräch mehrere therapeutische Gespräche mit der Bezugsperson des Kindes werden: Dann nämlich, wenn Mutter und Kind in einer pathologischen Symbiose aneinander gefesselt sind. Beide sind dann so miteinander verstrickt, daß keiner den nötigen Abstand zum anderen hat, um einen neuen Anfang zu machen. Die Vorgespräche dienen dann dazu, der Mutter einen gewissen Abstand zu ermöglichen, damit sie ihre aktive Rolle in der Behandlung wahrnehmen kann. Es liegt auf der Hand, daß der Therapeut während der Therapie ständig im Kontakt mit der Mutter sein muß, damit auftretende Schwierigkeiten gleich angesprochen werden können.

ausführliches Gespräch

Bedenken der Bezugsperson aufgreifen

Der Therapieraum sollte bis auf eine Matratze leer sein. Wie in der Musik-Körpererfahrungs-Therapie wird auch bei der K.M.A. (**K**örperzentrierten Interaktion auf Basis der **M**usik-Körpererfahrungstherapie und **A**ufmerksamkeits-Interaktionstherapie) während der Therapie beruhigende Musik gespielt. Die Musik dient neben anderen wichtigen Faktoren auch dazu, nicht nur das Kind, sondern auch den Therapeuten bzw. die Mutter ruhig werden zu lassen. Wir kommen später darauf zurück.

Therapieraum

Körperzentrierte Interaktion mit Kindern (Körperzentrierte Interaktion auf Basis der Musik-Körpererfahrungs-Therapie und Aufmerksamkeits-Interaktions-Therapie K.M.A.) nach Rohmann und Facion

Bevor die eigentliche Behandlung beginnt, ist eine Annäherungsphase vorgesehen. Die Therapie bringt einen sehr intensiven, auch körperlichen Kontakt zwischen den Beteiligten mit sich. Gerade bei einer Scheu vor körperlicher Nähe ist es deshalb wichtig, sich dem anderen allmählich zu nähern. Rohmann et al. (1988) stellen verschiedene Möglichkeiten vor, diese Annäherungsphase von der Mutter gemeinsam mit dem Therapeuten zu gestalten. Der Therapeut setzt sich dabei hinter das Kind, so daß der Rücken des Kindes an seiner Brust ruht. Er nimmt dadurch eine gewisse Schutzfunktion (im Sinne von Besems) wahr, die die Mutter nicht zu übernehmen

Intensiver Körperkontakt

Annäherungsphase

braucht. Das kann wichtig sein, wenn Mutter und Kind sehr eng miteinander verstrickt sind. Die Mutter setzt sich nun vor das Kind; sie kann ihm näher kommen oder sich von ihm entfernen. Auf diese Weise können Mutter und Kind Erfahrungen mit verschiedenen Graden der Nähe machen, die sie in ihrer symbiotischen Verstrickung bisher kaum gemacht haben. Ausgehend von dieser Position kann die Mutter auch verschiedene Übungen mit dem Kind durchführen.

Alternativen zum selbstverletzenden Verhalten

Sie kann z.B. mit ihm weit ausgreifende Armbewegungen machen. Wenn das Kind sich ansonsten zwanghaft schlägt, liegt in dieser Übung ein erstes Angebot für das Kind, sich für Alternativen zum Schlagen zu entscheiden, das heißt, Selbstkontrolle auszuüben. Oder die Mutter massiert Arme und Beine des Kindes; sie kann auch versuchen, sein Gesicht zu berühren. Wichtig ist dabei stets, daß sich das Kind entscheiden kann, ob eine Übung mit ihm durchgeführt wird oder nicht. Es soll sich mit der Mutter und ihren Angeboten auseinandersetzen können und so Eigensteuerung und Selbstbestimmung entwickeln. Diese Übungen können dadurch erweitert werden, daß Therapeut und Mutter die Laute des Kindes wiederholen und so beginnen, sich auf der Stufe des Kindes mit ihm zu „unterhalten", das heißt, mit ihm zu kommunizieren. Die vorgestellten Übungen können auch von einer Person alleine durchgeführt werden.

Knuddeltherapie

Eine weitere, spielerische Möglichkeit für die Annäherungsphase ist die sogenannte Knuddeltherapie. Die Bezugsperson erhält den Auftrag, mit dem Kind herumzubalgen, es zu kitzeln usw., Hauptsache es macht beiden Spaß. Schlägt sich das Kind dabei, dann soll die Mutter dies weitgehend außer Acht lassen und im Herumbalgen Körperkontakt mit ihrem Kind suchen. So kann die Mutter ihre eigene Scheu vor Körperkontakt überwinden, und die eigentliche Therapie kann sich nunmehr zwanglos anschließen.

liegende Position

ROHMANN et al. (1988) beschreiben eine Reihe von Behandlungsphasen, während derer das Kind auf der Matratze liegt. Wie in der Musik-Körpererfahrungs-Therapie wird der Oberkörper des Kindes mit ruhigen verlangsamten Bewegungen entkleidet. Das Kind liegt dann mit dem Rücken auf der Matratze. Seine Arme hält der Therapeut mit seinen Knien flach am Körper. Je nachdem wie groß das Kind ist, sitzt der Therapeut dabei auf Becken oder Oberschenkeln des Kindes. Dadurch wird das Kind auf der Matratze gehalten. Ist diese Grundposition eingenommen, beginnt die eigentliche Behandlung. Dazu läuft — wie erwähnt — beruhigende Musik.

Die Behandlungsphasen selbst sind keiner strengen Reihenfolge unterworfen. Das Vorgehen orientiert sich zunächst daran, ob das Kind Widerstand leistet, oder ob seine Anspannung bereits nachgelassen hat. Wir gehen zunächst auf die Behandlung in der Widerstandsphase ein, um darauf das Vorgehen in den ruhigeren Phasen zu schildern.

keine feste Behandlungsreihenfolge

ROHMANN et al. (1988) beschreiben detailliert verschiedene Formen, in denen das Kind seinen Widerstand ausdrücken kann, und zeigen jeweils verschiedene Möglichkeiten auf, damit umzugehen. Alle diese Möglichkeiten dienen zwei Zielen:

Zum einen darf sich das Kind der Situation nicht entziehen können. Das bedeutet, daß der Widerstand nicht dazu führen darf, daß der Therapeut die Behandlung abbricht. Vielmehr wird der Widerstand des Kindes nach Möglichkeit dazu genutzt, um in einen Austausch, in einen Dialog mit dem Kind zu treten. Zum anderen soll der Therapeut so auf den Widerstand des Kindes reagieren, daß das Kind ruhiger werden kann. Dazu muß der Therapeut selbst ruhig und gelassen sein. Als grundsätzliche Regel gilt deshalb, daß der Therapeut sich selbst beruhigen muß, bevor er auf den Widerstand des Kindes eingeht. Dazu dient ihm die Musik: Er kann sich von ihr tragen lassen, um so den nötigen Abstand zu sich und der Situation zu gewinnen. Erst dann reagiert der Therapeut auf das Kind. Seine Ruhe wird sich nach und nach auf das Kind übertragen. Eine weitere Regel besagt, daß der Therapeut in seinen Reaktionen sicher und gelassen sein muß. Bevor er unsicher z.B. auf eine Frage des Kindes eingeht, sollte er lieber gar nicht reagieren.

Therapeut muß ruhig sein

Für den Therapeuten ist also zweierlei in dieser Phase wichtig: Er muß das Geschehen sicher in seiner Kontrolle haben, und das Kind muß dies erleben können. Und er darf eigenen Ärger (etwa auf das widerspenstige Kind) und eigene Abwehr nicht miteinbringen. Vielmehr muß er annehmend mit dem Kind umgehen. Mit Hilfe der Musik kann er diese Haltung immer wieder neu gewinnen. Zusammenfassend geht es in dieser Phase darum, den Widerstand des Kindes nicht zu verstärken und so zu zementieren, sondern ihn aufzugreifen und ihn umzulenken zu einem Austausch, zur Auseinandersetzung mit dem Therapeuten und mit sich selbst in einer ruhigen, entspannten Atmosphäre.

annehmend mit dem Kind umgehen

Widerstand nicht verstärken

Das Kind wird sich daraufhin allmählich beruhigen. Um die weiteren Behandlungsschritte durchzuführen, ist es nicht erforderlich, daß das Kind völlig entspannt ist. Vielmehr genügt es, wenn es nur noch geringen Widerstand zeigt. Es kann dabei durchaus noch verspannte Muskeln haben und verkrampft atmen. Aber — und darauf kommt es hier an — das Kind ist jetzt soweit ansprechbar, daß der Therapeut mit ihm in einen wechselseitigen Dialog eintreten kann. Systematisch werden nun die Kommunikationsmöglichkeiten genutzt, die dem Kind zur Verfügung stehen. An erster Stelle steht dabei der Körper des Kindes. Alles, was es mit ihm macht, kann eine Mitteilung enthalten. Aber bevor der Therapeut darangehen kann, diese Mitteilungen durch gezielte Beobachtung zu ergründen, muß er den Körper des Kindes zunächst einmal kennenlernen. Er muß herausfinden, ob und wie das Kind reagiert, wenn er in verschiedener Weise mit seinem Körper Kontakt aufnimmt. Dazu berührt der Therapeut die Haut des Kindes mit sehr langsamen und sanften Bewegungen von den Schultern herab bis zum Bauch; er streicht auch über seinen Kopf und den Hals. Er achtet dabei auf drei Reaktionsebenen:

Kennenlernen des Körpers

Intensität der Berührung

(1) Zum ersten findet er heraus, wie intensiv, wie fest er das Kind berühren muß, damit es sich wohlfühlt. Gerade autistische und autoaggressive Kinder reagieren nämlich oft anders, als man es erwartet: Sanftes Streicheln mögen sie gar nicht, aber sie genießen es, ordentlich geknetet zu werden. Im Lauf der Zeit wird dann der Therapeut das Kind auf verschiedene Arten und in feinen Abstufungen berühren. Das Kind soll so allmählich lernen, feineres Berührtwerden angenehm zu empfinden. So ändert der Therapeut das körperliche Sensibilitätsschema des Kindes.

welche Körperregionen sind empfindlich?

(2) Zum zweiten achtet der Therapeut darauf, an welchen Stellen das Kind besonders empfindlich ist. Paradoxerweise sind oft gerade die Stellen besonders empfindlich, an die sich das Kind schlägt. Gerade dort ist es wichtig, daß das Kind auf verschiedene Weisen massiert wird. Dadurch kann sich die Empfindlichkeit normalisieren. ROHMANN et al. (1988) gehen auch außerhalb der Therapie auf spielerische Weise auf die übersensiblen Körperregionen ein; z.B. kann man das Gesicht des Kindes beim Waschen gezielt die Erfahrung von warm und kalt, von rauh und weich usw. machen kann.

(3) Zum dritten ist es wichtig herauszufinden, wie das Kind reagiert, wenn man es mal mit schnellen, mal mit langsamen Be-

wegungen berührt. Gerade autoaggressive Kinder brauchen oft viel Zeit, um eine Berührung zu bemerken und auf sie zu reagieren. Hier gilt es herauszufinden, wie langsam man in der Berührung sein muß, damit das Kind reagieren kann. Dazu wartet der Therapeut, bis das Kind auf seine Berührung irgendwie reagiert. Es kann dann z.B. seine Miene verändern, kann einen Laut äußer, oder es bekommt eine Gänsehaut usw. Anschließend übt der Therapeut mit dem Kind, Berührungen besser und schneller wahrzunehmen. Dazu verändert er systematisch die Geschwindigkeit, mit der er das Kind z.B. massiert.

Variationen der Stimulationsgeschwindigkeit

Neben dem Körper als Kommunikationsmittel spielen Blickkontakt und Mimik eine große Rolle. Durch die beschriebenen Körperübungen werden Blickkontakt und Mimik als Mitteilungsformen schon angeregt. Sie sollen nunmehr dazu genutzt werden, um auf einer höheren Ebene miteinander zu kommunizieren. Dazu greifen ROHMANN et al. (1988) auf die elementare Form des wechselseitigen Austausches, der Nachahmung, zurück. Nachahmung spielt eine zentrale Rolle für den Aufbau von Kommunikation. Der Therapeut ahmt den Gesichtsausdruck und die Laute des Kindes nach. Dadurch wird zum einen angestrebt, daß das Kind aufmerksam wird und sich dafür zu interessieren beginnt, was der Therapeut macht. Erst wenn das Kind auf seinen Austauschpartner aufmerksam wird, kann ein Dialog überhaupt erst beginnen. Zum anderen kann sich das Kind in diesem menschlichen Spiegel selbst sehen; es kann lernen, seine eigenen Äußerungen bewußter wahrzunehmen. Hier geht es wieder um Selbstkontrolle.

Wichtig Blickkontakt und Mimik

Nachahmung

Kommt nun auf diese Art ein Dialog von Lauten und Mimik zustande, so beginnt der Therapeut, seine Nachahmung zu ändern. So kann dann auch das Kind beginnen, den Therapeuten nachzuahmen oder auf seine Änderungen mit anderen mimischen Äußerungen zu reagieren; die „Unterhaltung“ zwischen beiden wird wechselseitig und vielgestaltig. So lernt das Kind, sich immer besser mitzuteilen. Es braucht seine Autoaggressionen immer weniger, um sich auszudrücken.

Dialog von Lauten und Mimik

Für denjenigen, der mit dem Kind auf diese Weise umgeht, sind die besprochenen Kommunikationsebenen Körper, Blickkontakt und Mimik auf eine andere Weise wichtig. Einmal lernt er das Kind in seinen Reaktionen sehr genau kennen. Er lernt, sehr genau darauf zu achten, was das Kind tut und von sich gibt. Und wenn er sich so nah mit dem Kind beschäftigt, kann er Zuneigung zu dem Kind entwickeln oder neu entdecken. Schließlich kann er durch das Nachahmen zu verstehen beginnen, was in dem Kind möglicherweise vorsichgeht.

Variation von Nähe und Distanz

Neben Körper-, Mimik und Lautäußerungen spielen Nähe und Distanz zueinander eine wichtige Rolle für die Kommunikation. Zunächst ist es nötig herauszufinden, in welchem Abstand von Gesicht zu Gesicht das Kind am aufmerksamsten reagiert. Dazu verändert der Therapeut den Abstand und achtet darauf, wie das Kind reagiert. So kann er den günstigsten Abstand ermitteln, indem er dann mit dem Kind in Kontakt tritt. Daneben ist es auch notwendig, dem Kind körperlich sehr nahe zu sein. Autoaggressive Kinder lehnen dies zumeist ab. Worin liegt dann die Notwendigkeit?

Erkennen des Körpers als Gesamtheit

Autistische und autoaggressive Kinder nehmen ihre Mitmenschen häufig nur in Teilen wahr. Sie nehmen z.B. nur die Hände wahr, die sie dann wie Objekte benutzen, um sich z.B. das Radio anmachen zu lassen. Das Kind soll also den Körper seines Gegenübers in seiner Gesamtheit spüren lernen; es soll lernen, ihn nicht als Teilobjekt, sondern als Person wahrzunehmen. Danach kann es — ähnlich wie beim Nachahmen — lernen, auch sich selbst als „körperliche Persönlichkeit“ (ROHMANN et al. 1988) wahrzunehmen. Die Autoren weisen darauf hin, daß beide Interaktionspartner schon miteinander vertraut sein müssen, um eine solche Nähe zulassen zu können. Gelingt diese Vertrautheit und Nähe, so fördert sie den gesamten Austausch und das Gelingen der Therapie.

Förderung der Vertrautheit

Fassen wir zusammen: Die drei beschriebenen Behandlungsschritte dienen an erster Stelle dazu, die Wahrnehmungs- und Kommunikationsfähigkeit des Kindes zu entwickeln. Daneben werden die Selbstkontrolle des Kindes und die Vertrautheit zwischen Kind und Therapeut gefördert. Der Therapeut erwirbt sich eine gründliche Kenntnis der Wahrnehmung, der Reaktion und der Eigenarten des Kindes. Dabei kommt er selbst dem Kind nahe. Das methodische Vorgehen zeigt deutlich das Ineinander von Erkunden und Behandeln, von Diagnose und Therapie. Ebenso deutlich wird das Prinzip, mit dem Kind dort zu beginnen, wo es selbst mit seinen Möglichkeiten steht.

In den folgenden Arbeitsschritten steht der Gesichtspunkt der Selbstkontrolle im Vordergrund.

Unterbindet man, daß das Kind sich schlägt, so wird es auf andere Weise versuchen, sich zu schädigen; es kann dann z.B.

beginnen, sich zu kneifen, zu kratzen, zu treten oder mit dem Kopf auf die Matratze zu schlagen. Letzteres ist am häufigsten. Nach den in der Widerstandsphase beschriebenen Prinzipien greift der Therapeut diese Bewegungen auf, aber er verlangsamt sie; ganz langsam bewegt er Kopf und Oberkörper des Kindes auf und nieder. Allmählich läßt er dabei das Kind los. So kann das Kind die langsame Bewegung selbst aufgreifen und kontrollieren lernen. Um das Kind zu entspannen, kann der Therapeut Musik verwenden, die wie erwähnt beruhigenden Charakter hat.

Verlangsamung von Bewegungsabläufen

Wenn das Kind dann längere Zeit ruhig ist, läßt der Therapeut Arme und Hände frei. Die folgenden Behandlungsschritte beinhalten deshalb verschiedene Möglichkeiten, wie ein erneutes sich-Schlagen therapeutisch aufgegriffen werden kann. Einmal verhindert der Therapeut, daß das Kind sich schlägt. Er faßt die Hände des Kindes und folgt zunächst der Armbewegung zum Kopf. Dann aber lenkt er die Bewegung zum Oberkörper hin und beginnt, die Hände des Kindes zu einer Streichelbewegung zu führen. Dies sollte möglichst ohne Zwang und mit viel Zeit und Ruhe geschehen. So gibt der Therapeut dem Kind die Botschaft: Du kannst etwas anderes mit dir machen, als dich zu schlagen. ROHMANN et al. (1988) berichten, daß die Bewegungen des Kindes zu Beginn unharmonisch und eckig sind. Die Bewegungen werden aber bei längerer Behandlung weicher und koordiniert. Schließlich streichelt das Kind sich selbst ohne die führende Hand des Therapeuten. ROHMANN et al. (1988) sehen in dieser Form sich selbst zu berühren eines der wesentlichsten Elemente der K.M.A.

Steuerung der Intensität von Selbstverletzenden Verhaltensweisen

Selbststimulation

Eine weitere Möglichkeit besteht darin, daß der Therapeut das Kind mit seinem eigenen Körper vor den Schlägen schützt. Dabei kann es sich zeigen, ob sich das Kind wie ein Automat ständig weiter schlägt, obwohl es die Schläge gar nicht mehr spürt. Der Therapeut kann dann sehen, wie stark sich die Schlagbewegungen beim Kind schon verselbständigt haben. Außerdem gewinnt er so eine deutliche Vorstellung davon, wie stark sich das Kind schlägt.

Schutz des Körpers

ROHMANN hält diese Erfahrung für wichtig; seiner Ansicht nach beeinflußt sie die gesamte weitere therapeutische Arbeit. Das Kind kann bei diesem Vorgehen seinerseits erleben, daß es vom Therapeuten vor sich selbst geschützt wird. Der Therapeut nimmt so deutlich die Schutz- und Kontrollfunktionen wahr, die das Kind selbst noch nicht wahrnehmen kann. Dadurch wird die Vertrautheit zwischen Kind und Therapeut gefestigt. Schließlich kann der Therapeut das Kind mit seinen Schlägen in einem kontrollierten Rahmen konfrontieren, um sie so seiner eigenen Kontrolle wieder zugänglich zu machen. Dazu haben ROHMANN et al. zwei Ansatzpunkte entwickelt:

(1) Zum einen läßt der Therapeut die Schläge des Kindes zu, aber er bremst sie ab, indem er seine Hände auf die Hände des Kindes legt und sie mitbewegen läßt. Dadurch kann der Therapeut die Heftigkeit steuern, mit der sich das Kind schlägt. Im Lauf der Zeit soll das Kind diese Steuerung übernehmen und so beginnen, sein Schlagen selbst zu steuern.

Aufbau von Selbstkontrolle

(2) Zum andern schlägt ROHMANN eine noch weiterführende Vorgehensweise vor, um das Kind zur Selbstkontrolle anzuregen. Er läßt zu, daß sich das Kind schlägt. Aber er hält seine eigenen Hände ins Blickfeld des Kindes und fordert es auf, seine Hände zu ergreifen. Dadurch kann sich das Kind sozusagen selbst festhalten, und es kann sich dafür oder dagegen entscheiden, diese Hilfe anzunehmen. Damit übt es wieder Selbstkontrolle aus.

Zusammenfassung

Fassen wir wieder zusammen. Die letztgenannten Behandlungsschritte stellen das Einüben von Selbstkontrolle in den Vordergrund, wobei hier die Autoaggression selbst der Gegenstand der Bemühungen sind. Betrachtet man alle Behandlungsschritte, so zeigt sich in der Behandlung ein methodischer Dreierschritt: Zunächst wird der Widerstand des Kindes gegen die Behandlungssituation soweit wie möglich aufgegriffen und in eine therapeutische Richtung gelenkt. Ist das Kind ruhiger, so stehen Kommunikation und die Entwicklung einer differenzierten Körperwahrnehmung im Vordergrund. Bis dahin wird das Schlagen selbst durch die Halteposition bedingt unterbunden und spielt im Geschehen zwischen Kind und Therapeut kaum eine Rolle. Erst nach einer längeren Zeit der Beruhigung, die vorrangig als Austausch gestaltet wird, wendet sich der Therapeut den Autoaggressionen selbst zu. Dabei geht es dann in erster Linie darum, die Autoaggressionen aus der Automatisierung zu lösen und der Kontrolle des Kindes zugänglich zu machen.

Körperzentrierte Interaktion bei Jugendlichen und Erwachsenen nach ROHMANN und KALDE

sitzende Position

Ein wichtiger Unterschied zum oben geschilderten Vorgehen bei Kindern besteht in der hier geänderten Halteposition. Der

Therapeut sitzt nunmehr hinter dem Patienten. Dabei sitzt der Patient zwischen den Beinen des Therapeuten und lehnt sich mit seinem Rücken an die Brust des Therapeuten. Wenn der Patient seine Beine unruhig hin- und herbewegt, so kann der Therapeut seine eigenen Beine über die Beine des Patienten legen und sie so ruhighalten. Eine Alternative besteht darin, zunächst einige Übungen mit den Beinen des Patienten durchzuführen. Der Therapieraum ist eingangs leer und nur mit einer Matratze ausgestattet. Dabei sollte es möglich sein, den Raum nach und nach entsprechend den therapeutischen Erfordernissen auszustatten. Benötigt werden jedenfalls ein Sandsack, ein großer Luftballon oder ein Ball, die von der Decke hängen (KALDE, 1987). Als Bekleidung empfehlen ROHMANN et al. (1988) für den Patienten ein Sporthemd, das Arme und Nacken freiläßt. Während der Therapie läuft — bis auf einige Übungen (siehe weiter unten) —, auch hier beruhigende Musik.

Wahrnehmung des Gegenübers

In der Therapie stehen wieder Kommunikation und Selbststeuerung im Mittelpunkt. Der Patient lernt durch ein gezieltes und systematisches Angebot des Therapeuten, sich selbst und sein Gegenüber wahrzunehmen und mit ihm in einen Austausch zu treten. Die KI will ihm dabei helfen, nach und nach höhere Stufen der Kommunikation zu erklimmen. Auch hier werden systematisch aufeinander aufbauende Behandlungsschritte eingesetzt, um Selbstkontrolle und Kommunikationsentwicklung zu ermöglichen.

In ihrem Vorgehen greift die KI mit Jugendlichen auf verschiedene verwandte Ansätze zurück und integriert sie. Zu nennen sind die Basale Kommunikation nach MALL (Kapitel 8), Übungselemente nach BESEMS (Kapitel 7) und die Entspannungsmethode nach JAKOBSON. Zunächst werden wir wieder die Behandlungsschritte schildern, die die Kommunikationsfähigkeit des Patienten entwickeln. Dann werden diejenigen Methoden geschildert, die den Schwerpunkt auf Selbststeuerung legen.

niedrige Kommunikationsebene

ROHMANN et al. (1988) lassen die KI auf niedriger Kommunikationsebene beginnen, um daraus dann höhere Austauschformen zu entwickeln. Vor allem schwer geistigbehinderte Menschen scheinen sich gar nicht mitteilen zu können, wenn man von stereotypen Bewegungen und Autoaggressionen absieht. Bei solchen Patienten greift ROHMANN auf die Basale Kommunikation von MALL zurück. Der näher interessierte Leser sei auf das entsprechende Kapitel in diesem Buch verwiesen. ROH-

MANN weist darauf hin, daß hierbei Musik nur stören würde, da der Atem von Patient und Therapeut hörbar sein muß. Wenn ein Patient nicht so schwer behindert und über die Stufe der basalen Kommunikation hinaus ist, dann verwenden ROHMANN und KALDE zusätzlich Mimik, Gesten, Blickkontakt, Laute und Sprache. Auch hier gilt das Prinzip, immer dort zu beginnen, wo der Patient in seinen Möglichkeiten steht. Im Vergleich zur Basalen Kommunikation spricht ROHMANN hier von einer höheren Stufe der körperzentrierten Interaktion. Weil sich Klient und Therapeut in der geschilderten Sitzhaltung nicht anschauen können, beteiligt sich nunmehr eine weitere Person an der Behandlung. Sie ist der Austauschpartner für den Patienten, wohingegen der Therapeut den Patienten in seinem Austausch mit der weiteren Person unterstützt.

KI zu Dritt

In einem ersten Schritt setzt sich die weitere Person — es kann ein zweiter Therapeut oder die Bezugsperson des Patienten sein — dem Patienten gegenüber und ahmt den Patienten nach. So sieht der Patient einen lebenden Spiegel seiner Laute, seines Mienenspiels und seiner Bewegungen. Wie bei ähnlichen Übungen mit Kindern (s.o.) wird die zweite Person beginnen, ihr Nachahmen zu verändern und zu variieren. Dadurch kann dann wieder ein Dialog entstehen.

Im zweiten Schritt übernimmt die dem Patienten gegenüber sitzende Person die Initiative; dabei verwendet sie Gesten und spricht mit dem Patienten. Nun soll der Patient nachahmen, wobei ihn der hinter ihm sitzende Therapeut unterstützt. Mit diesem zweiten Schritt geht die KI mit Jugendlichen und Erwachsenen fordernder mit den Patienten um als es bei den Kindern der Fall ist. Sie trägt damit dem Alters- und Entwicklungsunterschied Rechnung.

ROHMANN und Mitarbeiter geben ein Beispiel, wie eine solche Kommunikationsübung aussehen kann: Der vor dem Patienten sitzende Therapeut zeigt langsam mit seinem Finger auf den Patienten und sagt langsam und deutlich dessen Namen. Das wiederholt er solange, bis der Patient aufmerksam wird und dem Geschehen mit seinem Blick folgt. Der hinten sitzende Therapeut führt nun die Hand des Patienten, indem er auf den anderen Therapeuten deutet und dessen Namen sagt. Auch dieser Schritt wird mehrmals wiederholt. Im nächsten Schritt deutet der Therapeut, der vor dem Patienten sitzt, wieder auf den Patienten und sagt dessen Namen. Dann führt der andere

Therapeut wieder die Hand des Patienten. Aber diesmal läßt er ihn auf sich selbst deuten und sagt dazu seinen Namen. Auf ähnliche Weise lassen sich weitere Kommunikationsmöglichkeiten entwickeln; hier ist die Kreativität des Therapeuten gefordert.

Übung ganzer Handlungsabläufe

Darauf aufbauend können auf diese Weise ganze Handlungsabläufe geübt werden. Der hinter dem Patienten sitzende Therapeut kann dabei jederzeit die Funktion eines Hilfs-Ichs übernehmen. Wichtig ist für ROHMANN et al. (1988) bei allen Übungen dieser Art, daß der Patient selbst handeln können muß. Ein anderes Vorgehen wäre mit den erklärten Zielen nicht vereinbar. Der Therapeut muß dazu genau auf die Reaktionen des Patienten achten. Er kann durch den direkten Körperkontakt bemerken, wann der Patient selbst beginnt, aktiv zu werden. Der Therapeut reagiert dann damit, daß er seine Führung abbaut, bis schließlich der Patient in der Übung ganz selbständig handelt.

Neben der Kommunikation rücken ROHMANN et al. (1988) die Selbststeuerung der autoaggressiven Patienten in den Mittelpunkt. Dabei setzen sie eine Palette von Übungen ein, die sich um verschiedene Aspekte der Selbststeuerung gruppieren.

Aufbau inkompatibler Bewegungsabläufe

Ein erster Gesichtspunkt gilt dem Aufbau inkompatibler Bewegungsabläufe. Ein Mensch, der sich wie mechanisch selbst schlägt, muß andere Bewegungen oft regelrecht einüben. Dann erst kann er wieder beginnen, sich selbst zu steuern: Er hat wieder Alternativen zur Verfügung. Entscheidend ist dabei, daß die neuen Möglichkeiten mit dem Sich-Schlagen unvereinbar sein müssen. Einige Übungen dienen dazu, Aggressionen zu fördern. Oft können Patienten, die zu sich selbst aggressiv sind, ihre Wut und ihren Ärger nicht von sich weg nach außen tragen. Genau das wird nun geübt.

Interaktives Boxen

Beim Interaktiven Boxen — ein von ROHMANN und KALDE entwickeltes Verfahren — ziehen beide Partner, der Patient und der Therapeut, Boxhandschule an. Wenn sich der Patient selbst zu schlagen beginnt, boxt der Therapeut auf den Handschuh des Patienten. Gleichzeitig lädt er den Partner zu einem Kämpfchen ein. Auf diese Weise übt der Patient Bewegungen weg vom eigenen Körper, anstatt sich zu schlagen; dabei kann er Wut und Ärger zeigen. Und er hat dabei ein Gegenüber, das ihm dann nicht ausweicht. Somit dient auch das Boxen der Kommunikation: Beide Partner führen einen Aggressionsdia-

Aggressionsdialog

log. Eine andere Möglichkeit besteht darin, daß der Patient auf eine Matratze schlägt. Dazu sitzt der Therapeut in bekannter Weise hinter dem Patienten und legt seine Arme locker auf die Arme des Patienten. Sobald sich dieser zu schlagen beginnt, daß der Therapeut seine Handgelenke und schlägt die Hände kräftig auf die Matratze. Dabei geht der Therapeut mit, wenn der Patient ärgerlich oder wütend wird: Er macht seine Laute mit und verstärkt sie. Wenn der Patient Sprache versteht, dann schimpft der Therapeut für ihn und kommentiert das Schlagen auf die Matratze. Wie auch schon bei anderen Übungen soll sich der Therapeut dabei in den Patienten einfühlen und das ausdrücken, was in diesem vorgeht. Im Laufe der Zeit wird der Patient beginnen, selbst auf die Matratze zu schlagen, anstatt sich selbst zu mißhandeln. Wieder ist die Sensibilität des Therapeuten gefordert: Er muß die beginnende Selbststeuerung des Patienten bemerken und unterstützen, indem er seine Kontrolle zurücknimmt und den Fortschritten des Patienten anpaßt.

Als Übungen bieten sich weiter alle Armbewegungen weg vom Körper an, die man spielerisch aufgreifen kann: KALDE setzte z.B. Ballwerfen, mit Luftballons spielen, auf Bongos trommeln usw. erfolgreich ein. Solche und andere Formen, Ärger auszudrücken können eingeübt und auch außerhalb der Therapie angeregt werden.

harmonisierende Übungen

Eine zweite Gruppe von Übungen soll den Patienten dazu anregen, sich harmonisch zu bewegen: dabei sollen zu übende Bewegungsabläufe seinen Autoaggressionen entgegengesetzt sein. Hier greifen ROHMANN und Mitarbeiter Übungen von BESEMS auf. Der Akzent liegt dabei wiederum (im Gegensatz zu BESEMS) auf dem wechselseitigen Austausch und der Selbststeuerung. In der bekannten sitzenden Position legt der Therapeut die Hände des Patienten auf den Bauch und hält sie dort fest. Dann beginnt er, sich mit dem Patienten zu wiegen und mit dem Oberkörper mal große, mal kleine Kreise zu beschreiben. Dazu kann der Therapeut summen oder singen. Darauf beginnt der Therapeut, die Arme des Partner kreisen zu lassen. Dabei führt es ihn von kleinen Kreisen zu immer größeren Kreisen und ausladenden Bewegungen. Dies soll immer verbal (lautlich oder sprachlich) begleitet werden. Der Patient wird anfangs versuchen, sich zu schlagen; mit der Zeit wird er wieder die Bewegungen mitvollziehen und schließlich selbst übernehmen. Auch hier gilt es, die beginnende Selbststeuerung zu unterstützen.

Schließlich geht es in einer dritten Übungsgruppe darum, gleichzeitig die autoaggressiven Bewegungen zu verlangsamen und eine Gegenbewegung zum sich-Schlagen zu vollziehen. Hier werden also zwei Möglichkeiten kombiniert, Selbststeuerung einzuüben. Die Partner stehen hierbei, wobei sich der Therapeut hinter dem Patienten befindet und seine Handgelenke hält. Zuerst streckt der Therapeut die Arme des Patienten nach oben bis die Arme durchgestreckt sind. Dazu ruft er ein langgezogenes „Hoooooch uuuuund . . .“. Dann führt er die Arme des Patienten mit Schwung nach unten. Dabei ruft er kräftig „runter!“. Wenn der Patient diese Übung gut mitmacht, beginnt der Therapeut, oben und unten an den Endpunkten der Bewegung in die Hände zu klatschen. Dabei beschleunigt er nach und nach den gesamten Bewegungsablauf. Damit soll nicht nur die Selbststeuerung gefördert werden. Zusätzlich wird der Patient in Bewegung gebracht. Auch dadurch können sich körperliche Spannungen lockern. Schließlich stellt sich der Therapeut vor den Patienten. Er kann dann z.B. eine Rassel zu Hilfe nehmen; auch diese Übung soll der Patient schließlich selbst durchführen. Daraus kann sich dann z.B. ein gemeinsamer Tanz entwickeln.

Verlangsamung von Bewegungen

Eine weitere Möglichkeit, die Selbststeuerung zu entwickeln, liegt neben dem Aufbau inkompatibler Bewegungen in der Nutzung natürlicher „Reflexe“. Was meinen ROHMANN und Mitarbeiter damit? Die Idee ist, daß eine Reflexbewegung mit autoaggressiven Bewegungen unvereinbar ist. Ein ausgelöster Reflex bedeutet aber noch keine Selbststeuerung. Deshalb sind die nächsten Übungen folgendermaßen aufgebaut:

Nutzung natürlicher „Reflexe“

Zunächst wird der Reflex ausgelöst, was einige Versuche erfordern kann. Dann wird der Reflex spielerisch eingebettet ausgelöst oder, nach einer anfänglichen Übungsphase nur noch unregelmäßig vom Therapeuten ausgelöst. Der Patient lernt so den Reflex selbst einzusetzen. Zur Veranschaulichung seien zwei Übungen geschildert. Wird man am Bauch gekitzelt, so zieht man entweder reflexartig die Beine an oder dreht sich zur Seite. Der autoaggressive Patient liegt auf einer Matte, und der Therapeut kitzelt ihn. Möglicherweise muß der Therapeut erst herausfinden, wo und wie stark er kitzeln muß, damit der Patient reagiert (vgl. ähnliche Vorgehensweisen bei der K.M.A.). Wie oben ausgeführt, haben autoaggressive Patienten oft eine gestörte Körperwahrnehmung. Kann der Therapeut den Reflex auslösen, kommt ein spielerisches Element hinzu. Der Therapeut bewegt seine Arme übertrieben langsam zum Bauch hin und kündigt das Kitzeln mit „uuuuund . . . jetzt!" an. Bald wird sein Partner schon auf die Ankündigung reagieren. Z.B. lacht er, versucht den Therapeuten ebenfalls zu kitzeln oder greift nach seinen Händen. Ein gemeinsames Spiel ist aus der Übung entstanden. In ähnlicher Weise nutzt ROHMANN noch andere Reflexe, z.B. den Streckreflex der Beine, wenn Druck auf die Fußsohlen ausgeübt wird usw.

Spielerische Komponente

Anders ist das Vorgehen beim Streckreflex der Arme und des Nackens. Schlägt sich der Patient z.B. ins Gesicht, so ergreift der Therapeut den Arm des Patienten und wiederholt die Bewegung schnell und heftig, ohne jedoch das Gesicht des Patienten dabei zu berühren. Besondere Vorsicht ist dabei meist unnötig, weil der Patient die Bewegung mit seinem Streckreflex sperrt. Genau das ist beabsichtigt. Um diesen Reflex zu üben, ist es nach ROHMANNs Erfahrung nicht notwendig, auf jeden Schlag in dieser Weise zu reagieren. Es genügt, unregelmäßig in dieser Weise auf autoaggressive Schläge zu reagieren. Ähnlich kann der Therapeut vorgehen, wenn der Patient mit seinem Kopf an die Wand schlägt. Auch hier wird der Patient mit dem Nackenstreckreflex reagieren, wenn der Therapeut seinen Kopf nochmals in dieselbe Richtung drückt. ROHMANN und Mitarbeiter weisen darauf hin, daß besonders bei dieser Übung sichergestellt sein muß, daß sich der Patient dabei nicht anschlägt. Ansonsten kann der Therapeut den Kopf des Patienten auch einfach an die Wand drücken. Der Patient wird dann ebenfalls versuchen, den Nacken zu strecken. Auch so wird also eine Bewegung ausgelöst, die mit der schlagenden Bewegung unvereinbar ist.

Muskelentspannung

Ein weiterer Gesichtspunkt, unter dem das Ziel der Selbststeuerung angegangen werden kann, ist der Aspekt der Muskelentspannung, Entspannung ist für viele autoaggressive Patienten sehr wichtig: Sie sind stark verspannt, wenn sie sich schlagen. Wenn sie Entspannung erleben und selbst dazu beitragen können, haben sie auch hier ein Stück Selbststeuerung gewonnen. Dazu greifen ROHMANN und Mitarbeiter Elemente aus den Methoden von JACOBSON und BESEMS auf. Der Therapeut sitzt hinter dem Klienten auf der Matte. Der Patient soll nun seine Hände zu Fäusten ballen und fest zudrücken, um anschließend loszulassen und dabei zu entspannen. Falls erforderlich hilft ihm der Therapeut. Dazu begleitet der Therapeut das Geschehen mit ruhiger Stimme: „Wir drücken jetzt die Hand ganz fest . . .

noch fester ... noch fester ... und jetzt lassen wir die Hand ganz los ... ganz locker ... noch lockerer" (vgl. ROHMANN und HARTMANN, 1988). Nach einigen Wiederholungen werden zusätzlich die Arme fest angewinkelt. Auch bei dieser Übung soll der Patient die Durchführung allmählich selbst übernehmen. Wenn er sich so gelockert hat, wird er dazu angeregt, sich leicht über die Arme zu streichen. Der Therapeut führt dabei seine Hände so weit wie nötig und verhindert, daß sich der Patient schlägt. In ähnlicher Weise können auch die anderen Muskelgruppen entspannt werden.

Zusammenfassung

Fassen wir zusammen. Ebenso wie die K.M.A. verfolgt die Körperzentrierte Interaktion mit Jugendlichen zwei Ziele: Die Entwicklung und Erweiterung der Kommunikationsfähigkeit sowie der Selbststeuerung des Patienten. Diese beiden Oberziele gliedern sich in eine Reihe von Teilaspekten: Kommunikation von den elementaren Anfängen z.B. Atem über Spiel bis hin zu Handlungsketten und Sprachanbahnung; Selbststeuerung von der Reflexbenutzung über Entspannung und Einüben alternativer Bewegungen bis hin zum Ausdruck von Wut und Ärger, anstatt sich selbst zu schlagen.

Die Übungen, die diesen Aspekten zugeordnet sind, unterliegen folgenden methodischen Grundregeln:

Der Körper des Patienten wie auch des Therapeuten wird in seinen Mitteilungsmöglichkeiten in den Mittelpunkt gestellt. Die Behandlungsschritte sind nach dem Prinzip der übenden Wiederholung aufgebaut. In diesen Wiederholungen sollen sich die Übungen in ihrer Qualität verändern; sie werden feiner und vielgestaltiger. Bestimmt der Therapeut am Anfang klar und eindeutig das Geschehen, so nimmt er sich mit fortschreitender Übung zurück und gibt nicht mehr Hilfe als nötig. Dadurch kann sich die Selbststeuerung des Patienten in einem geschützten Rahmen entfalten. Im gleichen Sinne verändert sich auch die Kommunikation zwischen den Partnern; auch sie wird vielgestaltig und schattierungsreich. Dabei steht der wechselseitige Austausch im Mittelpunkt. Schließlich sollen die Elemente der Therapie wo immer möglich in den alltäglichen Umgang mit dem Patienten einfließen.

Damit folgt die KI mit Jugendlichen denselben Zielen und Maximen wie die K.M.A. Sie unterscheidet sich von ihr darin, daß sie im konkreten Übungsaufbau beim Patienten mehr voraussetzt und ihn mehr fordert. Damit wird die KI mit Jugendlichen auch der Tatsache gerecht, daß die so behandelten Patienten älter sind als die, die mit der K.M.A. behandelt werden (nur Kinder).

3. Indikation

klare Indikation

ROHMANN et al. (1988) legen Wert auf eine klare und differenzierte Indikationsstellung. Angezeigt sind KI und K.M.A. bei Kindern, Jugendlichen und Erwachsenen mit Autoaggressionen, wobei die Verfahren insbesondere für Geistigbehinderte ausgelegt sind, Weiter werden damit eine verzögerte oder eine gestörte Schmerzwahrnehmung behandelt. Außerdem dienen die beiden Verfahren dazu, eine Dominanzstörung zwischen Patient und Bezugsperson zu behandeln. Dies ist der Fall, wenn der Patient seine Familie beherrscht. Dadurch wird er orientierungslos, wohingegen seine Eltern hilflos werden. Neben diesen Störungen dienen K.M.A. und KI dazu, folgende Ziele zu verfolgen:

(1) Veränderungen bei der haltenden Person:
Durch die geschilderte Behandlung kann die Bezugsperson des Patienten ihre Einstellung zu ihm ändern. Sie kann lernen, ihn besser zu verstehen und anzunehmen.

(2) Sprach- und Kommunikationsaufbau.
Vor allem für autoaggressive Patienten ist es wichtig, daß sie sich anders mitteilen lernen als durch ihre Autoaggressionen.

(3) Aufbau von Bewegungen und Handlungen die Autoaggressionen ausschließen. Dadurch haben die Patienten Alternativen zur Autoaggression, sie sind ihren Schlägen nicht mehr ausgeliefert.

Bis auf die Autoaggressionsbehandlung im engen Sinne treffen die genannten Indikationen auch auf nicht-autoaggressive Kinder und Jugendliche zu, wenn sie unter den entsprechen Störungen und Defiziten leiden.

Kontraindikation

Kontraindiziert sind K.M.A. und KI in folgenden Fällen: Wenn der Patient und seine Bezugsperson in einer pathologisch-symbiotischen Beziehung aneinandergekettet sind, können die Verfahren nicht eingesetzt werden. Denn die Bezugsperson braucht einen gewissen inneren Abstand, um die Therapie sinnvoll durchführen zu können. Weiter können K.M.A. und KI nicht angewendet werden, wenn sich der Patient ohnedies an die Bezugsperson anklammert und festhält, um etwas zu erreichen.

Die K.M.A. verbietet sich ab einem gewissen Alter aus zwei Gründen: Einmal sind die Patienten körperlich zu stark; der Therapeut bzw. die Bezugsperson kann ihren physischen Widerstand nicht durchstehen. Zum anderen bekäme sonst die Stimulierung des Oberkörpers bei weiblichen Patienten in der K.M.A. einen sexuellen Charakter.

Indiziert ist dann die KI für Jugendliche, die auf diese Gegebenheiten Rücksicht nehmen.

4. Dokumentierte Ergebnisse

ROHMANN und HARTMANN (1988) berichten, daß die dargestellten Verfahren bislang mit etwa 120 nicht-autoaggressiven Kindern und Jugendlichen und mit etwa 30 autoaggressiven Patienten durchgeführt wurden. Sie konstatieren, daß „die Grundelemente wirksam zu sein" scheinen (ROHMANN und HARTMANN, 1988). Die Wirkungen waren dabei unterschiedlich; nähere Einzelheiten teilen ROHMANN und HARTMANN dazu nicht mit. Sie verweisen darauf, daß beide Verfahren noch im Entwicklungsstadium sind; eine empirische Überprüfung sei bereits begonnen.

5. Kombination mit anderen Therapien

Kombination mit vielen Therapien möglich

K.M.A. und KI sind prinzipiell mit den Verfahren vereinbar, deren Elemente sie aufgreifen und weiterentwickeln. ROHMANN und Mitarbeiter nehmen zu dieser Frage nicht direkt Stellung; die Vereinbarkeit läßt sich jedoch aus der Darstellung erschließen. Zu nennen sind im Einzelnen die Musik-Körpererfahrungs-Therapie von FACION, die Gestalt-Therapie von BESEMS, die Basale Kommunikation nach MALL, die Aufmerksamkeits-Interaktions-Therapie nach HARTMANN et al. und das Entspannungstraining nach JACOBSON. Die Frage nach der Vereinbarkeit mit der Modifizierten Festhaltetherapie läßt sich nicht direkt beantworten, da ROHMANN und Mitarbeiter diesen Punkt nicht explizit behandelt. Aus dem Artikel von ROHMANN und FACION (1984) ist aber zu entnehmen, daß die Festhaltetherapie bei Autoaggressiven kontraindiziert sein kann.

6. Kein Anspruch auf Heilung

In ihren Ausführungen zur K.M.A. und zur KI vermeiden es ROHMANN und Mitarbeiter absichtsvoll, von Heilung der Auto-

kein Anspruch auf Heilung

aggression zu sprechen. Ebensowenig ist das bei den übrigen Indikationen der Fall. Aus den Zielen der Verfahren (vgl. Abschnitt 3) wird dagegen klar, daß das Verschwinden der Autoaggression selbst nicht im Blick ist. Vielmehr geht es darum, Bedingungen zu schaffen, die es dem Patienten möglich machen, auf seine Autoaggressionen gewissermaßen zu verzichten. Selbst wenn dies optimal gelänge, kann sich der Patient stets gegen die vermittelten Alternativen entscheiden und sich weiter schlagen. Diese Möglichkeit kennzeichnet eine Eigenheit menschlicher Selbststeuerung.

7. Empirische Prüfung

keine empirische Prüfung

Nach ROHMANN et al. (1988) wird eine empirische Überprüfung derzeit durchgeführt. Die Ergebnisse liegen nicht vor.

8. Abgrenzung zu anderen Haltetherapien

Abgrenzung zu Haltetherapien

Wie bereits in Abschnitt 5 besprochen, ergibt sich eine Abgrenzung zu den Festhaltetherapien (ZASLOW, WELCH, PREKOP, ROHMANN & HARTMANN) durch die Kontraindikation bei Autoaggressionen, wie ROHMANN & FACION (1984) ausführen. Das Festhalten kommt dabei einer Fixierung des autoaggressiven Patienten gleich. Fixierungen sind jedoch nach Meinung der Autoren therapeutisch unwirksam, „da sie den Bewegungs- und somit auch den therapeutischen Spielraum extrem einengen und u.E. sogar die autoaggressiven Verhaltensweisen verstärken“ (ROHMANN & FACION 1984, S. 101).

9. Kritische Würdigung

klare Indikation

K.M.A. und Körperzentrierte Interaktion mit Jugendlichen sind indiziert bei Autoaggressiven und bei Kindern und Jugendlichen mit gestörter Schmerzwahrnehmung. Weiter sehen ROHMANN und Mitarbeiter die beiden Verfahren indiziert bei Dominanzstörungen zwischen Eltern und Kind sowie zum Sprach- und Kommunikationsaufbau. Dabei zielen beide Methoden auch auf die Veränderung der an der Therapie beteiligten Bezugsperson.

Mit dieser Indikationsstellung berücksichtigen ROHMANN und Mitarbeiter Aspekte des Störungsbildes, theoretische Aspekte und den Aspekt der Wirkungsweise der Therapien. Bei Autoaggressiven treffen oft alle genannten Indikationen zu, so daß die Indikation für Autoaggressive sehr differenziert und präzise gestellt ist. Für nicht-autoaggressive Patienten, auf die z.B. nur eine der Indikationen zutrifft, geht die Anwendung von K.M.A. oder KI nicht mit derselben Klarheit hervor. Eine Präzisierung erbringen jedoch zwei Kontraindikationen, die ROHMANN et al. anführen. Beide Verfahren sollen nicht eingesetzt werden, wenn der Patient und seine Bezugsperson in einer pathologisch-symbiotischen Beziehung stehen oder, wenn der Patient das Festhalten oder Klammern einsetzt, um Dominanz auszuüben.

Insgesamt wird klar, daß es sich bei K.M.A. und KI um sehr spezifische Verfahren handelt, deren Einsatz nur bei festgelegten Störungen und zu bestimmten Zielen in Frage kommt.

Gleichzeitig erheben ROHMANN und Mitarbeiter keinen Anspruch auf Heilung der angesprochenen Störungen. Somit unterscheidet er sich von jenen Ansätzen, die wenig differenziert auf eine Vielfalt von Störungen angewendet werden mit dem Anspruch, sie zu heilen.

Die Frage der Kompabilität von ROHMANNs Verfahren mit anderen Therapien kann hier nicht näher diskutiert werden, da eine direkte Stellungnahme hierzu fehlt. Aus dem Selbstverständnis der K.M.A. und der KI mit Jugendlichen als Basis-Therapien kann aber geschlossen werden, daß eine ergänzende Arbeit mit anderen Ansätzen intendiert ist. K.M.A. und KI sind demnach Verfahren, die die Grenzen ihres Wirkungsspektrum respektieren. Bislang liegen keine Fallberichte oder empirische Studien vor. Die Frage nach der Wirksamkeit von K.M.A. und KI bleibt damit offen.

überwiegender Einsatz bei selbstverletzendem Verhalten

Beide Methoden unterscheiden sich in einigen Punkten bedeutsam von anderen Haltemethoden. Zum einen haben sie einen speziellen Wirkungsschwerpunkt, nämlich Autoaggressionen und sie bedingende Störungen (s.o.). Mit Autoaggressionen gehen häufig autistische Züge der Patienten einher. Vergleichen mit dem breiten Ansatzpunkt anderer Haltetherapien haben die K.M.A. und die KI einen sehr differenzierten und scharf gefaßten Ansatzpunkt. Zum anderen steht dem gegenüber eine Reihe von vielgestaltigen therapeutischen Strategien, die auch im Detail der Gesamtkonzeption von K.M.A. und KI folgen. Wiederum sind K.M.A. und KI im Vergleich mit anderen Halteansätzen facettenreich und differenziert.

vielgestaltige therapeutische Strategien

Halten soll abgebaut werden

wenig invasives Verfahren

Schließlich sei die Rolle erwähnt, die ROHMANN dem Halten zuschreibt. Halten ist — bei der KI deutlicher als der K.M.A. — eingegrenzt auf die Aufgabe, therapeutische Schritte und Übungen einzuleiten, bzw. therapeutisches Arbeiten zu ermöglichen. Ansonsten ist es Bestandteil des therapeutischen Konzepts, Halten und damit Fremdkontrolle so weit wie möglich im Zuge Therapie abzubauen, also letztlich gerade nicht therapeutisch zu halten, damit eben der Patient Selbststeuerung entwickeln kann. Verglichen mit Ansätzen, die das Halten als therapeutisches Mittel ins Zentrum der Therapie stellen, vertritt ROHMANN mit K.M.A. und KI ein „sanftes" und wenig invasives Haltekonzept.

Unsere Empfehlung:

Die KI ist ein nur bedingt invasives Verfahren. Sie beinhaltet sowohl die wesentlichsten Elemente der Basalen Kommunikation, der Musik-Körpererfahrungstherapie und der Integrativen Körpertherapie als auch neue interaktive Elemente. Der Vorteil gegenüber den anderen Verfahren ist, daß die einzelnen Methoden der KI so konzipiert sind, daß der behinderte Mensch seinen Fähigkeiten entsprechend immer mehr zur Selbststeuerung, das heißt eigener Aktivität hingeführt wird. Bei Gelingen der einzelnen therapeutischen Schritte wird so ein Dialog auf einer höheren kognitiven/sensorischen Stufe möglich. Der Körper ist nicht mehr primärer (vorrangiger) Kommunikationskanal, sondern die Fernsinne (Sehen und Gehör) sowie höher strukturierte nonverbale motorische Aktivitäten (z.B. komplexere Gestik) werden aktiviert und erweitert.

Theorie		Methode		Indikation		Kombination		Dokumentation		Empirie	
umfassende Darstellung	2.6	umfassende Darstellung	1	umfassende Darstellung	3	Abgrenzung von anderen HT's	2	Falldarstellung	4.5	diagnostische Beschreibung der Vpn.	5
Theorieprüfung	3	Nachvollziehbarkeit	1.6	logische Ableitung aus der Theorie	3.3	Flexibilität	2	Ausführlichkeit	4	ausreichende Angaben zur Person (Alter, Geschlecht, Entwicklung)	5
Ableitung der Therapie aus theoretischen Annahmen	2.3	interaktiv	1.3	Begründung	2.6	Kombination mit anderen HT's	2	Berücksichtigung anderer therap. Variablen	3	methodisches Design	5
Logik des Schlusses	2	Breite der therapeutischen Reaktionsmöglichkeiten	1	Kontraindikation	3.3	Kombination mit anderen Therapien	2	begrenzte Dauer	4.5	Gruppenvergleich	5
Homogenität	2.5	Kindorientiertheit	2.3	Realitätsbezug (Heilung nicht möglich	1.6	Akzeptanz anderer Methoden	2	diagnostische Beschreibung der Störung	2	Meßinstrument	5
Originalität (eigenständige Hypothesen)	1.6	Dynamik der Methode	1.3			Literaturauseinandersetzung	2.3	ausreichende Angaben zur Person	4	Signifikanzprüfung	5

Abbildung 8: Gesamteinschätzung der Körperzentrierten Interaktion nach ROHMANN, FACION & KALDE (3 Rater)
Die Einschätzungen von jeweils 5 unter Empirie liegt an einer fehlenden wissenschaftlichen Prüfung

Kapitel 10

Festhalten am Festhalten?

1. Einleitung

Wir haben bisher die überwiegend bekannten Festhalte- und Körpertherapien beschrieben und uns, bis auf die jeweilige kritische Würdigung und Beurteilung am Ende jeden Kapitels, weniger mit den übergeordneten Fragen der Sinnhaftigkeit und ethischen Vertretbarkeit des therapeutischen Haltens beschäftigt. Dieses Kapitel ist nun vor allem den Kritikern des therapeutischen Haltens gewidmet (BIERMANN, 1985, 1988; STÖRMER & KISCHKEL 1986; KISCHKEL & STÖRMER 1988; FEUSER 1987, 1988; HERBST 1988; DALFERTH 1988; JANTZEN & V. SALZEN 1986; DIRLICH-WILHELM 1987; HEILMANN 1988). Allein FEUSER und JANTZEN heben sich von den Kritikern ein wenig ab, JANTZEN vor allem dadurch, daß er Halten als Hindern akzeptieren kann und dies ehrlich in einer Falldarstellung (1985) beschreibt. FEUSER moniert ohne emotionalen Pathos die berechtigte Tatsache, daß grundsätzlich viel zu wenig kontroverse Auseinandersetzungen in der Wissenschaft stattfinden.

Hinsichtlich der Festhalte-Diskussion reichen die zu begrüßenden kontroversen Auseinandersetzungen aber leider nur zu Polarisierungen. Der Weg für eine therapeutische Weiterentwicklung zu vergleichbar effektiven, aber weniger invasiven Methoden bleibt verbaut. FEUSERs Gegenrede ist aber nicht dogmatischer Art. Uns scheint, daß er bemüht ist, grundlegendere Mängel über das Festhalten hinaus aufzudecken: Denn er bemängelt vor allem die immer wieder vorgefundene und praktizierte Trennung von Theorie und Praxis. Der viel zu wenig genutzte Weg der Rede und Gegenrede zu einer Sache ist denn auch FEUSERs Meinung nach begründet in einem Harmoniebedürfnis und in einer damit einhergehenden Konfliktscheu des heil- und sozialpädagogischen Berufsstandes (S. 115, 1988). Dies können wir voll unterstreichen.

Wir wollen an dieser Stelle nun in begrenzter Form versuchen, die wesentlichste Kritik am Festhalten beschreiben und diskutieren. Halten wird in den folgenden Abschnitten unterschiedlich begrifflich bestimmt:

a) *Therapeutisches Halten*
Diesen Begriff benutzen wir, wenn von Haltemethoden die Rede ist, die als therapeutische Verfahren definiert und dokumentiert sind und von uns als Therapiemethode akzeptiert werden.

Wesentlichstes Kriterium dafür ist, daß die jeweilige Methode begrenzt rigide ist, die jeweiligen Kindreaktion berücksichtigt und wechselseitig kommunikativ/interaktiv erweitert werden, wie dies bei der Modifizierten Festhaltetherapie, der Basalen Kommunikation und der Körperzentrierten Interaktion der Fall ist.

b) *Erzwungenes Halten*
Diesen den Kritikern entlehnten Begriff benutzen wir, wenn es um Haltemethoden geht, die in sich begrenzt und starr sind, die Kindreaktionen wenig oder nicht berücksichtigt werden. Aufbau von Kommunikation/Interaktion steht hier nicht im Vordergrund. Dem Begriff des erzwungenen Haltens sind die Festhaltetherapie, die Mutter-Kind-Haltetherapie, die Wut-Reduktionsmethode und mit Einschränkungen, die Integrative Körpertherapie zuzuordnen.

Diese Einteilung ist aus unserer Position subjektiv, da die Argumentation der Gegner wie auch der Befürworter subjektiv ist. Wir widersprechen FEUSERs These einer „wissenschaftlichen Verdichtung" (FEUSER 1988, S. 115) seiner Argumentation nicht. Dementsprechend kennzeichnen wir unsere Argumente als ebenso wissenschaftlich verdichtet, seien sie nun an die Gegner oder Befürworter gerichtet.

Es gibt also auf beiden Seiten wenig empirisch belegte Fakten, sondern nur individuell geprägte ethische Positionen. Allerdings ist es von Wichtigkeit, ein solches Verfahren wie das Festhalten (je nach Methode mehr oder weniger) immer wieder kritisch zu hinterfragen.

Leider beziehen sich die Kritiker überwiegend auf die Festhaltetherapie nach PREKOP, die den höchsten Bekanntheitsgrad hat, aber auch die größte Angriffsfläche zeigt. Dadurch werden die anderen Formen des Haltens in ungerechtfertiger Weise mitberührt, sozusagen in „einen Topf geworfen". Es wird das „Feindbild des Haltens" per se entworfen und wenig berücksichtigt, daß sich andere Haltetherapien sehr wohl mit der größtenteils berechtigten Kritik auseinandersetzen. So wird z.B. in vielen Arbeiten eine mangelnde wissenschaftliche Prüfung kritisiert. Die einzige Untersuchung aber, die wissenschaftlichem Standard genügt (ROHMANN & HARTMANN 1985) wird von allen Autoren (außer FEUSER 1988) ignoriert. Um dieser Tatsache auf den Grund zu gehen, schrieben wir beispielhaft die Autoren KISCHKEL & STÖRMER an. Diese teilten uns mit, diese Arbeit, obwohl in der renommiertesten Kinder- und Jugendpsychiatrischen Zeitschrift erschienen, nicht zu kennen. Wenn man zu diesem Themenkreis schreibt, kann man, auf Grund der relativ wenigen Literatur, davon ausgehen, daß diese zumindest bekannt ist. Der Hinweis auf diese Arbeit, die eine wissenschaftliche Prüfung dokumentiert, wurde dann von KISCHKEL mit folgenden Worten beantwortet: „Wir teilen auch nicht Ihre ‚Experimentierfreudigkeit'" (KISCHKEL, 13.2.89).

Hier wird die einerseits von KISCHKEL und STÖRMER geforderte wissenschaftliche Prüfung einfach nicht zur Kenntnis genommen, sondern vielmehr als „Experimentierfreudigkeit" diskriminiert. Es geht diesen Autoren offensichtlich nicht um kritische Auseinandersetzung, sondern sie haben ihre Position bereits gewählt. So schreibt denn KISCHKEL weiter: „. . . sondern finden, daß man mit dieser Methode einfach Schluß machen sollte." (KISCHKEL, 13.2.89)

Ein anderes, positiver zu bewertendes Vorgehen zeigt JANTZEN (1986). Er geht in seiner Argumentation viel weiter als KISCHKEL und STÖRMER (1988), indem er das

Halten als „Folter" beschreibt. JANTZEN zeigt an anderer Stelle eindrucksvoll auf, daß er in einer Extremsituation selbst festgehalten hat. Er sieht aber in der Art seines Haltens eine Form des Kommunikations- und Interaktionsaufbau und setzte das Halten nur situationsabhängig (in einer Krise) und so wenig invasiv wie möglich ein. Diese ehrliche Beschreibung JANTZENs zeigt zum einen auf, daß auch er seine therapeutischen Grenzen gefunden hat und in einer Extremsituation hilflos (-reich) festhielt, auch wenn er diese Reaktion nicht als therapeutische Methode verstanden haben will. Aber er ist der einzige von allen Kritikern, der über eigene praktische Erfahrungen berichtet. Hier bleibt ein Dialog möglich, hier lassen sich Brücken schlagen zur Modifizierten Festhaltetherapie und zur Körperzentrierten Interaktion, deren Autoren sich bemühen, Alternativmöglichkeiten zu finden. JANTZEN setzt sich also direkt mit dem Problem auseinander, er ist Praktiker, kein „Schreibtisch-Dogmatiker".

Diese beiden Beispiele mögen vorerst genügen, um unsere Position klarzustellen: Wir wollen Kritik nicht ignorieren, sondern fordern konstruktive Alternativen.

In den nächsten Abschnitten versuchen wir nun Stellung zu nehmen zu den wesentlichsten Kritikpunkten des erzwungenen Haltens und setzen Argumentationen des therapeutischen Haltens entgegen.

2. Die Schuldzuweisung an die Eltern

Vor allem in den Jahren 1983 bis 1986 wurde die These einer Schuldzuweisung am autistischen Verhalten ihrer Kinder den Eltern gegenüber heftig diskutiert. Ausgehend von den Arbeiten von TINBERGEN & TINBERGEN (1983), WELCH (1983) und PREKOP (1983), die eine direkte oder indirekte Schuld am autistischen Verhalten ihrer Kinder den Eltern zuschrieben, wurden Gegenargumente beschrieben bzw. diskutiert. Eine solche Schuldzuweisung wurde später von PREKOP revidiert, indem sie nun unserer technokratischen Gesellschaftsform, in die die Eltern nun einmal hineingeboren wurden, die Schuld gibt: „Unser Wohlstand läßt es zu, daß sich die Mutter dem Kind anpaßt und nicht umgekehrt. Schon der Säugling lernt, daß er stärker ist als die Mutter; in der gleichen Relation erlebt er die Mutter schwächer, als biegsamer. Dadurch aber verliert das Kind die Chance, sich bei der Mutter geborgen zu führen und bei ihr die Orientierung zu finden" (PREKOP, 1986, S. 18).

Ein fehlendes Selbstvertrauen durch mangelndes Urvertrauen ist denn auch in diesem Zusammenhang Tenor von GRUEN (1986).

FEUSER (1988) setzt sich mit dieser Problematik ausführlich auseinander und kommt zu dem Schluß, daß eine solche Schuldzuweisung weder haltbar noch belegbar sei.

Aber auch FEUSER formuliert so unvorsichtig, daß man ihm indirekt eine Schuldzuweisung an die Eltern am autistischen Verhalten ihrer Kinder unterstellen könnte: Spezifische autistische Verhaltensweisen, . . ." die uns zu Gegenmaßnahmen motivieren, sind in der Regel das entwicklungslogische Produkt ihrer Sozialisation . . ." (FEUSER, 1988, S. 117). Wir wollen hier nicht FEUSER aus dem Sinnzusammenhang interpretieren, doch an diesem Beispiel darauf hinweisen, wie schnell und wie eng Rede und Gegenrede in eine Richtung interpretiert werden können.

FEUSER (1988) schreibt aber an anderer Stelle: „Es muß zur Entlastung der betroffenen Eltern deutlich gesagt werden, daß bis heute keine Untersuchungen vorliegen, die den Nachweis erbringen könnten, daß Eltern autistischer Kinder ursächlich für die Entstehung der Behinderung ihrer Kinder verantwortlich gemacht werden könnten. Es ist unverantwortlich von den Vertretern dieser Auffassungen und des „erzwungenen Haltens", daß sie eine solche Last auf die Schultern der Eltern legen. Diese ist eher geeignet, den Eltern für die mit den Kindern durchzuführenden gewaltanwendenden Maßnahmen zu präparieren, als daß damit ein Beitrag zur Aufklärung des frühkindlichen Autismus geleistet würde." (S. 127, 1988).

Ob nun die Gesellschaft oder, als Folge davon, die Eltern Schuld haben ist faktisch überflüssig zu diskutieren. Tatsache ist, daß von Seiten der Befürworter der Festhaltetherapie (erzwungenen Haltens) von einer emotionalen Störung, einer Bindungsstörung die Rede ist, also in klaren Worten, die Mutter zeigt dem Kind gegenüber nicht genügend Liebe. PREKOP rückt zwar immer mehr von dieser Argumentation ab, der Arbeitstitel ihres neuen Buches beweist aber das Gegenteil: „Hättest du mich festgehalten . . ." Einen eindeutigeren Schuldzuspruch kann es kaum geben. (PREKOP, 1989)

Auch auf dem 3. Festhaltesymposion in Lindau (1988) wurde dies von einer Anhängerin und Anleiterin der Festhaltetherapie eindrucksvoll dokumentiert: In einer Falldarstellung sprach sie von „linkshemisphärisch belasteten Eltern". Alle Teilnehmer (bis auf uns, d.h. U. ROHMANN und H. ROHMANN) schienen genauestens zu verstehen, was damit gemeint war und lächelten wissend.

Mit dieser Aussage wurde gemeint, daß die Eltern ausschließlich rational (d.h. mit ausgesprochen wenig emotionalen Verhalten) ausgestattet waren. D.h., auch wenn in schriftlicher Form von einer direkten Schuldzuweisung mittlerweile abgesehen wird, so ist diese These bei den Anhängern jedoch vorhanden.

Ein noch extremeres Beispiel unsachlicher und gefährlicher Argumentation lieferte Arno GRUEN (auf dem gleichen Symposion). Er erklärte einen der wichtigsten Kritiker (Prof. Dr. G. FEUSER) als möglicherweise psychisch vorbelastet (krank?), da er als Kind nicht festgehalten wurde und deshalb zwangsläufig gegen die Festhaltetherapie eingestellt sein muß. Ähnliches muß er auch in der Schweiz bei der Tagung „Festhaltetherapie Pro und Contra" (Zürich 1986) gesagt haben, nur hat er diesen Beitrag auf seinen Wunsch aus dem Tagungsbericht streichen lassen. Aus der Antwort von Frau SCHLIENGER geht aber eine solche Schlußfolgerung hervor. Hier wird dann eine Methode zur (krankhaften) Ideologie.

An dieser Stelle sollen nun, um diese für Eltern verletzende und Gegner der Festhaltetherapie diskriminierende Diskussion nicht überzustrapazieren einige Fakten vorgestellt werden, die diese Argumentation entkräften.

(1) Autistische Kinder werden in allen Geschwisterreihen geboren. Mal ist es das erste, mal das zweite, mal das dritte Kind. Oft sind die anderen Geschwisterkinder nicht behindert. Warum? Frau PREKOP wußte in Lindau darauf auch keine wissenschaftliche akzeptable Antwort.

(2) Die Wahrscheinlichkeit, bei einem autistischen Kind ein zweites autistisches Kind zu bekommen ist 50mal höher als bei der Geburt eines gesunden Kindes (DSM III). Dies spricht für eine genetische Disposition.

(3) Es gibt wenig Familien, die zwei und mehr autistische Kinder haben.

(4) Auf dem letzten Europäischen Kongreß für Autismus (1988) in Hamburg wurden eine Vielzahl von Verursachungsmöglichkeiten vorgestellt, niemand sprach von einer Schuld der Eltern.

Nicht betroffen von dieser Diskussion sind die Modifizierte Festhaltetherapie, die Musik-Körpererfahrungstherapie, die Basale Kommunikation, die Integrative Körpertherapie und die Körperzentrierte Interaktion.

3. Der Heilungsanspruch

Eine Schuldzuweisung an die Eltern beinhaltet dann zwangsläufig auch einen Heilungsanspruch: Wird die emotionale Mutter-Kind-Störung durch die Festhaltetherapie revidiert, verschwindet auch die Störung.

Da nun Autismus aber nicht heilbar ist (s.u.) müssen eine Vielzahl von Eltern, deren Kinder durch das Festhalten nicht geheilt werden, mit einer zusätzlichen Schuldenlast leben, weil sie es nicht geschafft haben, trotz therapeutischer Hilfe ihrem Kind die Liebe zu geben, die es braucht. Ein solches Vorgehen ist wissenschaftlich nicht haltbar, da Beweise fehlen und vor allem ethisch sehr fragwürdig.

Das frühkindlich autistische Syndrom ist nicht heilbar (bis heute). Allein die Tatsache, daß über 80% der autistischen Kinder geistig behindert sind, läßt einen Heilungsanspruch nicht zu. Man läuft Gefahr, Autismus umzudefinieren, an Symptomen festzumachen, die auch teilweise revidierbar sind. Dies nur mit einem kurzen Beispiel belegt: In der Diskussion um das erzwungene Halten taucht immer wieder auf, daß das autistische Kind Blickkontakt zeigt. Blickkontakt wird gleichgesetzt mit der Suggestion, „das Kind nimmt mich wahr". Der Blickkontakt als Indikator für Heilungsfortschritte ist aber extrem überbelastet worden. So haben wir in unserer Arbeit feststellen können, daß eben ein solcher Blickkontakt auch eine neue Form der Fixierung (Stereotypie) bedeuten kann, daß das Kind uns nicht wahrnimmt, sondern sich dadurch erneut blockiert (vgl. auch KALDE 1988). Autisten ersetzen oft Symptome mit neuen Symptomen (sogenannte Symptomverschiebungen). Aber welche

Mutter wäre nicht glücklich, wenn ihr Kind sie erstmalig ansieht. Erst später wird sie merken, daß dieser Blickkontakt möglicherweise die eben beschriebenen Folgen hat.

Selbst bei den günstigsten Voraussetzungen:

— mindestens durchschnittliche Intelligenz:
  Nichtgeistig- und lernbehinderte Autisten verfügen aber meist über eine überdurchschnittliche Intelligenz (ca. 10% der gesamten Autisten sind intelligent, 90% sind geistig- oder lernbehindert).

— Früherkennung in den ersten beiden Lebensjahren:
  Dies ist auch problematisch, weil ein seriöser Diagnostiker in diesem Lebensabschnitt keinen Autismus diagnostizieren würde (höchstens den Verdacht)

— und überdurchschnittliche gezielte Förderung:
  trotz oder mit welcher Methode auch immer,

verbleiben in der Regel Auffälligkeiten vor allem im sprachlichen, im kreativen und sozialen wie zwanghaften Bereich.

Und selbst, wenn es zu Heilungen gekommen wäre, ist es ethisch nicht vertretbar, diese Erfolge, an die wir nicht glauben (da sie nie entsprechend dokumentiert wurden) zu veröffentlichen und somit Hoffnungen zu wecken, die durch nichts haltbar sind.

Nicht betroffen von dieser Diskussion sind die Modifizierte Festhaltetherapie, die Musik-Körpererfahrungstherapie, die Basale Kommunikation, und die Körperzentrierte Interaktion.

4. Gewalt gegen das Kind und der Wille des Kindes

In sämtlichen Arbeiten, die das „erzwungene Halten" kritisieren, taucht immer wieder der Gewaltbegriff auf. Enttäuschenderweise wird aber der Begriff der Gewalt nie definiert, zumal dieser Begriff in unterschiedlichster Form in den Bereichen der Soziologie und Philosophie beschrieben wird.

Primär steht der Gewaltbegriff im Kontext mit Herrschaftsstrukturen, Politik und Macht. Eine Definition auf diesen Ebenen trifft aber nicht das, was die unterschiedlichen kritisierenden Autoren offensichtlich meinen. Bei ihnen scheint mit „Gewalt" eher ein einseitiger „aggressiver Akt" gemeint zu sein. Damit kann man sich auseinandersetzen, wenn es formal so beschrieben wird. Eine solche Betrachtungsebene aber, abgesehen von dem eben beschriebenen Mangel an Begrifflichkeit, ist andererseits als ebenso subjektiv zu beschreiben, wie die bei PREKOP mit Recht kritisierte Unklarheit ihrer verwandten Begriffe.

Gehen wir nun von der von uns so verstandenen Definition des Gewaltbegriffes FEUSERs u.a. als einen einseitigen aggressiven Akt dem Kind gegenüber aus, so läßt sich feststellen, daß dies beim „erzwungenen Halten" (im speziellen bei der Festhaltetherapie nach PREKOP) gerechtfertigt ist. Diese Rechtfertigung läßt sich allein aus PREKOPs Indikation ableiten, da sie dafür plädiert, auch nicht behinderte Kinder (vorbeugend) festzuhalten. Bei autistischen oder autoaggressiven Kindern ist es aber nicht möglich, daß therapeutische Halten als aggressiven Akt, losgelöst vom Gesamtkontext der jeweiligen individuellen kindlichen Entwicklung zu sehen.

So kann z.B. bei schwer-autoaggressiven oder fremdaggressiven Kindern das therapeutiscche Halten als aggressiver Akt (gewaltsamer Akt im Sinne von FEUSER) zum einen ein Akt der Notwehr oder im Sinne von JANTZEN ein Akt der humanen Hilfestellung, sofern er kurzfristig und nur als Beruhigung bzw. zum Schutz eingesetzt wird, gewertet werden.

Allein diese kurz umrissenen Überlegungen zur Begrifflichkeit der Gewalt zeigen auf, wie wichtig und notwendig es ist, bestimmte subjektiv gefärbte Begriffe wie Gewalt o.ä. genau zu definieren. In diesem Falle ist es bedauerlich, daß sowohl FEUSER als auch PREKOP sich in ihrer subjektiven Argumentation wenig unterscheiden. Nun muß aber auch gesagt werden, daß FEUSER sich grundsätzlich um Definitionen bemüht. Er hat z.B. Begriffe wie Emotion oder Motivation aus seiner Sicht klar definiert. Eine gleichberechtigte Kritik an FEUSER und PREKOP würde die Dinge auf den Kopf stellen. PREKOP wirft mit Begriffen nur so „um sich" (z.B. omnipotent, linkshemisphärisch, Logik des Herzens, autokratisch u.v.m.)

Wir wollen uns nun an eine Definition des Gewaltbegriffes wagen. Wir definieren Gewalt im juristischen und herkömmlichen Sprachgebrauch als eine Einschränkung der Freiheit des Individuums durch Ausübung von Macht Dritter.

Kommen wir nun zur Gewalt beim Festhalten:

Gewalt aus Sicht der Kritiker bedeutet in diesem Zusammenhang das Brechen des Willens, des Widerstandes, der Ich-Identität des Kindes usw. In diesem Zusammenhang schreibt FEUSER an anderer Stelle, als er sich mit der Wut-Reduktions-Methode auseinandersetzt u.a., daß es bei diesem therapeutischen Verfahren eindeutig darum geht, den . . ." Widerstand und damit den Willen des Kindes, der ihn ermöglicht, zu brechen" (FEUSER 1988, S. 131).

Hier wird von FEUSER eine Behauptung aufgestellt, die subjektiv emotional richtig sein mag, aber nicht zwangsläufig logisch ist. Es ist nicht zwangsläufig logisch, daß Widerstand eine Form der Willensäußerung ist. Der Wille eines Kindes ist nach unserer und auch nach FEUSERs Auffassung eine psychische Energie, die fähig ist, gezielt, d.h. auch bewußt, spezifische Bedürfnisse des Individuums zu artikulieren, bzw. durchzusetzen.

Dabei kann Widerstand eine solche Funktion übernehmen. Nur hier sind bestimmte Voraussetzungen notwendig, d.h. es muß eine ungestörte Ich-Funktion des Kindes vorhanden sein, zum anderen müssen spezifische Artikulations- bzw. Kommunikationsmechanismen vorhanden sein, die eine Willensäußerung eindeutig machen.

Die Kritik FEUSERs ist berechtigt, wenn man von der Festhaltetherapie nach PREKOP ausgeht, die ja in ihren Indikationslisten auch Kinder festhalten läßt, die über ausgeprägte Ich-Funktionen verfügen, die über normale Intelligenz verfügen, die teilweise sogar präventiv festgehalten werden sollen.

In diesem Falle gibt es von unserer Seite aus keinen Widerspruch. Nur wird von FEUSER auch die MFT an anderer Stelle als eine Methode des erzwingenden Haltens beschrieben.

Jedoch werden bei der Modifizierten Festhaltetherapie (MFT) die Indikationen primär auf autistische Verhaltensweisen reduziert. D.h. die Autoren gehen von dem Krankheitsbild des autistischen Syndroms aus, über dessen kognitive Funktionsstörungen sie klare Aussagen machen (Zwei-System-Theorie).

Nach dieser Theorie der autistischen Störung ist aber nicht zwangsläufig davon auszugehen, daß ein autistisches Kind zu der Zeit oder direkt vor der Zeit, bevor es festgehalten wird, über einen Willen verfügt (vgl. Kap. 5). Mit anderen Worten heißt es, daß Wahrnehmung und Handlung des autistischen Kindes zum Zeitpunkt der Behandlung diffus und chaotisch verlaufen; es ist also nicht in der Lage, sein Verhalten willentlich zu steuern. Ist aber ein Mangel an Steuerung vorhanden, bedeutet dies gleichzeitig, daß auch ein Mangel an Willen vorhanden sein muß. Logischerweise kann dieser dann auch nicht gebrochen werden, da man nicht etwas brechen kann, was nicht vorhanden ist.

Im gleichen Zusammenhang muß auch die Frage gestellt werden, inwieweit spezifische Symptome den Willen des Kindes blockieren, bzw. dominieren: ROHMANN & HARTMANN (1988) haben dies am Beispiel von SVV (Selbstverletzendes Verhalten) wie folgt beschrieben:

„Ein Kind wird, aus welchen Gründen auch immer autoaggressiv, wobei es vorerst unerheblich ist, ob dieses Verhalten eine Reaktion auf mangelnde Zuwendung, Vermeidung oder auch Erwiderung auf einen (bekannten) Schmerzreiz darstellt (. . .)." (. . .) „Wenn eine offensichtliche Beziehung zwischen Situation und autoaggressivem Verhalten besteht, kann bei dem Kind noch eine relative Selbstkontrollkompetenz vermutet werden. Andererseits können Bezugsperson und autoaggressives Kind in einem Wechselwirkungsprozeß verhaftet sein, aus dem sich beide ohne Hilfe von außen nicht lösen können. In vielen Fällen haben die Kinder (unbewußte oder wenig bewußte) Mechanismen entwickelt, um ihre Umwelt zu dirigieren.

Die Bezugsperson wird nun mit dem selbstverletzenden Verhalten konfrontiert und wird eingreifend das Kind an der Autoaggression hindern. Dadurch wird das selbstverletzende Verhalten aber „positiv verstärkt" und die haltende Person durch die momentane Abnahme (Unterbindung) der Autoaggression ebenfalls. Durch die Verstärkung kommt es zu einer Erhöhung der Autoaggressivitätsfrequenz, so daß die Bezugsperson immer häufiger eingreifen muß. Sie gerät dadurch zusehens mehr in Abhängigkeit vom Kindverhalten. Das Kind wiederum wird durch eingreifende Maßnahmen immer mehr fremdbestimmt.

Diese zunehmende Fremdbestimmung führt zu einer Automatisierung des autoaggressiven Verhaltens. Der einzig kontrollierende Faktor ist also letztendlich die Autoaggressivität selbst. Folge ist, daß beide Interaktionspartner (Bezugsperson und Kind) vollkommen voneinander abhängig werden, somit handlungsunfähig sind. Handlungsunfähigkeit bedeutet in diesem Sinne, daß eine Erweiterung des Erfahrungs- bzw. Handlungsspielraumes nicht mehr gegeben ist.

Durchdenkt man dieses Beispiel, so fällt es einem schwer, den Begriff „Willen" sowohl auf den einen als auch auf den anderen Interaktionspartner anzuwenden. Wenn man überhaupt von Willen sprechen kann, so scheint nur das autoaggressive Verhalten über einen Willen zu verfügen. Das heißt, wir müssen uns darüber klar sein, daß in einer solchen massiven Ausnahmesituation von einem Willen des Kindes kaum gesprochen werden kann." (ROHMANN & HARTMANN 1988, S. 116)

Hier hat sich also das SVV verselbständigt, wird nicht mehr willentlich kontrolliert, „beherrscht" das Kindverhalten sowie das der Umwelt. Wenn hier therapeutisch Selbstkontrolle aufgebaut wird, u.a. auch mit invasiven Methoden, so wird hier nicht der Wille des Kindes gebrochen, sondern **aktiviert.**

FEUSER (1988) geht mit dieser Einstellung nicht konform. Er behauptet vielmehr, daß „jede Maßnahme, die den Austausch eines Menschen mit seiner Umwelt begrenzt oder gar verhindert, wie das mit dem „erzwungenen Halten" eklatant der Fall ist, . . . die Ich-Entwicklung des betroffenen Kindes behindert und seine adäquate integrative Funktion zerstört wird" (S. 133).

Dies ist eine Aussage, die wiederum von zwei Seiten zu betrachten ist: Sieht man diese Aussage auf das PREKOPsche Vorgehen des „erzwungenen Haltens", vor allem bei nicht autistischen Kindern, so ist diese Aussage voll zu unterstreichen.

Als allgemeingültige Aussage jedoch und das ist ein eklatanter Fehler der Aussage FEUSERs, stellt sie jede therapeutische bzw. pädagogische Maßnahme in Frage.

Nach dieser Aussage ist Therapie und Erziehung grundsätzlich nicht möglich. Therapeutische oder pädagogische Interventionen, wie auch jeder erzieherische Akt der Eltern beinhalten auch Begrenzungen des Kindes. Ein Kind, daß auf die Straße laufen will, wird daran gehindert, ein Kind, daß andere Kinder schlägt, wird daran gehindert. Es lassen sich an dieser Stelle vielfache Beispiele nennen.

Diese Aussage FEUSERs entspricht doch wohl mehr dem Summerhill-Modell der anti-autoritären Erziehung, ein Modell, daß nicht mehr zeitgemäß ist. Wir kommen in unserem Gesellschaftssystem leider nicht umhin, uns an bestimmte Normen zu halten (wobei der Sinn und Zweck dieser Normen durchaus fragwürdig sind), also auch eingegrenzt zu werden. Wir geben FEUSER nicht unbedingt unrecht, daß nach seiner Aussage jeder Mensch dieses Kulturkreises eine eklatante Ich-Funktions-Störung zeigt. Jedoch würde eine Änderung dieses Phänomens eine totale gesellschaftliche Veränderung bedeuten.

Die Befürworter des erzwungenen Haltens (PREKOP, GRUEN, WELCH, ZASLOW) sehen im Halten keine Gewaltanwendung: „Das was auf Anhieb als böse Gewalt erscheint, mag keine sein, während das, was liebevoll liebend angenommen wird, sehr wenig mit Liebe zu tun haben mag. Wahre Gewalt kommt uns oft als Güte entgegen, nur merken wir es nicht." (GRUEN & PREKOP 1986, S. 251). Diese Aussage ist demagogischer Art: Hier wird nicht nur ideologisierend eine Methode hochgelobt, sondern vielmehr suggeriert, daß gerade diejenigen, die Achtung vor den Kindreaktionen, Achtung vor der Persönlichkeit des Kindes haben, zu „heimlichen" Gewalttätern degradiert werden.

Erzwungenes Halten ist also eine Form liebevoller Gewalt, die gleichzusetzen ist mit natürlicher Autorität und somit ein Teilbestand des Urvertrauens. Allein dieser Aussage wegen müssen wir als verantwortungsvolle Therapeuten Leute wie GRUEN bekämpfen. So, wie wir Frau PREKOP kennen, entspricht dies nicht ihrer menschlichen Grundhaltung.

Auf der anderen Seite begeht BIERMANN (1985, S. 74) den Fehler, wiederum Statements in den Raum zu stellen, die jeder wissenschaftlichen Akzeptanz widersprechen: So schreibt Biermann z.B. „Die Festhaltetherapie wird zweifellos schmerzhaft erlebt . . ." (zit. nach KISCHKEL und STÖRMER 1986). Woher weiß er das sogar „ohne Zweifel"? Wie hat er das feststellen können, wie hat er das gemessen? BIERMANN muß als Mediziner wissen, daß Schmerz ein (neuro)physiologisches Phänomen ist oder ist er etwa doch ein psychisches (neurotisches?)? Haben die autistischen Kinder ihm berichtet, daß das Festhalten weh tut, wo tut es weh, wie es weh tut, warum es weh tut usw.?

Hat das Kind Schmerzen empfunden, hat der Festhaltende, der Anleiter oder der Beobachter Schmerzen empfunden? Autistische Kinder sind oft nicht in der Lage, ihre Empfindungen und ihre Gefühle adäquat und vor allem verbal zu äußern. Auch gibt es Hinweise, daß autistische Kinder anders als wir empfinden oder andere Signale zeigen, die wir oft nicht verstehen können. So lachen z.B. manche autistischen Kinder in Situationen, wo wir Bestürzung, Mitleid oder auch Schmerz empfinden würden.

Vielmehr sollten wir allmählich begreifen, daß wir autistische Kinder nicht immer begreifen können, weder in den Bereichen, wo wir „glauben", ihnen helfen zu können, noch in den Bereichen, wo wir lernen müssen, ihr „Anderssein" begreifen zu können.

Beschäftigen wir uns noch einmal mit dem „Willen". Verfügt das autistische Kind über einen Willen oder nicht?

FEUSER hat sicherlich Recht, wenn er schreibt, daß die Ich-Entwicklung von Anfang an einsetzt und sich später immer mehr ausdifferenziert. Er zieht daraus den Schluß, daß einer frühen Form der Ich-Funktion deshalb auf keinen Fall eine Willentlichkeit abgesprochen werden könne.

Willentlichkeit setzt aber gezielte Handlung auf welcher qualitativen Ebene auch immer voraus. Das hieße, daß autistische Kinder in der Fülle ihrer unterschiedlichsten extremen Verhaltensweisen zielgerichtet handeln. Würden sie wiederum, führen wir diesen Gedankengang weiter, so zielgerichtet handeln, wäre die Hypothese einer Störung der Informationsverarbeitung, eines kognitiven Defizites oder einer sonstwie beschriebenen neurophysiologischen Störung nicht gerechtfertigt. Dann wäre die logische Schlußfolgerung daraus, daß Autismus eine soziale Störung, also gelernt ist. Nun gibt es eine Vielzahl von Literatur und Untersuchungen, die dem widersprechen, selbst FEUSER vertritt eine gegenteilige ätiologische Meinung.

Das heißt, seine Antithesen zum erzwungenen Halten widersprechen seinen Thesen zur Ätiologie des Autismus.

Die Entwicklung der Ich-Funktion, in Anlehnung an FEUSER und anderer beginnt von Geburt an.

Die Ich-Funktion ist beim autistischen Kind nicht sehr stark ausgebildet, da es sich oft auf einer sehr niedrigen Entwicklungsstufe befindet. Auf Grund neurophysiologischer Störungen, die dem Autismus unserer Meinung nach zugrunde liegen (vgl. HARTMANN & ROHMANN 1984a, 1984b, 1988) und mit dieser Meinung stehen wir nicht allein (z.B. auch FEUSER 1988) kommt es zu bizarren Verhaltensweisen, die ihre Eigendynamik entwickeln, z.B. Autoaggressionen, stereotype Verhaltensweisen, Zwänge und Rituale. Von der Umwelt wird entsprechend hilflos reagiert, so daß zusätzlich diese Verhaltensweisen positiv verstärkt werden. Unter dem Strich wird letztendlich durch ein spiralförmiges Aufschaukeln von extremen Verhaltensweisen und entsprechenden Reaktionen bzw. Nicht-Reaktionen das autistische Kind und auch die Bezugsperson durch das autistische Verhalten beherrscht.

Wenn also überhaupt von einer „Ich-Funktion" zu sprechen ist, so hat diese das autistische Verhalten.

Dies wird beim therapeutischen Halten „aufgebrochen" und in Folge kanalisiert.

Wir bauen daher Selbststeuerung auf, indem wir das autistische Kind von der Abhängigkeit von seinem Verhalten trennen bzw. diese Abhängigkeit lockern. Dies allein reicht allerdings nicht aus. Es sollte immer parallel Alternativverhalten aufgebaut werden, wie dies in der MFT und der damit verbundenen Aufmerksamkeits-Interaktionstherapie geschieht. Eine Kanalisierung bzw. eine Vorgabe von Alternativhandlungen ist insofern notwendig, da bestimmte autistische Verhaltensweisen durchaus für den Körper und das Wohlbefinden des autistischen Kindes sinnvolle Funktionen erfüllen, z.B. Selbststimulation o.ä. Diese Lücke muß natürlich gefüllt werden.

Führen wir diesen Gedanken weiter, so ist die Frage, ob wir dem autistischen Kind Gewalt antun oder nicht, sekundär. Wenn überhaupt Gewalt im Definitionssinne von FEUSER — nicht in unserem Definitionssinne — ausgeübt wird, dann gegen die

Verhaltensweisen, die ja das Kind in sich fesseln, eine Entwicklung der Ich-Funktion verhindern bzw. verlangsamen und Selbststeuerung bzw. -kontrolle verhindern.

5. Weitere theoretische Mängel

Wir haben bereits die wesentlichen theoretischen Mängel diskutiert. Wir wollen aber auch an dieser Stelle noch anderen Kritikern begegnen: Wir gehen mit STÖRMER & KISCHKEL (1988) in Anlehnung an PAPOUSEK & PAPOUSEK (1981) insofern konform, daß Körperkontakt als alleiniges Grundbedürfnis für die Entwicklung sozialer Verhaltensmuster nicht ausreichend ist. Vielmehr spielen auch andere Variablen eine Rolle, wie z.B. die Variation von Nähe und Distanz, Körperhaltung, -bewegung, Mimik, Gestik, Blickverhalten, sowie andere nonverbale Kommunikationskomponenten. Unter anderem auch aufbauend auf die Arbeiten von PAPOUSEK wurde die Aufmerksamkeit-Interaktions-Therapie entwickelt, bei der insbesondere frühe kindliche Interaktions- bzw. Kommunikationsmechanismen berücksichtigt werden, die wiederum Einfluß auf die Modifizierte Festhaltetherapie genommen haben. Dazu zählen unter anderen die Variation von Nähe und Distanz, die Imitation des Kindverhaltens in Mimik, Gestik, Laut und Bewegung, bishin zur Vorgabe von Alternativ-Verhaltensweisen.

Somit kann an dieser Stelle gesagt werden, daß ein Großteil der kontroversen Elemente hinsichtlich des therapeutischen Haltens nicht auf die Modifizierte Festhaltetherapie zu übertragen sind. Schon die klassische MFT (ROHMANN et al. 1984; ROHMANN & HARTMANN 1985; ROHMANN 1985) formuliert ihre Annahmen in diese Richtung. Das Interaktive Halten (ROHMANN et al. 1988; ROHMANN, ELBING & ROHMANN 1989) postuliert letztendlich, daß das therapeutische Halten nur ein kurzer Weg sein muß, um andere interaktive bzw. kommunikative Dialogmöglichkeiten aufzubauen. Aber auch MALL (1983) sah in der Methode der Basalen Kommunikation primär nicht den Mechanismus des Haltens, sondern eher eine mögliche Hilfestellung. Bei Fällen besonders schwerer geistiger Behinderung ist die Basale Kommunikation oft die einzige Methode, kommunikatives Verhalten in niedrigster Strukturierung aufzubauen. Auch hier steht der Kommunikationsaufbau im Vordergrund.

Ein weiteres wichtiges Gegenargument (fehlende empirische Untersuchungen) wird durch eine ignorierte Arbeit (siehe Einleitung dieses Kapitels) teilweise entkräftet.

Abgesehen davon ist es unsere Meinung, daß mehr empirische Arbeiten vor allem zur Wirksamkeit des therapeutischen Haltens notwendig sind. Wir müssen auch an dieser Stelle mangelhaftes Literaturstudium aufzeigen, da vor allem die Modifizierte Festhaltetherapie immer wieder mit Elektro-Reiz-Therapie (oder dem falschen Begriff „Elektro-Schock-Therapie") in Zusammenhang gebracht wurde. JANTZEN & VON SALZEN (1985) waren die ersten, STÖRMER & KISCHKEL (1986) folgten unreflektiert. Sie setzen die Modifizierte Festhaltetherapie in Verbindung mit einer Elektro-Reiz-Therapie. Hier wird die Musik-Körpererfahrungstherapie (FACION 1986) mit der MFT verwechselt. Auch ein berichtetes siebenstündiges Halten mit der Modifizierten Festhaltetherapie ist vollkommen aus der Luft gegriffen. Auch hier handelte es sich um die Musik-Körpererfahrungstherapie, die einmal sieben Stunden durchgeführt wurde, um dem Kind zu der von der Festhaltetherapie immer wieder betonten Entspannung zu verhelfen. Diese Prozedur zeigte, daß die Entspannungshypothese keinerlei Grundlage hat. Nur FEUSER hat, zwar auch nicht ganz korrekt, aber immerhin einigermaßen klar den richtigen Zusammenhang berichtet.

Wir müssen allerdings zugeben, daß nach der Darstellung von 1984 (ROHMANN & FACION) der Sachverhalt etwas verwirrend beschrieben wurde.

Dem Vorwurf mangelnder theoretischer Hintergründe können wir nicht uneingeschränkt folgen. Dieser Vorwurf ist sicherlich berechtigt, wenn man das „Sammelsurium" ethologischer und psychoanalytischer und anderer Hypothesen (meist aus dem Zusammenhang gerissen), in Verbindung mit der Festhaltetherapie nach PREKOP betrachtet.

So schreiben STÖRMER & KISCHKEL mit Recht, daß nur wenige ausgewählte ethologische Bereiche zur Argumentationshilfe ausgewählt wurden, die sich wegen ihrer Suggestivkraft angeboten haben.

Der MFT liegt auf der anderen Seite ein recht gut formuliertes und durchdachtes Theoriemodell zugrunde (Zwei-System-Theorie/Zwei-Prozeß-Theorie) deren Aussage sich auf kognitive Defizite und neurophysiologische Parameter stützen. Aber auch diese theoretische Herangehensweise wird in der Literatur kaum berücksichtigt (außer BURCHARD 1984). BURCHARD hat sich u.E. als einziger Autor bemüht, relativ emotionslos und objektiv das therapeutische Halten zu beurteilen.

Der Leser mag selbst entscheiden, warum diese theoretische Betrachtungsweise von den Kritikern ausgeklammert wird.

6. Halten ist keine Lebensform

Im Beitrag von GRUEN & PREKOP (1986), in PREKOPs Buch „Der kleine Tyrann", wie auch in ihren vielen Veröffentlichungen wird klar, daß Festhalten zu einer Lebensform, zu einem „Non-Plus-Ultra" hochstilisiert wird.

Gefährlichster Weggefährte ist dabei Arno GRUEN. Wir wissen Frau PREKOP als kompetente Therapeutin zu schätzen, nicht nur wegen ihrer Veröffentlichungen vor der Festhaltezeit. Doch scheint es uns, daß sie der Verlockung unterliegt, bzw. unterlag, ein „Prophet" zu sein. Es ist äußerst fragwürdig und u.E. ethisch in keiner Weise vertretbar, daß auch nicht-autistische Kinder festgehalten werden sollen. Die Indikationsliste der Festhaltetherapie umfaßt fast alle kinderpsychiatrischen Störungsbilder. Hier wird eine Methode zu einem Ideal erhoben. Hier wird „Ich-Identität" gebrochen sowie Gewalt angewendet. Frau PREKOP täte gut daran, wieder auf den Boden der Tatsachen zurückzukommen und ihre unbestreitbaren Fähigkeiten als Therapeutin in den Nutzen ihrer Patienten zu stellen und die zwar reizvolle aber nicht haltbare Rolle eines „Gurus" aufzugeben.

Im Gegensatz dazu wird von uns die Modifizierte Festhaltetherapie als therapeutische Methode (nicht als Lebensform) akzeptiert, da sie Möglichkeiten bietet, in sehr kurze Zeit (ein bis zwei Sitzungen) die Basis für andere interaktive therapeutische Strategien zu schaffen; wie sie auch selbst eine interaktive Methode ist (s. weiter unten). Solange bei bestimmten Indikationen keine Alternativen zu finden sind, halten wir diese Methode für akzeptabel.

Dies beinhaltet gleichzeitig auch ein planmäßiges Vorgehen. Das heißt, daß vor Therapiebeginn genau abgewogen werden muß, ob das Festhalten einen Sinn gibt, welche möglichen Veränderungen angestrebt werden (Zielsetzung), warum diese Veränderungen durch das Festhalten erreicht werden können und vor allem, ob es nicht Alternativmethoden gibt, die weniger eingreifend sind. Dies sei an einem Beispiel kurz demonstriert:

Wir haben es mit einem hypermotorischen Kind zu tun, das ständig in Bewegung ist, kurzfristig Kontakt sucht und ihn gleichzeitig wieder ablehnt. Aufmerksamkeitsreaktionen werden weder durch Geräusche, verbale Äußerungen, visuelle Angebote, Handlungen, Spielangebote o.ä. erreicht. Dieses Kind wirkt in seinem Handeln ziellos, verloren. Sprache ist nicht vorhanden, ein Sprachverständnis fraglich oder wenig ausgeprägt. Hier würden wir gegebenenfalls die Modifizierte Festhaltetherapie einsetzen um:

a) den Versuch zu unternehmen, die motorische Unruhe zu beeinflussen. Motorische Unruhe würden wir in diesem Zusammenhang definieren als Unfähigkeit bzw. Eingeschränktheit, Zusammenhänge zwischen Wahrnehmung und Handlung zu konstruieren bzw. zu strukturieren.

b) Aufmerksamkeitsreaktionen vor allem in den Bereichen Mimik und Sprache zu erreichen.

c) Um bei letzterem durch Erwiderung der Lautäußerungen auch den Versuch zu unternehmen, die Funktion von Sprache bzw. Lautäußerungen im Kontext mit Handlungen zu üben.

Sobald das Kind ruhig sitzen bleibt oder wir eine andere Form der sozialen Interaktion finden, wird das Halten überflüssig. Insofern hat das Halten auch etwas mit unserer therapeutischen Ohnmacht zu tun.

7. „Festhalten": Therapie oder Frustrationsabbau für selbsternannte Festhaltetherapeuten

Ein berechtigtes Thema des Symposions in Zürich (1986) war es auch, sich Gedanken über Macht und Mißbrauch von Macht in der Therapie zu machen. Das therapeutische Halten erfordert eine hochqualifizierte Ausbildung. Nicht allein, daß der

Therapeut im ständigen Rapport mit der Mutter stehen muß und ihre Ängste, Schuldgefühle oder auch versteckten Aggressionen verstehen und ergründen muß. In gleichem Maße muß er auch in der Lage sein, die Signale des Kindes verstehen zu können. Er muß Mittel und Wege kennen, diese Signale aufgreifen zu können, um so schnell als möglich Hilfestellung zu geben, die das Halten überflüssig werden lassen. Therapeutisches Halten ist eine Form der Psychotherapie, die extreme karthartische Reaktionen hervorruft. Nur ein ausgebildeter Psychotherapeut ist in der Lage, diese Therapieform durchzuführen.

Wir fanden es erschreckend, auf dem Symposion in Lindau miterleben zu müssen, wer sich alles als Festhalteanleiter bezeichnet. Die unterschiedlichsten Berufsgruppen, meist nicht akademisch ausgebildet, vom Ergotherapeuten über den Pfarrer bis hin zur Ordensschwester leiten zum Festhalten an. Wir halten dies aus den eben genannten Gründen für unverantwortlich.

Hier kann von Machtausübung gesprochen werden, von einer „Omnipotenz dem Kind" gegenüber. Wenn man über wenig therapeutische Fähigkeiten und Alternativen verfügt, kann das Festhalten zu einer Methode wachsen, die zu Fehleinschätzungen und einer totalen Verkennung der Situation führen kann. So wird Festhalten zur Gewalt. Hier paßt das Wort von PREKOP und GRUEN: „Wahre Gewalt kommt uns oft als Güte entgegen, nur merken wir es nicht." (PREKOP & GRUEN 1986, S. 251; vgl. auch S. 10 dieses Kapitels).

In diesem Zusammenhang schreiben die Kritiker des Festhaltens mit Recht, daß durchaus die Möglichkeit berücksichtigt werden muß, daß durch das Festhalten psychische Schäden beim Kind aber auch bei der festhaltenden Person auftreten können.

Es kann daher notwendig sein, die Haltesituation abzubrechen. Doch muß dies dann in einer Form geschehen, die die Restriktion in weniger restriktive therapeutiche Interventionen umleitet. Dazu bedarf es eines umfassenden therapeutischen Wissens.

Auch die Krisenintervention bei der festhaltenden Person in der Festhaltesituation erfordert ein hohes Maß an therapeutischen Verstand und Erfahrung. Nicht selten erleben Mütter erstmalig ihre aufsteigenden Aggressionen dem Kind gegenüber, können diese teilweise sogar genießen, wodurch die Festhaltesituation dann tatsächlich zu einer Gewaltanwendung werden kann; in diesem Sinne als Aggression gegenüber dem Kind. Hier muß der anleitende Therapeut Signale in diese Richtung erkennen und entsprechende Maßnahmen ergreifen können. Von den etwa 40 anwesenden sogenannten Anleitern in Lindau verfügten aber maximal vier über diese Fähigkeit.

Abzulehnen ist die „Gruppen-Festhaltetherapie". In der therapeutischen Situation des erzwungenen Haltens werden eine Vielzahl von intimen Bereichen bei der Mutter wie auch bei dem Kind berührt. Ein verantwortlicher Therapeut muß dies berücksichtigen. Insofern sind Gruppensitzungen auch ethisch nicht vertretbar.

Viel schlimmer ist noch, wenn eine Mutter ihr Kind vor etwa 20 Fachleuten festhalten muß, wie dies BIERMANN (1988) eindrucksvoll beschreibt. Hier wird die Intimsphäre der Mutter und des Kindes auf das äußerste verletzt.

Treffend beschreibt FEUSER den Therapeuten als ohnmächtigen Helfer. Disziplinierende Zwänge des Alltags, gesellschaftliche Geringschätzung therapeutischer Tätigkeit und geringer Erfolg können die Motoren gewesen sein, die der Verbreitung des erzwungenen Haltens in der BRD einen so großen Erfolg beschert haben. So wird denn durch das Halten Ohnmacht auf Kosten des Klienten kompensiert. Doch dieser Einwand trifft nicht nur die Therapeuten, die Festhalten als Methode nutzen, sondern sicherlich auch Therapeuten, die sich anderer restriktiver Therapieformen bedienen (z.B. bestrafende Methoden).

Wir glauben, daß ein Therapeut, der therapeutisches Halten praktiziert:

a) diese Methode nur bei klarer Indikationsstellung einsetzt,
b) ständig auf der Suche nach Alternativen ist und
c) wissenschaftlich logisch daran arbeitet, Wege zu finden, diesem Verfahren die „erzwungene therapeutische Komponente“ zu nehmen.

D.h., wir erwarten von einem Therapeuten, der therapeutisches Halten durchführen kann:

— eine einschlägige akademische Ausbildung
— eine Zusatzausbildung in Verhaltens-, Gesprächs- oder systemischer Familientherapie,
— eine langjährige Erfahrung im therapeutischen Umgang mit autistischen Kindern und
— die Kenntnis einer Vielzahl alternativer therapeutischer Interventionen.

Nur so kann gewährleistet sein, daß hier mit einer therapeutischen Methode angemessen umgegangen wird.

8. Zur Wirksamkeit

Die Frage nach der Wirksamkeit ist bisher nicht beantwortet worden. Hier liegt denn auch das größte Dilemma der Festhaltetherapien. Klar ist, daß sie wirksam sind, vollkommen unklar ist aber, welche dabei berührten Faktoren wirksam sind. Ist es wirklich so, daß allein die Bewegungseinschränkung das wirksame Element ist? Das mag berechtigt in Frage gestellt werden. Noch fraglicher ist die Entspannungshypothese.

Feststeht, daß sich kaum jemand der Anwender bisher darüber Gedanken gemacht hat. Doch das sind gerade die entscheidenden Fragen. Dies wird auch von FEUSER berechtigt bemängelt.

Allerdings können die von FEUSER formulierten Wirkmechanismen des erzwungenen Haltens von uns für das therapeutische Halten nicht ohne weiteres übernommen werden. Die Einschränkung der motorischen Aktivität durch das Halten unterdrückt nach FEUSER . . ." die verhaltensmäßige Basis der Entfaltung von Willensfunktion einerseits und führt andererseits zum Ausfall der Reafferenzen, also der Informationen, die einem Individuum durch die sensorische Rückmeldung der bewegten Muskulatur entstehen und damit zu gravierender informationeller Deprivation." (1988, S. 135)

Ob nun motorische Aktivität verhaltensmäßige Basis der Entfaltung von Willensfunktion ist, läßt sich an dieser Stelle nicht diskutieren, da diese Aussage zu unspezifisch gehalten ist. Dem ist z.B. entgegenzuhalten, daß auch Kinder, die von Geburt an auf Grund einer organischen Störung bewegungseingeschränkt sind, durchaus in der Lage sind, entsprechende Willensfunktionen zu entwickeln.

Ein Ausfall von Reafferenzen und somit gravierende informationelle Deprivation ist in der Entschiedenheit der Aussage nicht ohne weiteres hinzunehmen. Dies gilt zumindest für das therapeutische Halten (nicht für das erzwungene) insofern, da es sehr wohl Reafferenzen gibt, die allerdings von ihrem Informationsgehalt und der Klarheit als höherstrukturiert zu bewerten sind. So wird beim therapeutischen Halten das Kind nicht wie in einem „Schraubstock" bewegungsunfähig gehalten, sondern auf seine physischen Widerstandsreaktionen entsprechend körperlich (z.B. durch Lockern und Anziehen) und lautlich (z.B. durch lautliches Begleiten, Auffordern und Variieren etc.) reagiert (Interaktives Halten nach ROHMANN, ELBING und ROHMANN 1989). Hier steht im Vordergrund, freiflottierende, nicht gesteuerte Widerstandsreaktionen in höhere kognitive Strukturen zu kanalisieren. So ist dann die Aussage FEUSERs, daß dem Kind beim Halten nicht genügend externe Informationen zur Verfügung stehen, nicht ohne weiteres haltbar, da neue Informationen durch die Reaktion des Therapeuten alternativ vorgegeben werden bzw. auch verschüttete (aber bereits gespeicherte) Informationen reaktiviert werden.

FEUSERs These einer Orientierungslosigkeit durch zusätzliche Provokation (im Sinne einer Reizüberflutung) können wir unterstreichen. Es ist durchaus denkbar, daß das Kind hier dekompensiert und absoluten Ohnmachtsgefühlen preisgegeben ist. Ein solches Vorgehen wird bei den Methoden des therapeutischen Haltens deshalb auch abgelehnt.

Auch das zusätzliche Einsetzen von Trost in der Widerstandsphase führt zu einer weiteren Chaotisierung des Kindes (double-bind-Situation). So kann es zu einer Destabilisierung des Ich und zu einer Depersonalisierung und damit zu einem Zusammenbruch aller integrativen und koordinierenden wie steuernden Funktionen kommen (FEUSER 1988, S. 136).

Auch dies kann beim therapeutischen Halten in der Form nicht passieren, da hier auf die Äußerungen des Kindes (Widerstand, Schreien etc.) situationsangemessen vom Therapeuten eingegangen wird.

Letztendlich bleiben alle Überlegungen in Richtung Wirksamkeit aber spekulativ. Auch die im folgenden beschriebenen Annahmen zur Wirksamkeit bewegen sich in diesem Rahmen.

(1)
Die Bewegungseinschränkung des autistischen Kindes führt zu einem Erkennen dieser Einschränkung (Ingangsetzen situationsangemessener Informationsverarbeitung) und durch die Aufrechterhaltung der Haltesituation zu einer Gegensteuerung (Aktivierung von Selbststeuerung), die gleichzeitig Motor ist, höherstrukturierte Alternativ-Methoden zu erproben. Durch das therapeutische Halten kommt es somit zu einer kognitiven Umstellung. Das Kind beginnt, bewußter zu reagieren. „Dadurch wird dem autistischen Kind die Möglichkeit geboten, neue, bzw. weitere Verhaltenssequenzen, z.B. im Bereich des sozialen Kontakts, der Gestik, Mimik und der Chronologie dieser Verhaltensweisen zu entwickeln oder alte bekannte Mechanismen zu modifizieren“ (ROHMANN 1985, S. 107).

(2)
Die von den Vertretern des erzwungenen Haltens immer wieder betonte Relevanz der Entspannung hat u.E. keinen wesentlichen Einfluß auf die Wirksamkeit. Zumal es äußerst fraglich ist, ob beim erzwungenen Halten die Kinder tatsächlich entspannen können. Entspannung ist ein klar zu definierender physiologischer Zustand, der auch meßbar ist. Solche Messungen wurden nie vorgelegt, man berief sich immer auf das subjektive Erleben der haltenden Person. Gerade bei autistischen Kindern findet man das Phänomen, daß diese teilweise ruhig in einer Ecke sitzen und sich stereotyp beschäftigen. Dieses Kind erscheint auf den ersten Blick recht entspannt. Mißt man aber z.B. den Puls dieser Kinder, so wird man feststellen, daß dieser auch in einer solchen Situation stark erhöht ist (vgl. auch ROHMANN, ELBING & HARTMANN 1988a, 1988b, 1989). Von einer Entspannung kann also nicht die Rede sein.

So wird denn auch von den Vertretern des therapeutischen Haltens der Entspannung wenig Aufmerksamkeit geschenkt. Es reicht vollkommen aus, wenn das Kind beruhigt ist. Beruhigung in diesem Sinne verstehen wir als Indikator für eine erfolgreiche Informationsverarbeitung und die Basis dafür, sich dialogisch mit einem Partner (auch auf sehr niedriger Ebene) auszutauschen.

(3) Eher kann eine Reduzierung des Erregungsniveaus des autistischen Kindes auf einen mittleren Level zu einer Erhöhung der Lernbereitschaft führen. Das Kind wird dadurch vermehrt in die Lage gesetzt, neue Informationen mit bekannten zu verknüpfen (im Sinne der Zwei-System-Theorie).

(4) Weniger eine Veränderung der emotionalen Beziehungsstörung zwischen Mutter und Kind erscheint uns wirksam zu sein, sondern vielmehr die zunehmende Sicherheit der Mutter im Umgang mit ihrem Kind als auch die Begrenzung der autistischen Symptomatik des Kindes, die dies (vgl. Hypothese 1) zu einer bewußteren Wahrnehmung führt.

9. Alternativ-Methoden zum therapeutischen Halten

Trotz allem sind Festhalte- und Körpertherapien als therapeutische Methoden sehr strukturierte, direktive, teilweise starre und rigide Verfahren, obwohl bei den unterschiedlichen Verfahren die Grenzen fließend sind. So sind die Festhaltetherapie, die Wut-Reduktionsmethode, die Mutter-Kind-Haltetherapie und die Integrative Körpertherapie als stark strukturiert zu beschreiben. Die Modifizierte Festhaltetherapie, die Körperzentrierte Interaktion und die Basale Kommunikation dagegen nehmen kommunikative bzw. interaktive Prozesse in ihr Denkmodell mit auf. Es sind daher offenere Verfahren, bei denen nur das Mindestmaß an Einschränkung eingesetzt wird (z.B. zum Schutz oder zur Aktivierung).

Nun sind starre, klarstrukturierte therapeutische Verfahren für autistische Kinder anfangs durchaus von Vorteil. Ein autistisches Kind bewegt sich oft in zwanghaft aufgebauten Strukturen, aus denen es nur schwer herausfindet und wenn, dann diese durch neue zwanghafte Strukturen ersetzt. Dies läßt sich auch durch dokumentierte Erfolge der Verhaltenstherapie begründen.

Halte- und Körpertherapien müssen unbedingt als Basistherapien verstanden werden. Das heißt, daß sie grundlegender therapeutischer Ausgangspunkt sein können für handlungs-, wahrnehmungs- und kommunikationserweiternde therapeutische Methoden.

Der Einsatz erscheint uns aber auch nur dann akzeptabel, wenn

a) keine anderen weniger invasiven Möglichkeiten vorhanden sind und

b) wenn von vornherein eine zeitliche Zielsetzung gegeben ist, d.h. in dem Augenblick, in dem das Kind offenere interaktive bzw. kommunikative Signale zeigt, sollten diese aufgegriffen werden.

Festhalten wird dann überflüssig. So zeigt sich z.B. bei der MFT, daß schon während der ersten Sitzung das Kind nach physischem Widerstand andere Kommunikationsmittel (Laute, Mimik oder auch Sprache) einsetzt, die anfangs zwar noch stereotype (ungerichtete) Muster zeigen können. Trotzdem sollten sie erwidert werden, so daß ein weniger zwanghafter Dialog möglich wird. Diese Rolle übernimmt in der Regel am Anfang der Therapeut.

Auf dieser Basis sind bei der MFT oft nur ein bis zwei Sitzungen nötig, um dann in einen relativ uneingeschränkten Austausch mit dem Kind zu kommen. Hier gilt es aber, genau differenzieren zu können: d.h. es wird verlangt, daß ein geschulter Therapeut Signale des Kindes mit Hilfe der Eltern erkennen („dies hat es noch nie gemacht") und vor allem damit therapeutisch umgehen kann. Die Eltern sind die einzigen Personen, die dem Therapeuten Mitteilung darüber geben können, ob ihr Kind ein Interaktions- oder Kommunikationsmittel benutzt, daß nicht zwanghaft besetzt ist.

Die Haltesituation wird beim interaktiven Halten gekoppelt mit spezifischen Interaktions- und Kommunikationsangeboten, so daß von Anfang an versucht wird, einen Dialog bzw. Austausch zwischen Therapeut und gehaltenem Kind aufzubauen. Wesentliches Ziel aber ist es, so schnell als möglich aus der Haltesituation in eine non-direktive Interaktionstherapie zu finden.

Es lassen sich für das therapeutische Halten allerdings auch andere therapeutische Methoden finden, die bei weniger einschränkender Symptomatik eingesetzt werden können. Alternativmethoden lassen sich aus den einzelnen möglichen Wirksamkeitsfaktoren des therapeutischen Haltens entwickeln. Wie oben beschrieben ist eine Annahme, daß beim Halten die motorische Aktivität relativ eingeschränkt wird. Dies ist auch verbunden mit einem engen Körperkontakt. Wie beschrieben, werden die auftretenden Unmutsäußerungen des Kindes aufgegriffen und modifiziert. Dies kann ähnlich effektvoll geschehen über:

— Körperliche Aktivierung:
Beim therapeutischen Halten werden hypotone Kinder oft motorisch aktiviert, z.B. allein schon dadurch, daß sie physischen Widerstand zeigen. Dies kann in einfacheren Fällen auch über die Variation von Nähe und Distanz erreicht werden. Jeder Mensch hat eine individuelle körperliche Tabuzone. Geht jemand zu nah an uns heran, so weichen wir aus, es ist uns unangenehm. Gehen wir nun ganz nah an ein autistisches Kind heran, weicht dieses aus, wir distanzieren uns wieder und gehen erneut ganz nah heran. Bei entsprechender lautlicher Begleitung und vor allem verlangsamten Bewegungen kann so eine erste gemeinsame spielerische Situation entstehen, die uns Basis für viele weitere Handlungsmöglichkeiten gibt. Das Kind ist also aktiviert und findet immer mehr Spaß am Dialog.

Eine andere Alternative ist die Knuddeltherapie (vgl. ROHMANN & HARTMANN 1988). Auch hier wird über Variation von Nähe und Distanz versucht, mit dem Kind in einen Dialog zu treten. Der Unterschied zu dem eben beschriebenen ist aber, daß wir hier engen Körperkontakt auf spielerische Art herstellen. Indem wir mit dem Kind toben, mit ihm spielerisch kämpfen, es bewegungsmäßig stimulieren usw. bekommt die enge körperliche Nähe eine angstfreie spielerische Funktion.

Eine dritte Alternative können paradoxe Verhaltensweisen sein. Das erzwungene Halten wird vor allem bei negativistischen, dominanten „omnipotenten" Kindern eingesetzt. Diesen Verhaltensweisen kann man, wenn sie nicht zu destruktiv sind, auch paradox begegnen. Besonders dann scheint dies sinnvoll, wenn diese Verhaltensweisen relativ gezielt, d.h. bewußt provokativ eingesetzt werden. Über ein definitives Auffordern zur Beibehaltung des negativistischen Verhaltens wird der provokative Anteil dieses Verhaltens durch Akzeptanz desgleichen neutralisiert. Mit anderen Worten, wenn negativistisch-provozierendes Verhalten erlaubt, sogar noch dazu aufgefordert wird, verliert es seinen Reiz.

Sollten die eben beschriebenen, sowie andere therapeutische Maßnahmen aber nicht greifen, so bleibt es für uns legitim, dann kurzfristig und gezielt das therapeutische Halten einzusetzen. Eine Auflockerung des therapeutischen Haltens (als anfänglich unangenehme Situation für beide Partner) kann auch das wechselseitige

Halten sein. Wir fordern dann das Kind auf, auch einmal uns festzuhalten. So kann es dann schnell zu einer Art Knuddeltherapie kommen, wir sind wieder auf spielerischer Ebene.

Die Kritiker fordern:

Verantwortliche, beendet das erzwungene Halten

Hinsichtlich des erzwungenen Haltens unterstützen wir diese Forderung.
Wir unterstützen aber das **therapeutische Halten** in Krisensituationen, in denen nicht die Zeit bleibt, anders zu reagieren und/oder in Situationen, in denen weder Alternativmethoden noch andere therapeutische Schritte wirksam sind. Dazu bedarf es gezielter systematischer Beobachtung, verantwortungsvoller Indikation/Kontraindikation und vor allem psychotherapeutischer Kompetenz. Von der ersten Sekunde an sollten wir das Ziel im Auge haben, jede Möglichkeit zu nutzen, so schnell als möglich aus der eingreifenden Haltesituation herauszukommen. Das sich die Methode des **erzwungenen Haltens** so lange „halten" konnte und so populär wurde, liegt letztendlich auch daran, daß die Gegner dieser Methode keine vergleichbaren Alternativen entgegengesetzt haben.

So fordern wir zum Abschluß:

Verantwortliche, findet alternative Methoden und beendet damit die Haltetherapie

	Theorie	Methode	Indikation	Kombination	Dokumentation	Empirie
Wut-Reduktion	2	2	3	3	3	2
Mutter-Kind-Haltetherapie	4	3	4	4	4	5
Festhaltethera-pie	4	3	4	4	4	4
Musik-Körper-erfahrungsthe-rapie	4	2	4	3	3	5
Modifizierte Festhaltethera-pie MFT	2	2	2	2	2	2
Basale Kommu-nikation	3	2	2	2	3	5
Integrative Körper-Therapie	3	2	4	5	4	4
Körperzentrierte Interaktion	2	1	3	2	4	5

Abbildung 9: Gesamteinschätzung aller Therapien im Überblick (Mittelwertvergleich) (größer/gleich 0.6 eine Note schlechter)

Literatur

ALLEN, S. (1977): Some use of 'holding' with autistic children. Special Education in Canada, 51, 3, 11—15

AYRES, A. J. (1979): Lernstörungen. Berlin, 1979

AYRES, A. J. (1984): Bausteine der kindlichen Entwicklung. Berlin

BESEMS, T. (1981): Bewegungstherapie mit autoaggressiven, psychomotorisch gestörten Kindern — eine gestalttherapeutische Methode —. In: BDP (Hrsg.) Psychologische Hilfen für Behinderte, Beiträge vom 11. BDP Kongreß für angewandte Psychologie, Heidelberg, 1981, Bd. 4. Weinsberg, Weissenhof

BESEMS, T. & VAN VUGT, G. (1983): Integrative Körpertherapie. In: FÄRBER, H., (Hrsg.) Integrative Therapie mit geistig und psychisch behinderten Kindern und Jugendlichen. 23—47. verlag modernes lernen, Dortmund

BESEMS, T. & VAN VUGT, G. (1985): Gestalttherapie mit geistig Behinderten. In: ROTTHAUS, W. (Hrsg.) Psychotherapie mit Jugendlichen. modernes Lernen, Dortmund, 251—275

BESEMS, T. & VAN VUGT G. (1988): Gestalttherapie mit geistig behinderten Menschen, Teil I, Geistige Behinderung, 4, Innenteil

BIERMANN, G. (1985): Stellungnahme eines Kinderanalytikers zur Festhaltetherapie. Praxis der Kinderpsychologie und Kinderpsychiatrie, 34, 2, 73—75

BIERMANN, G. (1988): Stellungnahme eines Kinderanalytikers zur Festhaltetherapie. Behindertenpädagogik, 27, 218—222

BONDZIO, M. & LENKITSCH, D. (1984): Die Haltetherapie, eine Möglichkeit zum Abbau von Autoaggressionen und Stereotypien. Das behinderte Kind, 3, 74—76

BOWLBY, J. (1961): Separation Anxiety. International Journal of Psycho-Analysis 41, 89—113

BOWLBY, J. (1969): Attachment and loss. Vol. 1: Attachment. New York: Basic Books

BOWLBY, J. (1977): The Making and Breaking of Affectional Bonds, 1. Aetiology and Psychopathology in the Light of Attachment Theory. Journal of Psychiatry 130, 201—210

BROCH, F. (1985): Zur Festhaltetherapie bei autistischen Kindern. Bulletin der Schweizerischen Zentralstelle für Heilpädagogik, 4, 35—36

BURCHARD, F. (1984): Überlegungen zur Festhaltetherapie bei Kindern mit frühkindlichem autistischen Syndrom. Praxis der Kinderpsychologie und Kinderpsychiatrie, 33, 282—290

BURCHARD, F. (1985a): Festhaltetherapie bei Kindern mit autistischen Verhaltensweisen. Der psychologische und der physiologische Ansatz. Geistige Behinderung 2, 103—113

BURCHARD, F. (1987): Die Kontroverse zur Haltetherapie. Autismus, 24, 11—16

BURCHARD, F. (1988): Verlaufsstudie zur Festhaltetherapie, erste Ergebnisse bei 85 Kindern. Praxis der Kinderpsychologie und Kinderpsychiatrie, 37, 89—98

BURCHARD, F. (1989): Festhaltetherapie bei autistischen Kindern, Ergebnisse aus einer mehrjährigen Studie. Autismus, 27, 6—16

COHN, R. (1970): Das Thema als Mittelpunkt interaktioneller Gruppen, Gruppenpsychotherapie und Gruppendynamik, 3, Heft 2

DALFERTH, M. (1988): Festhalten im Heim — Zur Legitimation und Effektivität eines umstrittenen Verfahrens. Behindertenpädagogik, 27, 206—218

DALFERTH, M. (1984): Zur Problematik der Festhaltetherapie. Zur Orientierung, 3, 249—253

DELACATO, D. H. (1985): Der unheimliche Fremdling, Freiburg

DIRLICH-WILHELM, H. (1984): Therapie autistischer Kinder. Frühförderung Interdisziplinär, 4, 172—176

DSM III (1984): Diagnostisches Manual psychischer Störungen. Weinheim, Basel

ELBING, U. & ROHMANN, U. H. (1989): Die Klinik im Heim. Das Kompakt-Therapie-Programm zur Behandlung autistisch Geistigbehinderter mit schweren Verhaltensstörungen, vorgesehen zur Veröff. in: DZIKOWSKI, S. & ARENS, C. Autismus Heute, Teil II. verlag modernes lernen, Dortmund (in Vorbereitung)

ELMHURST, Ph. (1986): „Holding Therapy". Communication 2, 3—5

FACION, J. (1986): Zum Verständnis autoaggressiver Handlungen aus der Sicht der Informationsverarbeitung und deren therapeutischen Implikationen, unveröff. Diss., Universität Münster

FEUSER, G. (1984): Autismus heute, Forderung an morgen. Behinderte, 7, 29—36

FEUSER, G. (1987): Festhaltetherapie? Theoretische Grundlagen und praktische Implikationen aus der Sicht eines Skeptikers. Aspekte, Schweizerische Zentralstelle für Heilpädagogik, 25, 27—49

FEUSER, G. (1987): Aspekte einer Kritik des Verfahrens des „erzwungenen Haltens". Jahrbuch für Psychopathologie und Psychotherapie, 7, 73—134, Köln

FEUSER, G. (1988): Aspekte einer Kritik des Verfahrens des „erzwungenen" Haltens (Festhaltetherapie) bei autistischen und anders behinderten Kindern und Jugendlichen. Behindertenpädagogik, 27, 115—155

FRÖHLICH, A. (1979): Basale Stimulation als Basistherapie bei schwer geschädigten ICP-Kindern, notabene medici, 9, 1060—1064

GROSSMANN, K. (1977): Frühe Einflüsse auf die soziale und intellektuelle Entwicklung des Kleinkindes. Zeitschrift für Pädagogik, 23, 847—880

GRUEN, A. & PREKOP, J. (1986): Das Festhalten und die Problematik der Bindung im Autismus. Theoretische Betrachtungen, Praxis der Kinderpsychologie und Kinderpsychiatrie, 35, 248—253

HARTMANN, H. (1986): Aufmerksamkeits-Interaktions-Therapie (AIT) bei psychotischen Kindern. Praxis der Kinderpsychologie und Kinderpsychiatrie 35, 242—247

HARTMANN, H. & ROHMANN, U. H. (1984a): Die Zwei-System-Theorie, ein neues Modell normaler und psychotischer Informationsverarbeitungsprozesse und Konzepte der Krankheitsentstehung. Münster'sche Beiträge zur Geschichte und Theorie der Medizin in: ROTHSCHUH, R. E. & TOELLNER, R. (Hrsg.) Burgverlag, Tecklenburg, 83—106

HARTMANN, H. & ROHMANN, U. H. (1984b): Eine Zwei-System-Theorie der Informationsverarbeitung und ihre Bedeutung für das autistische Syndrom und andere Psychosen. Praxis der Kinderpsychologie und Kinderpsychiatrie, 33, 272—281

HARTMANN, H. & ROHMANN, U. H. (1988): Die Zwei-Prozeß-Theorie der Informationsverarbeitung und ihre Bedeutung für Psychosen (Mehrleistungen). in: OEPEN, G. (Hrsg.) Psychiatrie des rechten und linken Gehirns, Deutscher Ärzteverlag Köln, S. 156—162

HARTMANN, H., KALDE, M., JAKOBS, G. & ROHMANN, U. H. (1988): Die Aufmerksamkeits-Interaktionstherapie (AIT), in ARENS, C. & DZIKOWSKI, S., Autismus Heute, 129—138

HEILMANN, J. (1988): Kann denn Zwang Liebe sein? Anmerkungen zum Thema „Festhalten" als Therapie, in: ARENS, C. & DZIKOWSKI, S. (Hrsg.) Autismus Heute. Verlag modernes lernen, Dortmund, 39—48

HERBST, L. D. (1988): Wider die Zwänge des „Autisten" — Anmerkungen zur Mutter-und-Kind-Haltetherapie bei beziehungsauffälligen Kindern. Behindertenpädagogik, 27, 197—206

JANTZEN, W. & V. SALZEN, W. (1985): Autoaggressivität und selbstverletzendes Verhalten, Marhold, Berlin

JANTZEN, W. & V. SALZEN, W. (1988): Haltetherapie: Für wen Halt und für wen Therapie. Behindertenpädagogik, 27, 155—185

JACOBSON, E. (1983): Progressive Relaxation. Chicago, University Press, Midway Reprint 1974

KALDE, M. (1988): pers. Mitteilung

KALDE, M. (1989): Halt durch Festhalten? Erfahrungen von Bezugspersonen mit der Festhaltetherapie. Vorgesehen zur Veröff. in DZIKOWSKI, S. & ARENS, C. (Hrsg.) Autismus Heute, Band II, modernes lernen, Dortmund (in Vorbereitung)

KANE, G. & KANE, J. F. (1986): Möglichkeiten und Grenzen der Festhaltetherapie. Geistige Behinderung 25, 113—128

KEHRER, H. E. (1982): Autismus-Fragebögen 1—3, (1970), revidierte Fassung, Münster

KIPHARD, E. J. (1972): Möglichkeiten und Grenzen eines sensomotorischen Intelligenztraining bei autistischen Kindern, Kongreßbericht 1, Bundestagung des Bundesverbandes Hilfe für das autistische Kind 1972, Lüdenscheid

KIPHARD, E. J. (1979): Psychomotorik als Prävention und Rehabilitation, Gütersloh

KIPHARD, E. J. (1988): Autistische Wahrnehmungsstörungen, in ARENS, C. & DZIKOWSKI, S. (Hrsg.) Autismus Heute, Band 1, modernes lernen, Dortmund, 71—90

KISCHKEL, W. & STÖRMER, N. (1986): Kritische Überlegungen und Bemerkungen zur Festhaltetherapie. Zur Orientierung, 10, 309—323

KISCHKEL, W. & STÖRMER, N. (1989): Tatkräftige Liebe. Psychologie Heute, 16, 46—51

KISCHKEL W. (1989): Die Trauer über die Festhaltetherapie. Autismus, 27, 16—19

KISSGEN, R., JAKOBI-HEINEMANN, A. & JUL-OLBRICH, B. (1988): Integrative Körpertherapie als Ergänzung zur krankengymnastischen Behandlung. Frühförderung interdisziplinär, 7, 12—19

KLEIN, F. (1984): Halten, Behinderte, 7, 23—28

KRAHMANN, J. (1982): Der Einfluß verschiedener Musikstücke auf das Verhalten von Kindern mit Autismus-Syndrom. Unveröff. Diss. Universität Münster

LEBOYER, F. (1985): Sanfte Hände. Die traditionelle Kunst der indischen Baby-Massage, München

LEMKE, H. (1974): Self-abusive behavior in the mentally retarded. American Journal of Occupational Therapie, 28, 94—98

LENKITSCH-GNÄDINGER, D. (1985): Die Tomatis-Therapie, Autismus, 19, 11—13

MAHLER, M. S., PINE, F. u. BERGMANN, A. (1980): Die psychische Geburt des Menschen, Frankfurt, Fischer

MALL, W (1980): Entspannungstherapie mit Thomas. Praxis der Kinderpsychologie und Kinderpsychiatrie, 8, 298—301

MALL, W. (1983): Festhaltetherapie bei Personen mit autistischem Verhalten im Heim für geistig Behinderte. Zur Orientierung, 7, 38—46

MALL, W. (1984): Basale Kommunikation — ein Weg zum anderen. Zugang finden zu schwer geistig behinderten Menschen. Geistige Behinderung 1, 1—16

MALL, W. (1985): Die Wiederaufnahme der primären Kommunikationssituation als Basis zur Förderung schwer geistigbehinderter Menschen. Zeitschrift für Heilpädagogik, 12, 24—32

MARCEL, G. (1949): Position et approches concretes du Mystere Ontologique, Paris, Louvain

MARTINEZ, S., DETZNER, M. & POUSTKA, F. (1985): Kombinierte Autismusbehandlung — ein Fallbericht. Zeitschrift für Kinder- und Jugendpsychiatrie, 13, 253—267

MONTESSORI, M. (1986/11): Kinder sind anders. Stuttgart

NEWSON, E. (1979): Making sense of autism: An overview. Collection of papers. Study weekend of autistic children. Nottingham

PAPOUSEK, H. & PAPOUSEK, M. (1983): Frühentwicklung des Sozialverhaltens und der Kommunikation. In: REMSCHMIDT, H. (Hrsg.) Neuropsychologie des Kindesalters, Heidelberg, 182—190

PIAGET, J. (1978): Das Weltbild des Kindes. Stuttgart

PEARLS, F. S. (1974): Gestalt Therapy verbatim, New York, Bantam Books

PEARLS, F. S. (1980): Grundlagen der Gestalttherapie — Einführung und Sitzungsprotokolle (1973). München

PETZOLD, H. (1979): Integrative Bewegungstherapie. In: PETZOLD, H. (Hrsg.) Psychotherapie und Körperdynamik. Paderborn, 286—406

PREKOP, J. (1982): „Festhalten" — Erste praktische Erfahrungen nach TINBERGEN und WELCH. autismus 13, 12—15

PREKOP, J. (1982): Frühkindlicher Autismus. öffentliches Gesundheitswesen, 44, 83—91

PREKOP, J. (1983): Anleitung der Therapie durch das Festhalten nach WELCH/TINBERGEN. autismus, 15, 2—8

PREKOP, J. (1983): Das Festhalten als Therapie bei Kindern mit Autismus-Syndrom. Frühförderung interdisziplinär, 2, 54—64

PREKOP, J. (1984): Festhalten. Behinderte, 7, 6—22

PREKOP, J. (1984): Zur Festhaltetherapie bei autistischen Kindern. Begründung und Anwendung. Der Kinderarzt, 15, 798—802, 15, 952—953

PREKOP, J. (1984): Praxis der Therapie durch das Festhalten. Der Kinderarzt, 15, 1043—1052

PREKOP, J. (1984): Erfolgsrate der Therapie durch das Festhalten. Der Kinderarzt, 15, 1170—1176

PREKOP, J. (1985): Behandlung von Stereotypien und Zwängen. Versuch einer Integration verschiedener Fachrichtungen zum Verständnis des Autismus und seiner Therapie. Tagungsberichte, 6, Bundestagung des Bundesverbandes Hilfe für das autistische Kind e.V. (Hrsg.) Hamburg, 75—89

PREKOP, J. (1985): „Festhalten" eine neue Therapie und Lebensform. Deutsche Krankenpflegezeitschrift, 398—404

PREKOP, J. (1985): Kasuistische Beiträge zur Festhaltetherapie. Der Kinderarzt, 16, 182—189

PREKOP, J. (1985): Der neue Terminus, Festhalten, Therapie durch das Festhalten. Sonderpädagogik, 15, 44

PREKOP, J. (1985): Festhaltetherapie bei Autisten. Beschäftigungstherapie und Rehabilitation, 110—112

PREKOP, J. (1986): Das Festhalten bei Menschen mit autistischen Verhaltensweisen. Geistige Behinderung, 25, 1—24

PREKOP, J. (1987): Festhaltetherapie: Theoretische Grundlagen und praktische Implikationen aus Sicht einer Befürworterin. Schweizerische Zentralstelle für Heilpädagogik, 25, 5—26

PREKOP, J. & MÜLLER-TRIMBUSCH, G. (1983): Das Festhalten als Therapie bei Kindern mit Autismus-Syndrom. Frühförderung interdisziplinär, 3, 129—139

ROHMANN, U. H. (1985a): Modifizierte Festhaltetherapie. Eine experimental-psychologische Untersuchung, in: ROHMANN, U. H. (1985), Informationsverarbeitung autistischer Kinder. Münster, Lit.-Verlag

ROHMANN, U. H. (1985): Informationsverarbeitung autistischer Kinder. Lit.-Verlag, Münster

ROHMANN, U. H. (1985): Modifizierte Festhaltetherapie (MFT). Theoretische Überlegungen und Abgrenzung zur Holding-Therapy/Festhaltetherapie, Vortrag auf der 19. wissenschaftlichen Tagung der Deutschen Gesellschaft für Kinder- und Jugendpsychiatrie 1985 in Mannheim (unveröff. Manuskript)

ROHMANN, U. H., HARTMANN, H. & KEHRER, H. E. (1984): Erste Ergebnisse einer modifizierten Form der Festhaltetherapie. Autismus, 17, 10—13

ROHMANN, U. H. & FACION, J. (1984): Behandlung von Autoaggressionen unter besonderer Berücksichtung verschiedener Modelle der Basisinteraktion. In: Bundesverband „Hilfe für das autistische Kind e.V." (Hrsg.) Therapeutische Ansätze in Theorie und Praxis (= Tagungsbericht der 6. Bundestagung des Bundesverbandes „Hilfe für das autistische Kind e.V.", Düsseldorf).

ROHMANN, U. H. & HARTMANN, H. (1985): Modifizierte Festhaltetherapie (MFT). Eine Basis-Therapie zur Behandlung autistischer Kinder. Zeitschrift für Kinder- und Jugendpsychiatrie 13, 182—198

ROHMANN, U. H., JAKOBS, G., KALDE, M. & HARTMANN, H. (1988): Modifizierte Festhaltetherapie (MFT) — Beschreibung, Abgrenzung zur Festhaltetherapie und Ausblick, in: ARENS, C. & DZIKOWSKI, S. (Hrsg.) Autismus Heute, verlag modernes lernen, Dortmund, 153—157

ROHMANN, U. H. & HARTMANN, H. (1988): Autoaggression, Grundlagen und Behandlungsmöglichkeiten, verlag modernes lernen, Dortmund

ROHMANN, U. H., KALDE, M., HARTMANN, H. & JAKOBS, G. (1988): Das therapeutische Konzept der Körperzentrierten Interaktion, in: ARENS, C. & DZIKOWSKI, S. (Hrsg.) Autismus Heute, verlag modernes lernen, Dortmund

ROHMANN, U. H., ELBING, U. & HARTMANN, H. (1988): Autoaggression und Pulsfrequenz. Zeitschrift für Kinder- und Jugendpsychiatrie, 16, 210—216

ROHMANN, U. H., ELBING, U. & HARTMANN, H. (1988): Bedeutung von Umwelt und Organismusfaktoren bei Autoaggressionen. Praxis der Kinderpsychologie und Kinderpsychiatrie, 37, 113—120

ROHMANN, U. H., ELBING, U. & ROHMANN, H. (1989): Interaktives Halten (unveröff. Manuskript, Vortrag 2. Neuenkirchener Autoaggressions- und Autismus-Sympsion

ROHMANN, U. H., ELBING, U. & ROHMANN, H. (1989): Autismus — Eine andere Welt — vorgesehen zur Veröffentlichung in DZIKOWSKI, S., & ARENS, C. (Hrsg.) Autismus Heute II, verlag modernes lernen (in Vorbereitung)

SAPOSNEK, D. T. (1972): An experimental study of rage-reduction treatment of autistic children. Child Psychiatry and Human Development 1, 50—61

SCHECHTER, L. (1974): Occupational Therapy in an psychiatric day hospital. American Journal of Occupational Therapy, 28, 151—153

SCHLIENGER, I.: Diskussionsbeitrag Festhaltetherapie, Pro und Kontra, Schweizerische Zentralstelle für Heilpädagogik, 25, S. 63f

SCHLÜTER, H. (1988): Die Musik-Körpererfahrungstherapie im Rahmen eines integrativen Therapiekonzepts, in: ARENS, C. & DZIKOWSKI, S. (Hrsg.) Autismus Heute, Teil I, verlag modernes lernen, Dortmund, 1988

SPITZ, R. (1967): Vom Säugling zum Kleinkind. Naturgeschichte der Mutter-Kind-Beziehung im 1. Lebensjahr, Stuttgart

STEINER, G. (1983): Erfahrungen mit der TINBERGEN-WELCH-Methode des „Haltens". Autismus, 15, 8—9

STÖRMER, N. & KISCHKEL, W. (1988): Festhaltetherapie. Praxis der Kinderpsychologie und Kinderpsychiatrie, 37, 326—333

STOSCH, v. T. (1986): Möglichkeiten und Grenzen der Festhaltetherapie für autistische Kinder im Rahmen teilstationärer Behandlungen. Frühförderung interdisziplinär, 5, 126—131

TINBERGEN, N. & TINBERGEN, E. A. (1984): Autismus bei Kindern. Fortschritte und neue Heilbehandlungen lassen hoffen. Berlin: Paul PAREY

WELCH, M. G. (1984): Heilung vom Autismus durch die Mutter-und-Kind-Haltetherapie. In: TINBERGEN, N. & TINBERGEN, E. A. Autismus bei Kindern. Fortschritte und neue Heilbehandlungen lassen hoffen. Berlin: Paul Parey

ZASLOW, R. W. (1981): Z-Process Attachment Therapy. In: CORSINI, J. (Ed.), Innovative Psychotherapies, New York: John Wiley

ZASLOW, R. W. (1982): Der Medusa-Komplex. Die Psychopathologie der menschlichen Aggression im Rahmen der Attachment-Therapie, widergespiegelt im Medus-Mythos, dem Autismus und der Schizophrenie. Zeitschrift für klinische Psychologie und Psychotherapie 2, 162—180

ZASLOW, R. W. u. BREGER, L. A. (1969): A Theory and treatment of autism. In: BREGER, L. A. (Ed.) Clinical cognitive psychology. Models and integration. Englewood Cliffs: Prentice-Hall